新时代下
消防监督管理模式创新研究

王洪强　陈振华　李焕峰　著

吉林科学技术出版社

图书在版编目（CIP）数据

新时代下消防监督管理模式创新研究 / 王洪强，陈振华，李焕峰著. -- 长春：吉林科学技术出版社，2023.6

ISBN 978-7-5744-0692-6

Ⅰ. ①新… Ⅱ. ①王… ②陈… ③李… Ⅲ. ①消防－监督管理－管理模式－研究－中国 Ⅳ. ①D631.6

中国国家版本馆CIP数据核字（2023）第134333号

新时代下消防监督管理模式创新研究

著	王洪强　陈振华　李焕峰
出 版 人	宛　霞
责任编辑	李万良
封面设计	树人教育
制　　版	树人教育
幅面尺寸	185mm×260mm
开　　本	16
字　　数	280 千字
印　　张	12.75
印　　数	1–1500 册
版　　次	2023年6月第1版
印　　次	2024年2月第1次印刷

出　　版	吉林科学技术出版社
发　　行	吉林科学技术出版社
地　　址	长春市福祉大路5788号
邮　　编	130118
发行部电话/传真	0431-81629529　81629530　81629531
	81629532　81629533　81629534
储运部电话	0431-86059116
编辑部电话	0431-81629518
印　　刷	三河市嵩川印刷有限公司

书　　号	ISBN 978-7-5744-0692-6
定　　价	80.00元

版权所有　翻印必究　举报电话：0431-81629508

前　言

近年来，由于人们的消防安全意识淡薄而用火不慎，或在生活和工作中违反消防安全管理规定，导致灾害发生的状况屡见不鲜，使人民生命和社会财产受到了损失。这种损失既涉及人们遭受的痛苦和死亡，又包括财产的损失，甚至有时还包括无法弥补的历史财富，很多教训都是惨痛的。

消防安全工作是国民经济和社会发展的重要组成部分，是国家经济发展、社会安全稳定和人民安居乐业的重要保障。随着我国政治、经济和科学技术的发展，尤其是社会综合技术的发展以及由此所引起的社会活动方式的改变，大大增加了火灾问题的广泛性和复杂性，因而对消防管理提出了更新、更多、更高的要求。建筑消防安全管理也被认为是一个社会问题，已经引起那些对社会公共安全负有消防责任的人们的深思和重视，成为社会安全管理的重要组成部分。

本书是一本论述消防安全技术与管理的理论专著。在本书的写作过程中，作者花费了大量时间，翻阅了大量资料，并且就有些问题咨询了相关的专家，以求提高本书的价值。但是，由于个人能力有限，本书可能还存在许多不足之处，希望广大读者批评指正。最后，诚挚地感谢在本书的写作过程中给予作者帮助的广大朋友！

目录

第一章 我国消防工作概述 ·· 01
 第一节 消防工作的意义和作用 ·· 01
 第二节 消防工作的方针和原则 ·· 03
 第三节 消防安全责任制 ·· 05
 第四节 我国消防法规体系 ··· 12
 第五节 保障建筑消防安全的途径 ··· 16

第二章 消防基础知识内容 ·· 19
 第一节 燃烧与爆炸 ··· 19
 第二节 危险化学品基础知识 ·· 34

第三章 消防监督管理研究概述 ·· 43
 第一节 消防监督管理学科研究的对象与方法 ·· 43
 第二节 消防监督管理的任务、内容与形式 ··· 45
 第三节 消防监督管理的形成与发展 ·· 48
 第四节 当前我国消防监督管理改革的基本思路 ·· 50
 第五节 我国消防监督管理改革的方向 ·· 52

第四章 消防监督管理的基础理论 ··· 54
 第一节 消防监督管理学科中的相关概念 ·· 54
 第二节 消防管理的基本理论 ·· 60
 第三节 消防监督的基本原则 ·· 65
 第四节 消防监督程序 ··· 66
 第五节 消防监督管理的法律依据 ··· 73
 第六节 消防监督规范化 ·· 76

第五章　消防设施质量监管控制 ·· 80

　　第一节　消防设施的安装调试与检测 ·· 80

　　第二节　消防设施的维护管理 ·· 84

　　第三节　消防控制室的管理 ·· 86

第六章　消防给水系统监督管理 ·· 88

　　第一节　系统组件安装前的检查 ·· 88

　　第二节　系统安装调试与检测验收 ·· 89

　　第三节　系统的维护管理 ·· 97

第七章　消火栓系统监督管理 ·· 99

　　第一节　系统组件安装前的检查 ·· 99

　　第二节　系统的安装调试与检测验收 ····································· 101

　　第三节　系统的维护管理 ··· 103

第八章　自动喷水灭火系统监督管理 ··· 104

　　第一节　系统组件安装前的检查 ··· 104

　　第二节　系统组件的安装调试与检测验收 ································· 107

　　第三节　系统维护管理 ··· 112

第九章　消防安全重点监督检查 ··· 116

　　第一节　消防监督检查的性质、特点和作用 ······························· 116

　　第二节　消防监督检查的分工 ··· 117

　　第三节　消防安全重点单位管理 ··· 119

　　第四节　消防安全重点部位管理 ··· 127

　　第五节　消防安全重点工种管理 ··· 129

　　第六节　火源管理 ··· 135

　　第七节　易燃易爆物品防火监督管理 ····································· 140

　　第八节　重大危险源的管理 ··· 153

　　第九节　消防产品质量监督管理 ··· 155

第十章　新时代下消防监督管理模式构建 ·································· 166

第一节　消防监督管理模式构建要点 ·································· 166
第二节　社区消防监督管理模式创新 ·································· 169
第三节　新时代网格化消防监督管理模式创新构建 ·················· 174
第四节　新时期社会化消防监督管理模式创新构建 ·················· 179

参考文献 ·· 195

第一章 我国消防工作概述

火是人类从野蛮进化到文明的重要标志。但火和其他事物一样具有两重性：一方面给人类带来了光明和温暖，健康和智慧，从而促进了人类物质文明的不断发展；另一方面火又具有很大的破坏性，随着人们在生产和生活中用火用电的不断增多，由于人们用火用电管理不慎，或者设备故障，或者放火等原因而不断发生火灾，对人类的生命财产构成了巨大的威胁。

第一节 消防工作的意义和作用

消防工作是人们同火灾做斗争的一项专门工作，它的任务是预防火灾和减少火灾危害，保护公民人身及财产安全，维护公共安全，维护社会秩序、生产秩序、教学和科研秩序以及人民群众的生活秩序，保障社会主义现代化建设的顺利进行。做好消防工作是国家建设、人民安全的需要，是全体社会成员的共同责任。任何单位和个人都有维护消防安全和预防火灾的义务。

一、消防工作的意义

消防工作是国民经济和社会发展的重要组成部分，是发展社会主义市场经济不可或缺的保障条件。消防工作的好坏直接关系人民生命财产安全和社会的稳定。近年来我国发生的一些重特大火灾，一次造成几十人甚至数百人的伤亡，造成上百万元、上千万元的经济损失，这不仅给许多家庭带来了不幸，还使大量的社会财产化为灰烬。此外，事故的善后处理往往也牵扯了政府很多精力，严重影响了经济建设的发展和社会的稳定，有些火灾事故还在国内外政治方面产生不良影响，教训是十分沉痛和深刻的。因此，做好消防工作，预防和减少火灾事故特别是群死群伤的恶性火灾事故的发生，具有十分重要的意义。

消防工作是一项社会性很强的工作，它涉及社会的各个领域和各个行业，与人们的生活都有着十分密切的关系。随着社会的发展，仅就用火、用电、行业、每个部门、每个单位甚至每个家庭，都有一个随时预防火灾、确保消防安全的问题。总结以往的火灾教训，绝大多数火灾都是由于一些领导、管理者和职工群众思想麻痹、行为放纵、不懂消防规章或者有章不循，管理不严，明知故犯，冒险作业造成的。火灾发生后，有不少人缺乏起码的消防科学知识，遇到火情束手无策，不知如何报警，甚至不会逃生自救，导致严重后果。

在消防安全管理工作中坚持群众性的原则，要求管理者必须树立坚定的群众观点，始终不渝地相信群众的智慧和力量，要采取各种方式方法广泛向群众宣传和普及消防知识，提高广大群众自身的防灾能力；要把各条战线、各行各业，包括机关、团体、企事业单位、街道、村寨、家庭等各方面的社会力量动员起来，参加义务消防队，实行消防安全责任制，开展群众性的防火和灭火工作。要依靠群众的力量，整改火灾隐患，改善消防设施，促进消防安全。

二、消防工作的作用

做好消防安全工作是社会经济发展，人民安居乐业的重要保障。《消防法》的颁布实施为消防工作提供了法律依据。"预防火灾和减少火灾的危害"是对消防立法意义的总体概括，包括两层含义：一是做好预防火灾的各项工作，防止火灾发生；二是一旦发生了火灾，就应及时、有效地进行扑救，减少火灾的危害。消防工作就是要做好火灾的预防和扑救火灾的准备工作，其作用可归纳为以下几个方面。

（一）保护公民生命财产和公共财产的安全

科学技术的发展，促进了经济建设的发展，使得国家的物质财富不断增长和集中，石油化工、天然气等易燃易爆物资的使用范围越来越广，生产和生活中的用火用电越来越多，可能引起火灾的因素也随之增多。因此，如果消防工作搞不好，一旦发生火灾，就会给公民生命财产及公共财产带来不可再生的损失。据不完全统计，我国从 1950 年至 2007 年这 57 年间，因火灾造成的直接经济损失就高达 293.68 亿元。另据公安部消防局统计，从 1950 年至 2007 年这 57 年中，全国被火灾夺去生命的就有 183239 人，伤 337352 人，共计死伤 520591 人，相当于一个大型城市的人口，平均每天有近 25 人在火灾中伤亡。做好消防安全管理工作对保卫公民生命财产和公共财产安全具有重要意义。

（二）保护历史文化遗产

我国是一个具有悠久历史文化而又富于革命传统的伟大的社会主义国家，北京、西安、开封、洛阳等许多历史名城内都建造了气宇轩昂、富丽堂皇的宫殿、寺院和教堂，有的至今仍然保持良好。还有很多地方存有近代革命运动和发生重大历史事件遗留下来的革命文物。这些古代建筑、历史文物和革命文物都体现了中华民族悠久的历史、光荣的革命传统和光辉灿烂的文化，若惨遭火灾将会造成不可挽救、无法弥补且无法用金钱计算的经济损失。做好消防工作对保护和继承我国的历史文化遗产，发扬革命传统和教育后人，发展我国的旅游事业，都具有深远的历史意义和现实意义。

（三）减轻战争造成的灾害

无论是现代战争还是古代战争中,"火攻"都是打击对方的一种经常使用的重要手段,但这种手段往往会带来火灾,给人们的人身和财产、公共财产以及环境造成危害。如朝鲜战争中,美国侵略军向新义州投掷了大量的凝固汽油弹,使全城成为一片火海,大火烧了三天三夜,大部分房屋被烧光,炸死和烧死无辜平民3万多人。海湾战争致使科威特600多口油井起火,世界各国精干的灭火队用了1年多的时间才将大火全部扑灭,造成了重大的财产损失,也对环境造成了严重污染。在和平年代,我们也要提高警惕,加强备战观念,对战争时的消防要有充分的估计,采取必要的防范措施,对于火灾危险和政治影响大的工程,要充分考虑战备防范措施。

（四）减轻地震次生火灾的损失

我国是世界上多地震的国家之一,多数省市都发生过地震,仅1966年的邢台地震至1976年的唐山地震10年间,全国就发生了10多次6级以上的地震。地震是一种破坏性很强的自然灾害,一次强烈的地震,不仅会使房屋倒塌,人畜伤亡,而且震后往往次生火灾。如1975年2月4日,辽宁省营口、海城地区发生7.3级地震,造成26处起火,震后人们所住的防震棚因用火用电不慎,在短短的56天里,又发生了2000多起火灾,死伤几百人。由此地震次生火灾的危害性是不容忽视的,对抗震防火的具体措施应在平时的防火工作中贯彻和落实。

（五）打击防火犯罪,维护社会安定

放火历来是刑事犯罪分子进行破坏活动的手段之一。据公安部消防局统计,自1998年至2007年这10年间,全国发生放火案件就高达69506起,约占所有火灾总数的3.27%。这些放火案件的主要起因有报复、对社会不满、销赃灭迹、逼迁、为诈取保险费、矛盾纠纷激化,等等。做好消防工作,严格各项消防保卫措施,加强对放火案件的侦破,严厉打击放火犯罪分子,积极同放火犯罪分子做斗争,对保卫国家财产和公民生命财产具有重要的作用。

第二节 消防工作的方针和原则

《中华人民共和国消防法》第二条规定,消防工作贯彻"预防为主、防消结合"的方针,按照政府统一领导、部门依法监管、单位全面负责、公民积极参与的原则,实行消防安全责任制,建立健全社会化的消防工作网络。

一、消防工作的方针

《中华人民共和国消防法》第二条规定：消防工作贯彻"预防为主、防消结合"的工作方针。这个方针科学、准确地表达了"防和消"的辩证关系，反映了人民同火灾做斗争的客观规律，也体现了我国消防工作的特色。

所谓"预防为主"就是要在思想和行动上，把预防火灾放在首位，在建筑消防系统的设计、施工、管理等方面把好消防安全质量关。落实各项防火措施，积极开展消防安全宣传教育和培训，制定并落实消防安全管理制度，加强消防安全管理，把工作的重点放在预防火灾的发生上，减少火灾事故的发生。

所谓"防消结合"就是在消防工作的实践中，要把同火灾做斗争的两个基本手段——"防"与"消"有机地结合起来，在做好各项防火工作【如消备，不但要加强专业消防队伍（公安消防队伍）正规化和现代化的建设，还要抓好企业、事业专职消防队伍和群众义务消防队伍的建设】，随时做好灭火的准备，以便在火灾一旦发生时，能够及时、迅速、有效地予以扑灭，最大限度地减少火灾所造成的人身伤亡和财产损失。

在"预防为主，防消结合"这一方针中，"防"与"消"是相辅相成，缺一不可的。"重消轻防"和"重防轻消"都是片面的。"防"与"消"是同一目标下的两种手段，只有全面、正确地理解了它们之间的辩证关系，并且在实践中认真地贯彻落实，才能达到有效地同火灾做斗争的目的。

从总体来看，我国的消防工作方针，几十年来在全国范围的实际工作中，起到了重要的导向和制约作用，也取得了明显的经济效益和社会效益，这是不可否认的事实。从这里我们不难看出：消防工作方针的导向和制约作用，反映得是否较为全面和充分，在实践中是否体现出应有的成效和价值，是检查和验证其是否制定得正确和切实的重要依据和唯一标准，这一点应该是绝对的。

二、消防工作的原则

《中华人民共和国消防法》第二条规定，消防工作按照"政府统一领导、部门依法监管、单位全面负责、公民积极参与的原则，实行消防安全责任制，建立健全社会化的消防工作网络"。这一原则分别强调了政府、部门、单位和普通群众的消防安全责任问题，是消防工作经验和客观规律的反映。消防安全是政府社会管理和公共服务的重要内容，是社会稳定和经济发展的重要保障。各级人民政府必须加强对消防工作的领导，这是贯彻落实科学发展观、建设现代服务型政府、构建社会主义和谐社会的基本要求。政府有关部门对消防工作齐抓共管，这是由消防工作的社会化属性决定的。各级公安、建设、工商、质监、教育、人力资源和社会保障等部门应当依据有关法律法规和政策规定，依法履行相应的消防安全监管职责。单位是社会的基本单元，是消防安全管理的核心主体。公民是消防工作的基础，没有广大人民群众的参与，消防工作就不会发展进步，全社会抗御火灾的基础就不会牢固。"政府""部门"、"单位""公民"四者都是消防工作的主体，政府统一领导，部门依法监管，单位全面负责、公民积极参与，共同构筑消防安全工作格局，任何一方都非常重要，不可偏废。

第三节 消防安全责任制

多年来消防工作的实践证明，消防安全责任制是一项十分必要且行之有效的火灾预防制度，也是落实各项火灾预防措施的重要保障。所以《消防法》第二条规定，消防工作实行"消防安全责任制"。消防安全责任制就是要求各级人民政府，各机关、团体、企业、事业单位和个人在经济和社会生产、生活活动中依照法律规定，各负其责的责任制度。因此，各级人民政府、各地区、各部门、各行业、各单位以及每个社会成员都应当遵守消防法律、法规和规章，不断增强消防法制观念，提高消防安全意识，切实落实本地区、本部门、本单位的消防安全责任制，认真履行法律规定的防火安全职责。

一、实行消防安全责任制的必要性

（一）消防安全责任制的由来与发展

实行消防安全责任制是我国经济体制改革和社会发展的需要。党的十一届三中全会以后，随着改革开放政策的实施，社会主义计划经济建设逐步向市场经济转变，国有、集体、外资、股份、私营等企业不断涌现，而这些企业经济活动中都实行"独立核算、自主经营、自负盈亏"的政策，企业具有较大的独立性、自主性。政府在社会经济活动中也由过去统包、统揽、统管逐步向宏观调控方面转变。在这种情况下，给消防工作提出了新情况、新问题。如何做好适应社会经济发展的消防工作，各地结合本地实际做了一些有益的探索。1988年6月，公安部消防局在天津召开了全国消防监督管理工作现场会，总结推广了天津市实行消防工作"谁主管、谁负责"的经验。1991年6月，公安部消防局又在河北省保定市召开了有22个省、自治区、直辖市公安厅（局）消防局（处）负责人参加的消防监督工作座谈会，进一步推进消防工作贯彻"谁主管、谁负责"原则的实施，消防工作实行责任制的思路基本形成。1995年2月国务院办公厅转发公安部《消防改革与发展纲要》中提出了"实行消防安全责任制"的要求。2008年10月28日修订的《中华人民共和国消防法》第二条明确做出了消防工作"实行消防安全责任制"的规定，这是对消防工作改革实践经验的总结，也是我国消防工作的根本制度，这个制度的实施，必将有力地推进我国消防事业的发展。

（二）实行消防安全责任制的必要性

消防工作是一项社会性的工作，是社会主义物质文明和精神文明建设的重要组成部分，是发展社会主义市场经济不可缺少的保障条件。消防工作做得好或不好，直接关系到社会安定、政治稳定和经济发展，做好消防工作是全社会的共同责任，各级政府要负责，机关、团体、企事业单位要负责，每个公民也要负责。

长期以来，一些地方和单位的消防安全责任制不明确、不具体、不落实，消防工作中存在的问题长期得不到解决，消防基础设施严重滞后于经济建设的发展。实行消防安全责任制，确定本单位和所属部门、岗位的消防安全责任人，既是法律对社会各单位消防安全的责任要求，也是各机关、团体、企业、事业单位做好自身消防安全工作的必要保障。只有这样，才能把消防工作落实到行动上，落实到具体工作中。

二、消防安全责任制的实现形式

依法履行消防安全责任制，不仅需要各级政府、各部门、各单位、各岗位消防安全责任人对自己承担的防火安全责任明确，思想重视，付诸实施，而且要求建立一定的制约机制，保障消防安全责任制正常运行，强化消防安全责任制落实。这种制约机制一般采取如下两种形式三项措施。

（一）两种形式

1. 签订消防安全目标责任状

签订消防安全目标责任状，就是将法律赋予单位或消防安全责任人的消防安全责任，结合本地区、本部门、本单位、本岗位的消防工作实际，化解为年度消防安全必须实现的目标，在上级政府与下级政府之间，上级部门与下级部门之间，单位内部上下级之间，层层签订消防安全目标责任状。

2. 进行消防安全责任制落实情况评估

进行消防安全责任制落实情况评估，就是按照级别层次，组织专家对消防安全责任制落实情况进行评估考核。例如，为了督促《消防法》赋予人民政府消防安全责任的落实，可以定期组织有关专家、人大、政协领导，对政府贯彻执行落实消防安全责任情况进行评估，做出评估结果，提出工作意见，督促消防安全责任制的落实。

（二）三项措施

在消防安全责任制贯彻落实的过程中，不但要采取以上两种形式，还必须要有以下三项措施作保障。

（1）要把责任状中规定的消防安全目标落实情况或评估结果，作为评价一级政府、一个部门、一个单位或消防安全责任人的政绩依据之一。

（2）要把责任状中规定的消防安全目标落实情况或评估结果，作为评比先进、晋升的条件，实行一票否决制。例如，对消防安全责任制不落实，重大火灾隐患整改不力或发生重大火灾的，不能评比先进，消防安全责任人不应晋级提升职务。

（3）要把责任状中规定的消防安全目标落实情况或评估结果，作为奖惩的依据。对消防安全责任制落实，消防安全工作做得好的单位或个人，应给予荣誉的或经济的奖励，做得不好的应通报批评，扣发奖金或予以处罚。

三、消防安全工作职责

（一）各级人民政府的消防工作责任

人民政府是组织和管理一个地区的政治、经济、文化等社会事务的行政机关。消防工作是一项社会性的工作，是各级人民政府的一项重要职能。因此《消防法》规定，消防工作由国务院领导，由地方各级人民政府负责。根据《消防法》的规定，地方各级人民政府消防工作的主要责任如下。

1. 将消防工作纳入国民经济和社会发展计划，保障消防工作与经济建设和社会发展相适应

国民经济和社会发展计划是国家对国民经济和社会发展各项内容所进行的分阶段的具体安排，是党和国家发展国民经济的战略部署，是国家组织国民经济和社会发展的依据。将消防工作纳入国民经济和社会发展规划，有利于加快消防事业的发展，有利于扭转消防工作滞后于经济和社会发展的被动局面，提高全社会抗御火灾的能力，为经济建设和社会发展提供有力的安全保障。

2. 将消防设施建设规划纳入城市总体规划，并负责组织有关主管部门实施

将消防安全布局、消防站、消防供水、消防通信、消防车通道、消防装备等内容的消防规划纳入城市总体规划，并负责组织有关主管部门实施。

城市总体规划，主要包括城市的性质，发展目标和发展规模，城市主要建设标准的定额指标，城市建设用地布局、功能分区和各项建设的总体部署与各项专业规划、近期建设计划等。消防规划是城市总体规划的重要组成部分。消防规划是否合理，是衡量一个城市总体规划是否合理的重要标志之一。

在城市建设和发展中，如果忽视消防规划，片面追求城市发展速度和经济效益，不能保证消防安全设施的合理安排，消防站、消防供水、消防通信、消防车通道等消防基础设施不能与城市总体建设同步进行，一旦发生火灾，就会造成重大经济损失，甚至影响和阻碍城市的发展，在这方面，一些地方的教训是十分深刻的。因此，城市人民政府必须将消防规划纳入城市总体规划，使城市的消防安全布局、消防站、消防供水、消防通信、消防

车通道以及消防装备等方面的建设与其他市政基础设施建设统一规划、统一设计、统一建设。公共消防设施、消防装备不足或者不适应实际需要的，应当增建、改建、配置或者进行技术改造。

3. 加强科学研究，推广、使用先进消防技术、消防装备

随着城市建设的发展，高层建筑、大型商场、集贸市场不断涌现，新型建筑装饰材料广泛应用，这给消防工作提出了新的要求。城市消防如果不采用先进设备，吸收先进的经验，应用先进技术和材料，而沿用老办法就很难解决消防工作中出现的新问题。因此，有必要在引进国外先进消防技术的同时，加强我国消防科学技术的研究，开发、推广、使用先进的消防技术，逐步运用科学的理论和现代化的技术、设备，改变我国消防科学研究和消防器材生产落后的状况。同时，也使消防管理成为一门综合性应用学科，以便发挥最佳消防安全效果，为保卫社会主义经济建设和人民生命财产安全做出贡献。

4. 组织相关部门开展消防宣传教育，提高公民的消防安全意识

无数的火灾事例说明，火灾的发生大多数是由于社会公民、岗位操作人员缺乏消防常识引起的。如果说我国的消防基础设施和消防技术装备落后，那么我国的社会公民消防意识、消防法律知识和消防科学知识更加落后，要从根本上改变这种落后的局面，就必须下大力气进行消防宣传教育，建立消防职业学校或消防培训中心，健全职工消防安全培训制度，只有这样才能提高公民的消防安全意识，自觉地遵守消防法规，预防火灾事故发生。

5. 组织相关部门做好消防安全监督与检查工作

消防安全监督与检查是做好消防工作的一项基本措施，也是一项长期的、经常性的工作。各级人民政府要在农业收获季节、森林和草原防火期间、重大节假日以及火灾多发季节，组织消防安全检查，检查防火措施的落实情况，检查火灾隐患。对检查中发现的火灾隐患，督促立即整改。抓住了重点时节的防火工作，消防工作就有了主动权。

6. 加强消防组织建设，增强扑救火灾的能力

根据经济和社会发展的需要，建立多种形式的消防组织。消防组织是抗御火灾，保卫经济建设和人民安居乐业的重要力量。我国从 20 世纪 60 年代开始创建兵役制的消防组织，目前共有 10 万余人。但是，随着城乡建设和经济建设的发展，火灾逐年增多，公安消防警力不足的矛盾相当突出，仅靠现役消防人员承担日益繁重的消防灭火与抢险工作，显然是有困难的，必须从我国实际情况出发，借鉴国际通行做法，充分发挥中央和地方政府以及社会各方面的积极性，解决消防力量不足的问题。要在政府的领导下，在加强公安消防队伍建设的同时，积极发展县办、镇办、乡办和企业专职消防队以及遍布城乡的义务消防队伍，增强全社会抗御火灾的能力。

7. 统一指挥大型灭火抢险救援活动，调集所需物资支援灭火

大型火灾的扑救、重大事故的抢险救援工作，是一项政策性强、危险性大、多专业力量参与的工作。要完成大型火灾扑救或重大事故的抢险救援工作，仅公安消防队的指挥和

施救力量往往是不够的，必须在政府统一指挥调度下实施。特别是在扑救大型火灾，进行重大事故处置，需要供水、电力、救护等方面力量和物资时，只有在政府的统一调度指挥下，才能迅速调集、快速参战，及时完成火灾扑救和抢险救援任务。

8.奖励在消防工作中有突出贡献或者成绩显著的单位和个人。对因参加扑救火灾受伤、致残或者死亡的人员，给予医疗、抚恤

9.决定对经济和社会生活影响较大的停产停业的处罚

在消防安全方面，因严重违反消防法规，需停业整改，对经济和社会生活影响较大的，如对供水、供气、供电等重要厂矿企业，重要的基建工程、交通、邮电通信枢纽，以及其他主要单位、场所的责令停产停业，公安消防机构必须报请当地人民政府，由人民政府依法做出责令停产停业决定后，公安消防机构再执行。

（二）居民、村民委员会的消防工作职责

城市街道办事处是城市区级政府的派出机构。《消防法》规定，乡镇人民政府、城市街道办事处对村民委员会、居民委员会的消防安全工作负有指导和监督的责任。

城市居民委员会和农村村民委员会是城市居民、农村村民自我管理、自我教育、自我服务的基层群众性的自治组织。城市居民委员会和农村村民委员会的消防工作职责如下。

（1）宣传消防法律法规、普及消防知识，发动群众做好消防安全工作

通过消防宣传，使群众知法守法，懂得消防科学知识，自觉地做好消防安全工作。

（2）组织制定防火安全公约，督促居民遵守

"防火安全公约"是居民、村民共同制定，共同遵守，相互监督的乡规民约，是做好居民消防安全工作的一项重要措施。

（3）组织建设群众义务消防队，组织灭火演练、扑救初期火灾、保护火灾现场，协助火灾原因调查。

（4）进行消防安全检查

检查居民、村民是否有违反防火公约的行为，用火、用电、使用燃气是否符合消防安全要求，楼梯等公共通道是否堆放杂物，是否存在火灾隐患等，发现隐患及时督促整改。

（三）有关行政主管部门的消防工作职责

有关行政主管部门，是指与社会消防工作直接相关的行业行政部门。根据《消防法》的规定，教育、劳动、新闻、出版、广播、电影、电视、建设等行业行政主管部门均负有消防工作职责。

1.教育、劳动行业行政主管部门的消防工作职责

教育、劳动行业行政主管部门负有将消防知识纳入教学、培训内容的职责。消防工作是一门综合性的学科，它涉及社会科学和自然科学领域，与社会学、经济学、法学、管理

学、物理学、化学、材料学、建筑学、电学等学科密切相关。目前，在我国大、中、小学教程中，尚没有完善地把相关消防科学知识纳入相关学科之中，使得学生不熟悉相关学科的消防知识。如建筑学专业教科书中没有消防设计内容，学生毕业到岗位设计中消防设计没有得到贯彻实施，造成了大量的人、财、物的浪费。因此，《消防法》规定，教育行业行政主管部门应将消防知识纳入教学内容，从根本上提高社会消防水平。

消防工作又具有较强的专业技术性，渗透到各个行业及各个工种岗位。许多火灾事故说明，千万火灾的原因是由于从业人员不懂消防知识，违章操作引起的。因此，《消防法》规定，劳动行业行政主管部门在进行职工职业技能培训的同时，应将消防知识纳入培训内容，以提高职工的消防安全操作技能。

2. 新闻、出版、广播、电影、电视等行业行政主管部门的消防工作职责

新闻、出版、广播、电影、电视等主管部门负有进行消防安全教育的职责和义务。新闻、出版、广播、电影、电视是社会宣传机器，做好消防安全工作是社会共同的责任。因此，《消防法》规定，新闻、出版、广播、电影、电视主管部门应尽消防宣传教育的义务，充分利用和发挥各自的特点和优势，经常宣传消防法规和消防科学知识，报道消防工作中的先进经验和好人好事，披露消防工作中存在的问题，推进消防事业的发展。

3. 建设行政主管部门、建筑设计和建设单位的消防工作职责

建设行政主管部门，是指各级人民政府的主管建设的职能部门。其消防工作职责是对经公安消防机构审核通过的建筑工程，颁发建设许可证，而对未经公安消防机构审核或者虽经审核而不合格的建筑工程，不发给建筑施工许可证。

建筑设计单位，是指专门从事建筑工程设计的企业。其消防工作职责是必须按照国家工程建筑消防技术标准进行建筑工程设计；在进行建筑工程设计时，选用的建筑构件和建筑材料的防火性能必须符合国家标准或行业标准；在进行室内装修、装饰设计时，必须选用依照产品质量法的规定确定的检验机构检验合格的不燃、难燃材料进行设计。

建设单位，是指建筑工程的所有者或建筑工程的开发商，其消防工作职责是将建筑工程的消防设计图纸及有关资料报送公安消防机构进行审核；经公安消防机构审核的建筑工程消防设计需要变更的，报经原审核的公安消防机构核准，未经核准不得变更；建筑工程竣工时，未经公安消防机构验收或虽经验收而不合格的建筑工程不得投入使用。

（四）机关、团体、企业、事业单位的消防安全工作职责

机关、团体、企业、事业单位以及民办非企业单位和符合消防安全重点单位定界标准的个体工商户要在当地政府的领导下，积极组织开展本单位的消防工作，认真履行消防安全职责。

1. 社会单位的基本消防安全职责

（1）落实消防安全责任制，制定消防安全制度、消防安全操作规程，狠抓消防安全制

度和消防安全操作规程的贯彻执行，保障单位的消防安全。

（2）确定本单位和所属各部门、岗位的消防安全责任人。明确各部门、各岗位及相关责任人的消防安全职责，做到职责明确，责任到人。

（3）针对本单位的特点对职工进行消防宣传教育。各单位应利用墙报、广播等形式和采取举办消防安全知识讲座，开展消防安全竞赛等方法，对职工进行消防法规和消防知识宣传教育，以增强职工的消防安全意识，提高防火、灭火技能。

（4）组织防火检查，及时消除火灾隐患。要适时开展以查思想、查制度、查措施、查责任、查隐患为主要内容的防火安全检查，及时发现、纠正消防安全工作中存在的问题，使制度、措施、责任真正落到实处。

（5）按照国家有关规定配置消防设施和器材、设置消防安全标志，并定期进行检查、维修，确保消防设施和器材完好有效。

（6）加强对建筑消防设施的管理，定期由建筑消防设施检测、维修企业对本单位消防设施进行检测、维修、保养，确保其完好有效。检测记录应当完整准确，存档备查。

（7）保障疏散通道、安全出口畅通，并设置符合国家规定的消防安全疏散标志。疏散通道、安全出口，是人员在火灾情况下逃生的主要途径。保障疏散通道、安全出口畅通，并在疏散通道、安全出口处设置疏散指示标志，一旦发生火灾，能引导人员迅速疏散逃生。

（8）制定灭火和应急疏散预案，并定期组织演练。

（9）法律、法规规定的其他消防安全职责。

2.消防安全重点单位的消防工作职责

消防安全重点单位，是指发生火灾可能性较大以及一旦发生火灾可能造成人身伤亡或者财产重大损失，由公安消防机构确定，报本级人民政府备案的列管单位。消防安全重点单位，除了要履行社会单位的基本职责外，还应履行下列消防工作职责。

（1）确定消防安全管理人，组织实施本单位的消防安全管理工作。

（2）建立防火档案，确定消防安全重点部位，设置防火标志，实行严格。

（3）实行每日防火巡查，并建立巡查记录。

（4）对职工进行岗前消防安全培训，定期组织消防安全培训和消防演练。

（5）建立专职或义务消防队伍，加强管理、教育、培训，增强企业的自防自救能力。

（五）公民的消防安全责任

社会是由公民组成的集团，社会财富是由公民共同创造并共同拥有的财富。公共消防设施，是为扑救火灾设置的灭火器具设备。保护社会财富，维护公共消防设施是公民应履行的义务。每个公民必须认真遵守消防法规，履行法律赋予的消防安全职责，只有这样，才能使社会财富免遭火灾危害，使公共消防设施免遭破坏。公民的消防安全责任如下。

（1）学习和掌握消防科学知识，严格遵守消防法规，积极主动做好消防安全工作。

（2）自觉保护消防设施，不损坏、不擅自挪用、拆除、停用消防设施器材，不埋压圈占消火栓，不占用防火间距，不堵塞消防通道。

（3）不携带火种进入生产、贮存易燃易爆危险物品的场所，不携带易燃易爆危险物品进入公共场所或者乘坐公共交通工具。

（4）发现火灾应立即报告火警；私有通信工具应无偿为火灾报警提供便利；不谎报火警。

（5）成年公民都有参加有组织的灭火工作的义务。

综上所述，各级政府，政府相关各部门，各机关、团体、企业、事业单位以及每个公民，都要按照职责分工，认真履行工作职责和社会义务，切实树立消防安全责任主体意识，逐步建立和完善政府统一领导、部门履行职责、行业自觉管理、全民普遍参与、公安机关消防机构严格监督的消防安全运行机制，为国民经济的快速发展创造一个良好的消防安全环境。

第四节　我国消防法规体系

消防法律法规是指国家制定的有关消防管理的一切规范性文件的总称。包括消防法律、消防法规（消防行政法规、地方性消防法规）、消防规章（消防行政规章和地方政府消防规章）以及消防技术标准等。

我国的消防法律法规体系是以《中华人民共和国消防法》（以下简称为《消防法》）为核心，以消防行政法规、地方性消防法规、各类消防规章、消防技术标准以及其他规范性文件为主干，以涉及消防的有关法律法规为重要补充的消防法律法规体系。它的调整对象是在消防管理过程中形成的各种社会关系。其立法目的是规范社会生活中各种消防行为，预防火灾和减少火灾的危害，保护公共财产和公民人身、财产的安全，维护公共安全，保障社会主义现代化建设的顺利进行。

一、消防法律

（一）消防专门法律

《消防法》是我国唯一的消防专门法律，是我国消防工作的基本法。

我国第一部《消防法》于1998年颁布实施，在1998年至2009年的10年间，为推动我国消防法制的建设、公共消防设施建设、规范消防监督执法，提高社会化消防管理水平以及提高广大群众自防自救等诸多方面起到了积极的作用，也在预防和减少火灾危害，保护人身、财产安全，维护公共安全工作中切实取得了成效。随着我国经济社会的发展和政府职能的转变,随着社会和广大人民群众对自身安全的新需求、新期待,1998年的《消防法》已难以适应新时期消防工作的需要,自2002年开始,公安部正式启动《消防法》的修订工作,经过数次修改和讨论,根据全国人大常委会审议意见和各方面的意见,《消防法》修订草案于2008年10月28日经十一届全国人大常委会第五次会议审议通过,并于2009年5月1日正式施行。

(二)与消防违法行为处罚相关的法律

与消防违法行为处罚相关的法律主要有《中华人民共和国刑法》《中华人民共和国刑事诉讼法》《中华人民共和国行政处罚法》《中华人民共和国安全生产法》《中华人民共和国治安管理处罚法》《中华人民共和国城市规划法》《中华人民共和国建筑法》《中华人民共和国森林法》《中华人民共和国草原法》《中华人民共和国产品质量法》等。

有一些消防违法行为,常常也属于治安违法行为。如《消防法》第六十二条中的五种消防安全违法行为,应当依照《治安管理处罚法》的规定进行处罚。

(1)违反有关消防技术标准和管理规定生产、储存、运输、销售、使用、销毁易燃易爆危险品的;

(2)非法携带易燃易爆危险品进入公共场所或者乘坐公共交通工具的;

(3)谎报火警的;

(4)阻碍消防车、消防艇执行任务的;

(5)阻碍公安机关消防机构的工作人员依法执行职务的。

又如,《消防法》第七十条规定"拘留处罚由县级以上公安机关依照《中华人民共和国治安管理处罚法》的有关规定决定。公安机关消防机构需要传唤消防安全违法行为人的,依照《中华人民共和国治安管理处罚法》的有关规"。

(三)国家行政管理通用法律

国家行政管理通用法律主要包括《中华人民共和国行政许可法》《中华人民共和国行政复议法》《中华人民共和国行政诉讼法》《行政处罚法》《中华人民共和国行政监察法》和《中华人民共和国国家赔偿法》等。这些法律是所有的国家行政机关在行政管理和行政执法中都应当遵守和执行的法律。

二、消防法规

(一)行政法规

消防行政法规是国务院根据宪法和法律,为领导和管理国家消防行政工作,按照法定程序批准或颁布的有关消防工作的规范性法律文件。主要有《森林防火条例》《草原防火条例》《民用核设施安全监督管理条例》《特别重大事故调查程序暂行规定》《危险化学品安全管理条例》(国务院344号令)等。

(二)地方性法规

地方性消防法规,由省、自治区、直辖市、省会、自治区首府、国务院批准的较大的市的人大及其常委会在不与宪法、法律和行政法规相抵触的情况下,根据本地区的实际情况制定的规范性文件。全国大部分省、自治区、直辖市有立法权的人大常委会制定了符合本地实际情况的消防条例。如《北京市消防条例》《浙江省消防条例》《青海省消防条例》等。

三、消防规章

(一)消防行政规章

消防行政规章,是由国务院各部、各委员会、中国人民银行、审计署和具有行政管理职能的直属机构,根据法律和国务院的行政法规、决定、命令,在本部门的权限内制定和发布的命令、指示、规章等。消防规章可由公安部单独颁布,也可由公安部会同别的部门联合下发。

1. 公安部单独下发的规章

公安部单独颁布并下发的规章主要有:

《建筑工程消防监督审核管理规定》(公安部令第106号);

《消防监督检查规定》(公安部令第107号);

《火灾事故调查规定》(公安部令第108号);

《公共娱乐场所消防安全管理规定》(公安部令第39号);

《机关、团体、企业、事业单位消防安全管理规定》(公安部令第61号);

《公安机关办理行政案件程序规定》(公安部令第88号)等。

其中《建筑工程消防监督审核管理规定》(公安部令第106号)、《消防监督检查规定》(公安部令第107号)、《火灾事故调查规定》(公安部令第108号)这三部规章是为配合新消防法的实施而制定,并于2009年5月1日颁布实施。

2. 其他部委规章

其他部委规章指由公安部和其他部委联合下发的规章,也可以是除公安部以外的各部委单独或联合下发的规章制度。如:

《火灾统计管理规定》(公安部、劳动部、国家统计局);

《高等学校消防安全管理规定》(教育部、公安部);

《集贸市场消防安全管理办法》(公安部、国家工商行政管理局);

《粮油工业企业及粮油机械制造企业防火规则》(粮食部、公安部);

《城市消防规划建设管理规定》(公安部、建设部、国家计委、财政部);

《商业仓库消防安全管理试行条例》(商业部);

《国家物资储备仓库消防工作条例》(国家计委、国家物资储备局)等。

诸如此类的规章涉及社会各个生产领域,为本部门或本行业的消防安全保障提供了可行的法律依据。

(二)地方政府规章

地方政府规章由省、自治区、直辖市、省会、自治区首府、国务院批准的较大的市的人民政府批准或颁布。如:

《北京市消防安全责任监督管理办法》(北京市政府143号令);

《上海市消火栓管理办法》(上海市人民政府第81号令)等。

四、消防技术标准

(一)消防技术标准的含义

消防技术标准是规定社会生产、生活中保障消防安全的技术要求和安全极限的各类技术规范和标准的总和。单纯的技术标准,不具有或基本上不具有社会性,因而不具有法律意义。消防技术规范和技术标准中,由国家赋予其普遍约束力和法律意义的那部分规范和标准,则属于消防法规体系的内容。国家一般用两种方法赋予技术规范和标准以法律意义:一种是在法律条文中直接规定这类规范和标准;另一种是把遵守一定技术规范和标准定为法律义务,违反该规范或标准,要承担法律责任。这种技术规范或标准虽不是法律文件本身的组成部分,但却是它的附件和补充。这些规范和标准涉及危险化学品,电气装置,建筑工程设计、施工、验收、生产流程,消防设施设备、消防产品等大量内容,是进行消防监督必不可少的依据和工具。

(二)消防技术标准的分类

消防技术标准根据其性质可分为规范和标准两大类,其中规范又称为工程建设技术标准,标准又分为基础性标准、实验方法标准和产品标准(又称通用技术条件)。

消防技术标准根据制定的部门的不同,划分为国家标准、行业标准和地方标准。

消防技术标准根据强制约束力的不同,分为强制性标准和推荐性标准。保障人体健康、人身、财产安全的标准和法律、行政法规规定强制执行的标准是强制性标准,其他标准是推荐性标准。

(三)单位消防安全管理常用的消防技术标准

单位消防安全管理中依据的现行消防技术规范主要有:

《建筑设计防火规范》；

《高层民用建筑设计防火规范》；

《建筑内部装修设计防火规范》；

《建筑灭火器配置设计规范》；

《水喷雾灭火系统设计规范》；

《火灾自动报警系统设计规范》；

《火灾自动报警系统施工及验收规范》；

《石油库设计规范》；

《小型石油库及汽车加油站设计规范》；

《建筑物防雷设计规范》；

《爆炸和火灾危险环境电力装置设计规范》等。

单位消防安全管理中依据的现行消防技术标准有：

《人员密集场所消防安全管理》；

《重大火灾隐判定方法》等。

五、规范性文件

消防行政管理规范性文件是指未列入消防行政管理法规范畴内的、由国家机关制定颁布的有关消防行政管理工作的通知、通告、决定、指示、命令等规范性文件的总称。如：

《消防改革与发展纲要》；

《关于加强电气焊割防火安全工作的通告》；

《关于加强家具建筑装修装饰材料销售市场防火安全管理的通告》；

《国务院关于进一步加强消防工作的意见》；

《安全生产"十一五"规划》等。

其中《国务院关于进一步加强消防工作的意见》成了新时期指导消防工作的重要纲领性文件。

第五节 保障建筑消防安全的途径

建筑的消防安全质量，与建筑设计、消防设施安装、消防设施的检测、维护保养有着直接关系。要保障建筑的消防安全，必须从源头抓起.从建筑设计、施工、设施维护以及日常的安全管理几个方面抓起。

一、把好建筑消防系统设计关

建筑消防系统设计,是建筑设计至关重要的一个环节,是建筑消防安全的源头,采用符合标准的消防系统设计方案,是确保该建筑消防安全的首要条件;因此,城乡建设规划和建筑设计与施工过程中必须贯彻"预防为主,防消结合"的消防工作方针,严把建筑消防系统设计关,加强建设工程消防监督管理。建设单位应选择具有资质的设计单位进行建筑消防系统的设计,在保证建筑物使用功能的前提下,严格按照有关规范、标准及规定进行设计,保证建设工程设计质量,从源头上消除火灾隐患,从根本上防止火灾发生。

二、把好建筑消防系统施工关

建筑消防设施安装,是为达到设计功能和使用功能,保证消防安全的重要环节。因此,建设、施工及工程监理单位一定要把好建筑消防系统的施工关,公安机关消防机构应加强对建设工程施工的监督与管理。为确保建筑消防设施与系统满足消防安全要求,建设与施工单位必须按照下列要求进行施工。

(1)选择具有消防工程施工资格、经验丰富、施工能力强的施工队伍施工;
(2)严格按经公安机关消防机构审批合格后的设计方案及有关施工验收规范进行施工;
(3)选择经检测合格,实际使用证明运行可靠、经久耐用的建筑消防产品。

三、做好消防系统与设施使用过程中的维护与维修工作

要保证建筑消防系统与设施始终保持良好的工作状态,必须做好消防系统与设施的检查、维护与维修工作。

1.建立健全建筑消防设施定期维修保养制度

设有消防设施的建筑,在投入使用后,应建立消防设施的定期维修保养制度,使设施维修保养工作制度化,即使系统未出现明显的故障,也应在规定的期限内,按照规定对全系统进行定期维修保养。在定期的维修保养过程中,可以发现系统存在的故障和故障隐患,并及时排除,从而保证系统的正常运行。这种全系统的维修保养工作,至少应该每年进行一次。

2.选择合格的专业消防设施维修保养机构

对建筑消防设施进行全系统的维修保养,工作量比较大,技术性、专业性比较强,一般的建筑使用单位通常不具有足够的人力和技术力量,这项工作应选择经消防部门培训合格的专门从事消防设施维修保养的消防中介机构进行,并在对系统维修保养之后,出具系统合格证明,存档备查。

3.选择经培训合格的人员负责消防设施的日常维修保养工作

由于对消防设施全系统进行维修保养的时间间隔较长,系统有可能在某次维修保养之后,下一次维修保养之前出现故障,这就需要对系统进行经常性的维修保养。这种经常性的维修保养工作,工作量小,技术性相对较低可以由建筑使用单位调专人或由消防设施操作员兼职担任。日常性的消防设施维修保养工作,可以随时发现系统存在的故障,对系统正常运行十分重要。每次对系统维修保养之后,应做好记录,存入设备运行档案。

4.建立健全岗位责任制度

建筑消防设施通常由消防控制室中的控制设备和外围设备组成,许多单位只在消防控制室安排值班人员负责监管控制室内的设备,而未明确控制室以外的消防设施由哪个部门负责,致使外国消防设施出现故障不能及时被发现和排除,火灾发生时,不能发挥其应有的作用。因此,仅仅明确消防控制室工作人员的职责是不够的,还应进一步明确整个消防设施全系统的岗位责任,健全包括全部消防设施在内的消防设施检查、检测、维修保养岗位责任制,从而保证消防设施始终处于良好运行状态,在火灾发生时,发挥其应有的作用。

四、做好建筑消防安全管理工作

落实消防安全责任制度,有领导负责的逐级防火责任制,做到层层有人抓。有生产岗位防火责任制,做到处处有人管。有专职或兼职防火安全干部,做好经常性的消防安全工作;要有健全的各项消防安全管理制度,包括逐级防火检查,用火用电、易燃易爆品安全管理,消防器材维护保养,以及火警、火灾事故报告、调查、处理等制度;对火险隐患,做到及时发现、按期整改;一时整改不了的,采取应急措施,确保安全;明确消防安全重点部位,做到定点、定人、定措施,并根据需要采用自动报警、灭火等技术;对新职工和广大职工群众普及消防知识,对重点工种进行专门的消防训练和考核,做到经常化、制度化;制定灭火和应急疏散预案,并定期演练。只有这样,才能保证建筑消防安全。

社会要发展,经济要繁荣,消防工作也要同步发展,只有严把建筑防火设计质量、建筑消防设施安装、检测与维修保养质量关,做好建筑消防安全管理工作,才能保证建筑物的消防安全,才能为经济建设和经济发展创造有利环境,发挥好消防工作为经济建设保驾护航的作用。

第二章 消防基础知识内容

第一节 燃烧与爆炸

一、燃烧的本质与条件

（一）燃烧的定义

在国家标准《消防基本术语·第一部分》（GB5907-86）中将燃烧定义为：可燃物与氧化剂作用发生的放热反应，通常伴有火焰、发光和（或）发烟的现象。燃烧应具备三个特征，即化学反应、放热和发光。

燃烧过程中的化学反应十分复杂。可燃物质在燃烧过程中，生成了与原来完全不同的新物质。燃烧不仅在空气（氧）存在时能发生，有的可燃物在其他氧化剂中也能发生燃烧。

（二）燃烧的本质

近代连锁反应理论认为：燃烧是一种游离基的连锁反应（也称链反应），即由游离基在瞬间进行的循环连续反应。游离基又称自由基或自由原子，是化合物或单质分子中的共价键在外界因素（如光、热）的影响下，分裂而成含有不成对电子的原子或原子基团，它们的化学活性非常强，在一般条件下是不稳定的，容易自行结合成稳定分子或与其他物质的分子反应生成新的游离基。当反应物产生少量的活化中心游离基时，即可发生链反应。只要反应一经开始，就可经过许多连锁步骤自行加速发展下去（瞬间自发进行若干次），直至反应物燃尽为止。当活化中心全部消失（游离基消失）时，链反应就会终止。链反应机理大致分为链引发、链传递和链终止三个阶段。

综上所述，物质燃烧是氧化反应，而氧化反应不一定是燃烧，能被氧化的物质不一定都是能够燃烧的物质。可燃物质的多数氧化反应不是直接进行的，而是经过一系列复杂的中间反应阶段，不是氧化整个分子，而是氧化链反应中间产物——游离基或原子。可见，燃烧是一种极其复杂的化学反应，游离基的链反应是燃烧反应的实质，光和热是燃烧过程中发生的物理现象。

（三）燃烧的条件

燃烧现象十分普遍，但任何物质发生燃烧，都有一个由未燃烧状态转向燃烧状态的过程。燃烧过程的发生和发展都必须具备以下三个必要条件，即可燃物、助燃物（又称氧化剂）和引火源。上述三个条件通常被称为燃烧三要素。只有这三个要素同时具备的情况下可燃物才能够发生燃烧，无论缺少哪一个，燃烧都不能发生。

（1）可燃物。凡是能与空气中的氧或其他氧化剂起燃烧反应的物质，均称为可燃物。

自然界中的可燃物种类繁多，若按其物理状态分，有固体、液体和气体三类可燃物。

固体可燃物。凡是遇明火、热源能在空气（氧化剂）中燃烧的固体物质，都称为可燃固体。如棉、麻、木材、稻草等天然纤维，稻谷、大豆、苞米等谷物及其制品，涤纶、维纶、锦纶、腈纶等合成纤维及其制品，聚乙烯、聚丙烯、聚苯乙烯等合成树脂及其制品，天然橡胶、合成橡胶及其制品等。

液体可燃物。凡是在空气中能发生燃烧的液体，都称为可燃液体。液体可燃物大多数是有机化合物，分子中都含有碳、氢原子，有些还含有氧原子。其中有不少是石油化工产品，有的产品本身或其燃烧时分解产物都具有一定的毒性。

气体可燃物。凡是在空气中能发生燃烧的气体.都称为可燃气体。可燃气体在空气中需要与空气的混合比在一定浓度范围内（燃烧最低浓度），并还要一定的温度（着火温度）才能发生燃烧。

此外，有些物质在通常情况下不燃烧，但在一定的条件下又可以燃烧。如：赤热的铁在纯氧中能发生剧烈燃烧；赤热的铜能在纯氯气中发生剧烈燃烧；铁、铝本身不燃，但把铁、铝粉碎成粉末，不但能燃烧，而且在一定条件下还能发生爆炸。

（2）助燃物。凡与可燃物质相结合能导致燃烧的物质称为助燃物（也称氧化剂）。通常燃烧过程中的助燃物主要是氧，它包括游离的氧或化合物中的氧。空气中含有大约21%的氧，可燃物在空气中的燃烧以游离的氧作为氧化剂，这种燃烧是最普遍的。此外，某些物质也可作为燃烧反应的助燃物，如氯、氟、氯酸钾等。也有少数可燃物，如低氮硝化纤维、硝酸纤维的赛璐珞等含氧物质，一旦受热后，能自动释放出氧，不需外部助燃物就可发生燃烧。

（3）引火源。凡使物质开始燃烧的外部热源，统称为引火源（也称着火源）。引火源温度越高，越容易点燃可燃物质。根据引起物质着火的能量来源不同，在生产生活实践中引火源通常有明火、高温物体、化学热能、电热能、机械热能、生物能、光能和核能等。

（四）燃烧的充分条件

具备了燃烧的必要条件，并不意味着燃烧必然发生。发生燃烧还应有"量"方面的要求，这就是发生燃烧或持续燃烧的充分条件。可见，"三要素"彼此要达到一定的量变才能发生质变。燃烧发生的充分条件是：

（1）一定的可燃物浓度。可燃气体或蒸气只有达到一定浓度，才会发生燃烧或爆炸。例如，在常温下用火柴等明火接触煤油，煤油并不立即燃烧，这是因为在常温下煤油表面挥发的煤油蒸气量不多，没有达到燃烧所需的浓度，虽有足够的空气和火源接触，也不能发生燃烧。

（2）一定的氧气含量。实验证明，各种不同可燃物发生燃烧，均有本身固定的最低氧含量要求。低于这一浓度，虽然燃烧的其他条件全部具备，但是燃烧仍然不能发生。如将点燃的蜡烛用玻璃罩罩起来，不使周围空气进入，这样经过较短的时间，蜡烛火焰就会熄灭。因此，可燃物发生燃烧需要有一个最低氧含量要求，低于这一浓度，燃烧就不会发生。可燃物质不同，燃烧所需要的含氧量也不同，如汽油燃烧的最低含氧量要求为14.4%，煤油为15%。

（3）一定的点火能量。不管何种形式的引火源，都必须达到一定的强度才能引起燃烧反应。所需引火源的强度，取决于可燃物质的最小点火能量即引燃温度，低于这一能量，燃烧便不会发生。不同可燃物质燃烧所需的引燃温度各不相同。例如汽油的最小点火能量为0.2mJ，乙醚最小点火能量为0.19mJ。

（4）相互作用。燃烧不仅需具备必要和充分条件，还必须使燃烧条件相互结合、相互作用，燃烧才会发生或持续。否则，燃烧也不能发生。例如在办公室里有桌、椅、门、窗帘等可燃物，有充满空间的空气，有火（电源），存在燃烧的基本要素，可并没有发生燃烧现象，这就是因为这些条件没有相互结合、相互作用的缘故。

二、燃烧类型

燃烧按其发生瞬间的特点不同，分为闪燃、着火、自燃、爆炸四种类型。

（一）闪燃

1. 闪燃的含义

在液体表面上能产生足够的可燃蒸气，遇火能产生一闪即灭的燃烧现象称为闪燃。

在一定温度下条件下，液态可燃物表面会产生可燃蒸气，这些可燃蒸气与空气混合形成一定浓度的可燃性气体，当其浓度不足以维持持续燃烧时，遇火源能产生一闪即灭的火苗或火光，形成一种瞬间燃烧现象。可燃液体之所以会发生一闪即灭的闪燃现象，是因为液体在闪燃温度下蒸发速度较慢，所蒸发出来的蒸气仅能维持短时间的燃烧，而来不及提供足够的蒸气补充维持稳定的燃烧，故闪燃一下就熄灭了。闪燃往往是可燃液体发生着火的先兆。从消防角度来说，闪燃就是危险的警告。

2. 物质的闪点

（1）闪点的含义。在规定的试验条件下，液体挥发的蒸气与空气形成混合物，遇火源能够产生闪燃的液体最低温度，称为闪点，以"℃"表示。

闪点是评定液体火灾危险性大小的重要参数。闪点越低，火灾危险性就越大；反之，则越小。表 2-1 列出了部分易燃和可燃液体的闪点。

（2）闪点在消防上的应用。根据闪点，将能燃烧的液体分为易燃液体和可燃液体。

根据闪点，将液体生产、加工、储存场所的火灾危险性分为甲（闪点小于 28℃的液体）、乙（闪点大于等于 28℃，但小于 60℃的液体）、丙（闪点大于等于 60℃的液体）三个类别，以便根据其火灾危险性的大小采取相应的消防安全措施。

表 2-1　部分易燃和可燃液体的闪点

名称	闪点（℃）	名称	闪点（℃）	名称	闪点（℃）
汽油	-50	甲醇	11.1	苯	-14
煤油	37.8	乙醇	12.78	甲苯	5.5
柴油	60	正丙醇	23.5	乙苯	23.5
原油	-6.7	乙烷	-20	丁苯	30.5

（二）着火

1. 着火的含义

可燃物质在空气中与火源接触，达到某一温度时，开始产生有火焰的燃烧，并在火源移去后仍能持续并不断扩大的燃烧现象，称为着火。

着火就是燃烧的开始，且以出现火焰为特征，这是日常生产生活中最常见的燃烧现象。

2. 物质的燃点

在规定的试验下，应用外部热源使物质表面起火并持续燃烧一定时间所需的最低温度，称为燃点或着火点，以"℃"表示。

表 2-2 中列出部分可燃物质的燃点。根据可燃物的燃点高低，可以衡量其火灾危险程度。物质的燃点越低，则越容易着火，火灾危险性也就越大。

一切可燃液体的燃点都高于闪点。燃点对于可燃固体和闪点较高的可燃液体，具有实际意义。控制可燃物质的温度在其燃点以下，就可以防止火灾的发生；用水冷却灭火，其原理就是将着火物质的温度降低到燃点以下。

表 2-2　部分可燃物质的燃点

物质名称	燃点（℃）	物质名称	燃点（℃）	物质名称	燃点（℃）
松节油	53	漆布	165	松木	250
樟脑	70	蜡烛	190	有机玻璃	260
赛璐珞	100	麦草	200	醋酸纤维	320
纸	130	豆油	220	涤纶纤维	390
棉花	150	黏胶纤维	235	聚氯乙烯	391

（三）自燃

1. 自燃的含义

可燃物质在没有外部火花、火焰等火源的作用下，因受热或自身发热并蓄热所产生的自然燃烧，称为自燃。即可燃物质在无外界引火源条件下，由于其自身所发生的物理、化学或生物变化而产生热量并积蓄，使温度不断上升，自行燃烧起来的现象。由于热的来源不同，物质自燃可分为受热自燃和本身自燃两类。

自燃现象引发火灾在自然界并不少见，如有些含硫、磷成分高的煤炭遇水常常发生氧化反应释放热量，如果煤层堆积过厚积热不散，就容易发生自燃火灾；工厂的油抹布堆积，由于氧化发热并蓄热也会发生自燃引发火灾。

2. 物质的自燃点

在规定的条件下，可燃物质产生自燃的最低温度称为自燃点。在这一温度时，物质与空气（氧）接触，不需要明火的作用，就能发生燃烧。自燃点是衡量可燃物质受热升温形成自燃危险性的依据。可燃物的自燃点越低，发生自燃的危险性就越大。表2-3列出了部分可燃物的自燃点。

表2-3 部分可燃物的自燃点

物质名称	自燃点（℃）	物质名称	自燃点（℃）	物质名称	自燃点（℃）
黄磷	34~35	乙醚	170	棉籽油	370
三硫化四磷	100	溶剂油	235	桐油	410
赛璐珞	150~180	煤油	240~290	芝麻油	410
赤磷	200~250	汽油	280	花生油	445
松香	240	石油沥青	270~300	菜籽油	446
锌粉	360	柴油	350~380	豆油	460
丙酮	570	重油	380~420	亚麻仁油	343

（四）爆炸

1. 爆炸的含义

由于物质急剧氧化或分解反应产生温度、压力增加或两者同时增加的现象，称为爆炸。

从广义上说，爆炸是物质从一种状态迅速转变成另一状态，并在瞬间放出大量能量，同时产生声响的现象。在发生爆炸时，势能（化学能或机械能）突然转变为动能，有高压气体生成或者释放出高压气体，这些高压气体随之做机械功，如移动、改变或抛射周围的物体。一旦发生爆炸，将会对邻近的物体产生极大的破坏作用，这是由于构成爆炸体系的高压气体作用到周围物体上，使物体受力不平衡，从而遭到破坏。

2. 爆炸的分类

按爆炸过程的性质不同，通常将爆炸分为物理爆炸、化学爆炸和核爆炸三种类型。

（1）物理爆炸。物理爆炸是指装在容器内的液体或气体，由于物理变化（温度、体积和压力等因素）引起体积迅速膨胀，导致容器压力急剧增加，由于超压或应力变化使容器发生爆炸，且在爆炸前后物质的性质及化学成分均不改变的现象。如蒸汽锅炉、液化气钢瓶等爆炸，均属物理爆炸。

物理爆炸本身虽没有进行燃烧反应，但它产生的冲击力有可能直接或间接地造成火灾。

（2）化学爆炸。化学爆炸是指由于物质本身发生化学反应，体并使温度、压力增加或两者同时增加而形成的爆炸现象。如可燃气体、蒸气或粉尘与空气形成的混合物遇火源而引起的爆炸、炸药的爆炸等都属于化学爆炸。化学爆炸的主要特点是：反应速度快，爆炸时放出大量的热能，产生大量气体和很大的压力，并发出巨大的响声。化学爆炸能够直接造成火灾，具有很大的破坏性，是消防工作中预防的重点。

（3）核爆炸。核爆炸是指由于原子核裂变或聚变反应，释放出核能所形成的爆炸。如原子弹、氢弹、中子弹的爆炸就属核爆炸。

3. 爆炸极限

（1）爆炸浓度极限。爆炸浓度极限（简称爆炸极限）是指可燃的气体、蒸气或粉尘与空气混合后，遇火会产生爆炸的最高或最低的浓度。气体、蒸气的爆炸极限，通常以体积百分比表示；粉尘通常用单位体积中的质量（g/m^3）表示。其中遇火会产生爆炸的最低浓度，称为爆炸下限；遇火会产生爆炸的最高浓度，称为爆炸上限。

爆炸极限是评定可燃气体、蒸气或粉尘爆炸危险性大小的主要依据。爆炸上、下限值之间的范围越大，爆炸下限越低、爆炸上限越高，爆炸危险性就越大。混合物的浓度低于下限或高于上限时，既不能发生爆炸也不能发生燃烧。

（2）爆炸温度极限。爆炸温度极限是指可燃液体受热蒸发出的蒸气浓度等于爆炸浓度极限时的温度范围。由于液体的蒸气浓度是在一定温度下形成的，所以可燃液体除了有爆炸浓度极限外，还有一个爆炸温度极限。

爆炸温度极限也有下限、上限之分。液体在该温度下蒸发出等于爆炸浓度下限的蒸气浓度，此时的温度称为爆炸温度下限（液体的爆炸温度下限就是液体的闪点）；液体在该温度下蒸发出等于爆炸浓度上限的蒸气浓度，此时的温度称为爆炸温度上限。爆炸温度上、下限值之间的范围越大，爆炸危险性就越大。例如，乙醇的爆炸温度下限是11℃，上限是40℃。在11℃~40℃温度范围之内，乙醇蒸气与空气的混合物都有爆炸危险；乙醇的爆炸温度极限是-45℃~13℃，显然乙醛比乙醇的爆炸危险性大。

通常所说的爆炸极限，如果没有标明，就是指爆炸浓度极限。表2-4为常见液体爆炸浓度极限与爆炸温度极限的比较。

表2-4 常见液体爆炸浓度极限与爆炸温度极限的比较

液体名称	爆炸浓度极限（%）		爆炸温度极限（℃）	
	下限	上限	下限	上限
乙醇	3.3	18.0	11.0	40.0
甲苯	1.5	7.0	5.5	31.0
松节油	0.8	62.0	33.5	53.0
车用汽油	1.7	7.2	38.0	8.0
灯用煤油	1.4	7.5	40.0	86.0
乙醛	1.9	40.0	−45.0	13.0
苯	1.5	9.5	−14.0	19.0

三、燃烧过程及特点

（一）可燃物的燃烧过程

当可燃物与其周围相接触的空气达到可燃物的点燃温度时，外层部分就会熔解、蒸发或分解并发生燃烧，在燃烧过程中放出热量和光。这些释放出来的热量又加热边缘的下一层，使其达到点燃温度，于是燃烧过程就不断地持续。

固体、液体和气体这三种状态的物质，其燃烧过程是不同的。固体和液体发生燃烧，需要经过分解和蒸发，生成气体，然后由这些气体与氧化剂作用发生燃烧。而气体物质不需要经过蒸发，可以直接燃烧。

（二）可燃物的燃烧特点

1. 固体物质的燃烧特点

固体可燃物在自然界中广泛存在，由于其分子结构的复杂性、物理性质的不同，其燃烧方式也不相同。主要有下列四种方式：

（1）表面燃烧。蒸气压非常小或者难于热分解的可燃固体，不能发生蒸发燃烧或分解燃烧，当氧气包围物质的表层时，呈炽热状态发生无焰燃烧现象，称为表面燃烧。其过程属于非均相燃烧，特点是表面发红而无火焰。如木炭、焦炭以及铁、铜等的燃烧则属于表面燃烧形式。

（2）阴燃。阴燃是指物质无可见光的缓慢燃烧，通常产生烟和温度升高的迹象。

某些固体可燃物在空气不流通、加热温度较低或含水分较高时就会发生阴燃。这种燃烧看不见火苗，可持续数天，不易发现。易发生阴燃的物质，如成捆堆放的纸张、棉、麻以及大堆垛的煤、草、湿木材等。

阴燃和有焰燃烧在一定条件下能相互转化。如在密闭或通风不良的场所发生火灾，由于燃烧消耗了氧，氧浓度降低，燃烧速度减慢，分解出的气体量减少，即可由有焰燃烧转为阴燃。阴燃在一定条件下，如果改变通风条件，或可燃物中的水分蒸发到一定程度，也可能转变为有焰燃烧。火场上的复燃现象和固体阴燃引起的火灾等都是阴燃在一定条件下转化为有焰分解燃烧的例子。

（3）分解燃烧。分子结构复杂的固体可燃物，由于受热分解而产生可燃气体后发生的有焰燃烧现象，称为分解燃烧。如木材、纸张、棉、麻、毛、丝以及合成高分子的热固性塑料、合成橡胶等的燃烧就属这类形式。

（4）蒸发燃烧。熔点较低的可燃固体受热后融熔，然后与可燃液体一样蒸发成蒸气而发生的有焰燃烧现象，称为蒸发燃烧。如石蜡、松香、硫、钾、磷、沥青和热塑性高分子材料等的燃烧就属这类形式。

2. 液体物质的燃烧特点

（1）蒸发燃烧。易燃可燃液体在燃烧过程中，并不是液体本身在燃烧，而是液体受热时蒸发出来的液体蒸气被分解、氧化达到燃点而燃烧，即蒸发燃烧。其燃烧速度，主要取决于液体的蒸发速度，而蒸发速度又取决于液体接受的热量。接受热量越多，蒸发量越大，则燃烧速度越快。

（2）动力燃烧。动力燃烧是指燃烧性液体的蒸发、低闪点液雾预先与空气或氧气混合，遇火源产生带有冲击力的燃烧。如雾化汽油、煤油等挥发性较强的烃类在气缸中的燃烧就属于这种形式。

（3）沸溢燃烧。含水的重质油品（如重油、原油）发生火灾，由于液面从火焰接受热量产生热波，热波向液体深层移动速度大于线性燃烧速度，而热波的温度远高于水的沸点。因此，热波在向液层深部移动过程中，使油层温度升上，油品黏度变小，油品中的乳化水滴在向下沉积的同时受向上运动的热油作用而蒸发成蒸气泡，这种表面包含有油品的气泡，比原来的水体积扩大千倍以上，气泡被油薄膜包围形成大量油泡群，液面上下像开锅一样沸腾，到储罐容纳不下时，油品就会像"跑锅"一样溢出罐外，这种现象称为沸溢。

（4）喷溅燃烧。重质油品储罐的下部有水垫层时，发生火灾后，由于势波往下传递，若将储罐底部的沉积水的温度加热到汽化温度，则沉积水将变成水蒸气，体积扩大，当形成的蒸汽压力大到足以把其上面的油层抬起，最后冲破油层将燃烧着的油滴和包油的油气抛向上空，向四周喷溅燃烧。

重质油品储罐发生沸溢和喷溅的典型征兆是：罐壁会发生剧烈抖动，伴有强烈的噪声，烟雾减少，火焰更加发亮，火舌尺寸变大，形似火箭。

发生沸溢和喷溅会对灭火救援人员及消防器材装备等的安全产生巨大的威胁，因此，储罐一旦出现沸溢和喷溅的征兆，火场有关人员必须立即撤到安全地带，并应采取必要的技术措施，防止喷溅时油品流散、火势蔓延和扩大。

3. 气体物质的燃烧特点

可燃气体的燃烧不像固体、液体物质那样经熔化、蒸发等相变过程，而在常温常压下就可以任意比例与氧化剂相互扩散混合，完成燃烧反应的准备阶段。气体在燃烧时所需热量仅用于氧化或分解，或将气体加热到燃点，因此容易燃烧且燃烧速度快。

根据气体物质燃烧过程的控制因素不同，其燃烧有以下两种形式：

（1）扩散燃烧。可燃气体从喷口（管道口或容器泄漏口）喷出，在喷口处与空气中的氧边扩散混合、边燃烧的现象，称为扩散燃烧。其燃烧速度主要取决于可燃气体的扩散速度。气体（蒸气）扩散多少，就烧掉多少，这类燃烧比较稳定。例如管道、容器泄漏口发生的燃烧，天然气井口发生的井喷燃烧等均属于扩散燃烧。其燃烧特点为扩散火焰不运动，可燃气体与气体氧化剂的混合在可燃气体喷口进行。对于稳定的扩散燃烧，只要控制得好，便不至于造成火灾，一旦发生火灾也易扑救。

（2）预混燃烧。可燃气体与助燃气体在燃烧之前混合，并形成一定浓度的可燃混合气体，被引火源点燃所引起的燃烧现象，称为预混燃烧。这类燃烧往往造成爆炸，也称爆炸式燃烧或动力燃烧。影响气体燃烧速度的因素主要包括气体的组成、可燃气体的浓度、可燃混合气体的初始温度、管道直径、管道材质等。许多火灾、爆炸事故是由预混燃烧引起的，如制气系统检修前不进行置换就烧焊，燃气系统开车前不进行吹扫就点火等。

四、燃烧产物

（一）燃烧产物的含义和分类

1. 燃烧产物的含义

由燃烧或热解作用而产生的全部物质，称为燃烧产物。它通常是指燃烧生成的气体、热量和烟雾等。

2. 燃烧产物的分类

燃烧产物分完全燃烧产物和不完全燃烧产物两类。可燃物质在燃烧过程中，如果生成的产物不能再燃烧，则称为完全燃烧，其产物为完全燃烧产物，如二氧化碳、二氧化硫等；可燃物质在燃烧过程中，如果生成的产物还能继续燃烧，则称为不完全燃烧，其产物为不完全燃烧产物，如一氧化碳、醇类等。

（二）不同物质的燃烧产物

燃烧产物的数量及成分，随物质的化学组成以及温度、空气（氧）的供给情况等变化而有所不同。

1. 单质的燃烧产物

一般单质在空气中的燃烧产物为该单质元素的氧化物。如碳、氢、硫等燃烧就分别生成二氧化碳、水蒸气、二氧化硫，这些产物不能再燃烧，属于完全燃烧产物。

2. 化合物的燃烧产物

一些化合物在空气中燃烧除生成完全燃烧产物外，还会生成不完全燃烧产物。最典型的不完全燃烧产物是一氧化碳,它能进一步燃烧生成二氧化碳。特别是一些高分子化合物,受热后会产生热裂解,生成许多不同类型的有机化合物,并能进一步燃烧。

3. 合成高分子材料的燃烧产物

合成高分子材料在燃烧过程中伴有热裂解,会分解产生许多有毒或有刺激性的气体,如氯化氢、光气、氟化氢等。

4. 木材的燃烧产物

木材是一种化合物,主要由碳、氢、氧元素组成,主要以纤维素分子形式存在。木材在受热后发生热裂解反应,生成小分子产物。在200℃左右,主要生成二氧化碳、水蒸气、甲酸、乙酸、一氧化碳等产物;在280℃~500℃,产生可燃蒸汽及颗粒;到500℃以上则主要是碳,产生的游离基对燃烧有明显的加速作用。

(三)燃烧产物的毒性

燃烧产物有不少是毒害气体,往往会通过呼吸道侵入或刺激眼结膜、皮肤黏膜使人中毒甚至死亡。据统计,在火灾中死亡的人约80%是由于吸入毒性气体中毒而致死的。一氧化碳是火灾中最危险的气体,其毒性在于与血液中血红蛋白的高亲和力,因而它能阻止人体血液中氧气的输送,引起头痛、虚脱、神志不清等症状,严重时会使人昏迷甚至死亡。近年来,合成高分子物质的使用迅速普及,这些物质燃烧时不仅会产生一氧化碳、二氧化碳,还会分解出乙氢、氟化氢等有毒气体,给人的生命安全造成更大的威胁。

(四)烟气

1. 烟气的含义

由燃烧或热解作用所产生的悬浮在大气中可见的固体和(或)液体微粒总和称为烟气。

2. 烟气的产生

当建、构筑物发生火灾时,建筑材料及装修材料、室内可燃物等在燃烧时所产生的生成物氯化氢之一是烟气。不论是固态物质或是液态物质、气态物质在燃烧时,都要消耗空气中大量的氧,并产生大量炽热的烟气。

3. 烟气的危害性

火灾产生的烟气是一种混合物,其中含有一氧化碳、二氧化碳、氯化氢等大量的各种有毒性气体和固体碳颗粒。其危害性主要表现在烟气具有毒害性、减光性和恐怖性。

(1)烟气的毒害性。人生理正常所需要的氧浓度应大于16%,而烟气中含氧量往往低于此数值。有关试验表明:当空气中含氧量降低到15%时,人的肌肉活动能力下降;降到10%~14%时,人就四肢无力,智力混乱,辨不清方向;降到6%~10%时,人就会晕倒;低于6%时,人接触短时间就会死亡。据测定,实际的着火房间中氧的最低浓度可降至3%左右,可见在发生火灾时人们要是不及时逃离火场是很危险的。

另外，火灾中产生的烟气中含有大量的各种有毒气体，其浓度往往超过人的生理正常所允许的最高浓度，造成人员中毒死亡。试验表明：一氧化碳浓度达到1%时，人在1min内死亡；氢氰酸的浓度达到270ppm，人立即死亡；氯化氢的浓度达到2000PPm以上时，人在数分钟内死亡；二氧化碳的浓度达到20%时，人在短时间内死亡。

（2）烟气的减光性。可见光波的波长为$0.4\mu m$~$0.7\mu m$，一般火灾烟气中烟粒子粒径为几微米到几十微米，即烟粒子的粒径大于可见光的波长，这些烟粒子对可见光是不透明的，其对可见光有完全的遮蔽作用，当烟气弥漫时，可见光因受到烟粒子的遮蔽而大大减弱，能见度大大降低，这就是烟气的减光性。

（3）烟气的恐怖性。发生火灾时，火焰和烟气冲出门窗孔洞，浓烟滚滚，烈火熊熊，使人产生了恐怖感，有的人甚至失去理智，惊慌失措，往往给火场人员疏散造成混乱局面。

（五）火焰、燃烧热和燃烧温度

1. 火焰

（1）火焰的含义及构成。火焰（俗称火苗），是指发光的气相燃烧区域。火焰是由焰心、内焰、外焰三个部分构成的。

（2）火焰的颜色。火焰的颜色取决于燃烧物质的化学成分和氧化剂的供应强度。大部分物质燃烧时火焰是橙红色的，但有些物质燃烧时火焰具有特殊的颜色，如硫黄燃烧的火焰是蓝色的，磷和钠燃烧的火焰是黄色的。

火焰的颜色与燃烧温度有关，燃烧温度越高，火焰就越接近蓝白色。

火焰的颜色与可燃物的含氧量及含碳量也有关。含氧量达到50%以上的可燃物质燃烧时，火焰几乎无光。如一氧化碳等物质在较强的光照下燃烧，几乎看不到火焰；含氧量在50%以下的，发出显光（光亮或发黄光）的火焰；相反，如果燃烧物的含碳量达到60%以上，则发出显光且带有大量黑烟的火焰。

2. 燃烧热和燃烧温度

（1）燃烧热。燃烧热是指单位质量的物质完全燃烧所释放出的热量。燃烧热值越高的物质燃烧时火势越猛，温度越高，辐射出的热量也越多。物质燃烧时，都能放出热量。这些热量被消耗于加热燃烧产物，并向周围扩散。

可燃物质的发热量，取决于物质的化学组成和温度。

（2）燃烧温度。燃烧温度是指燃烧产物被加热的温度。不同可燃物质在同样条件下燃烧时，燃烧速度快的比燃烧速度慢的燃烧温度高；在同样大小的火焰下，燃烧温度越高，它向周围辐射出的热量就越多，火灾蔓延的速度就越快。

（六）燃烧产物对火灾扑救工作的影响

燃烧产物对火灾扑救工作的影响，分有利和不利两个方面。

1.燃烧产物对火灾扑救工作的有利方面

(1)在一定条件下可以阻止燃烧进行。完全燃烧的产物都是不燃的惰性气体,如二氧化碳、水蒸气等。如果室内发生火灾,随着这些惰性气体的增加,空气中的氧浓度相对减少,燃烧速度会减慢;如果关闭通风的门、窗、孔洞,也会使燃烧速度减慢,直至燃烧停止。

(2)为火情侦察和寻找火源点提供参考依据。不同的物质燃烧,不同的燃烧温度,在不同的风向条件下,烟雾的颜色、浓度、气味、流动方向也各不相同。在火场上,通过烟雾的这些特征,消防人员可以大致判断燃烧物质的种类、火势蔓延方向、火灾阶段等。

2.燃烧产物对火灾扑救工作的不利方面

(1)妨碍灭火和被困人员行动。烟气具有减光性,会使火场能见度降低,影响人的视线。人在烟雾中的能见距离,一般为30cm。人在浓烟中往往辨不清方向,因而严重妨碍人员安全疏散和消防人员灭火扑救。

(2)有引起人员中毒、窒息的危险。燃烧产物中有不少是有毒性气体,特别是有些建筑使用期料和化纤制品作装饰装修材料,这类物质一旦着火就能分解产生大量有毒、有刺激性的气体,往往会通过呼吸道侵入皮肤黏膜或刺激眼结膜,使人中毒、窒息甚至死亡,严重威胁着人员生命安全。因此,在火灾现场做好个人安全防护和防排烟是非常重要的。

(3)高温会使人员烫伤。燃烧产物的烟气中载有大量的热,温度较高,高温可以使人的心脏加快跳动,产生判断错误;人在这种高温、湿热环境中极易被灼伤、烫伤。研究表明,当环境温度达到43℃时,人体皮肤的毛细血管扩张爆裂,当在100℃环境下,一般人只能忍受几分钟,就会使口腔及喉头肿胀而发生窒息,丧失逃生能力。

(4)成为火势发展蔓延的因素。燃烧产物有很高的热能,火灾时极易因热传导、热对流或热辐射引起新的火点,甚至促使火势形成轰燃的危险。某些不完全燃烧产物能继续燃烧,有的还能与空气形成爆炸性混合物。

五、影响火灾发展变化的主要因素

火灾发展变化虽然比较复杂,但是就一种物质发生燃烧时来说,火灾的发展变化有其固有的规律性。除取决于可燃物的性质和数量外,同时也受热传播、爆炸、建(构)筑物的耐火等级以及气象等因素的影响。

(一)热传播对火灾发展变化的影响

火灾的发生发展,始终伴随着热传播过程。热传播是影响火灾发展的决定性因素。热传播的途径主要有热传导、热辐射和热对流。

1.热传导

(1)热传导的含义。热传导是指物体一端受热,通过物体的分子热运动,把热量从温度较高一端传递到温度较低的另一端的过程。

（2）热传导对火灾发生变化的影响。热总是从温度较高部位，向温度较低部位传导。温度差越大，导热方向的距离越近，传导的热量就越多。火灾现场燃烧区温度越高，传导出的热量就越多。

固体、液体和气体物质都有这种传热性能。其中固体物质是最强的热导体，液体物质次之，气体物质较弱。其中金属材料为热的优良导体，非金属固体多为不良导体。

在其他条件相同时，物质燃烧时间越长，传导的热量越多。有些隔热材料虽然导热性能差，但经过长时间的热传导，也能引起与其接触的可燃物着火。

2. 热辐射

（1）热辐射的含义及其特点。热辐射是指以电磁波形式传递热量的现象。

热辐射具有以下特点：热辐射不需要通过任何介质，不受气流、风速、风向的影响，通过真空也能进行热传播；固体、液体、气体这三种物质都能把热以电磁波的形式辐射出去，也能吸收别的物体辐射出来的热能；当有两物体并存时，温度较高的物体将向温度较低物体辐射热能，直至两物体温度渐趋平衡。

（2）热辐射对火灾发生变化的影响。实验证明：一个物体在单位时间内辐射的热量与其表面积的绝对温度的四次方成正比。热源温度越高，辐射强度越大。当辐射热达到可燃物质的自燃点时，便会立即引起着火。

受辐射物体与辐射热源之间的距离越大，受到的辐射热越小。反之，距离越小，接受的辐射热越多；辐射热与受辐射物体的相对位置有关，当辐射物体辐射面与受辐射物体处于平行位置时，受辐射物体接收到的热量最高；物体的颜色越深、表面越粗糙，吸收的热量就越多；表面光亮、颜色较淡，反射的热量越多，则吸收的热量就越少。

当火灾处于发展阶段时，热辐射成为热传播的主要形式。

3. 热对流

（1）热对流的含义。热对流是指热量通过流动介质，由空间的一处传播到另一处的现象。

（2）热对流的方式。根据引起热对流的原因而论，分为自然对流和强制对流两种方式；按流动介质的不同，热对流又分为气体对流和液体对流两种方式。

自然对流。它是指流体的运动是由自然力所引起的，也就是因流体各部分的密度不同而引起的。如高温设备附近空气受热膨胀向上流动及火灾中高温热烟的上升流动，而冷（新鲜）空气则与其做相反方向流动。

强制对流。它是指流体微团的空间移动是由机械力引起的。如通过鼓风机、压缩机、泵等，使气体、液体产生强制对流。火灾发生时，若通风机械还在运行，就会成为火势蔓延的途径。使用防烟、排烟等强制对流设施，就能抑制烟气扩散和自然对流。地下建筑发生火灾，用强制对流改变风流或烟气流的方向，可有效地控制火势的发展，为最终扑灭火灾创造有利条件。

气体对流。气体对流对火灾发展蔓延有极其重要的影响，燃烧引起了对流，对流助长了燃烧；燃烧越猛烈，它所引起的对流作用越强；对流作用越强，燃烧越猛烈。

液体对流。当液体受热后受热部分因体积膨胀、比重减轻而上升，而温度较低、比重较大的部分则下降，在这种运动的同时进行着热传递，最后使整个液体被加热。盛装在容器内的可燃液体，通过对流能使整个液体升温，蒸发加快，压力增大，就有可能引起容器的爆裂。

（3）热对流对火灾发生变化的影响。热对流是影响初期火灾发展的最主要因素。实验证明：热对流速度与通风口面积和高度成正比。通风孔洞越多，各个通风孔洞的面积越大、越高，热对流速度越快；风能加速气体对流。风速越大，不仅对流越快，而且能使房屋表面出现正负压力，在建（构）筑物周围形成旋风地带；风向改变，会改变气体对流方向；燃烧时火焰与环境温度的温差越大，热对流速度越快。

（二）爆炸对火灾发生变化的影响

爆炸冲击波能将燃烧着的物质抛撒到高空和周围地区，如果燃烧的物质落在可燃物体上就会引起新的火源，造成火势蔓延扩大。

爆炸冲击波能破坏难燃结构的保护层，使保护层脱落，可燃物体暴露于表面，这就为燃烧面积迅速扩大增加了条件。由于冲击波的破坏作用，使建筑结构发生局部变形或倒塌，增加空隙和孔洞，其结果必然会使大量的新鲜空气流入燃烧区，燃烧产物迅速流出室外。在此情况下，气体对流大大加强，促使燃烧强度剧增，助长火势迅速发展。同时，由于建筑物孔洞大量增加，气体对流的方向发生变化，火势蔓延方向也会随着改变。如果冲击波将炽热火焰冲散，使火焰穿过缝隙或不严密之处，进入建筑结构的内部空洞，也会引起该部位的可燃物质发生燃烧。火场如果有沉浮在物体表面上的粉尘，爆炸的冲击波会使粉尘扬撒于空间，与空气形成爆炸性混合物，可能发生再次爆炸或多次爆炸。

当可燃气体、液体和粉尘与空气混合发生爆炸时，爆炸区域内的低燃点物质，顷刻之间全部发生燃烧，燃烧面积迅速扩大。火场上发生爆炸，不仅对火势发展变化有极大影响，而且对扑救人员和附近群众也有严重威胁。因此，在灭火战斗过程中，及时采取措施，防止和消除爆炸危险，十分重要。

（三）建筑耐火等级对火灾发生变化的影响

建筑耐火等级，是衡量建筑耐火程度的标准，火灾实例说明，耐火等级高的建筑，火灾时烧坏、倒塌的很少，造成的损失也小，而耐火等级低的建筑，火灾时不耐火，燃烧快，损失也大。因此，为了保证建筑物的安全，必须采取必要的防火措施，使之具有一定的耐火性，即使发生了火灾也不至于造成太大的损失。另外，在灭火时应根据建筑耐火等级，充分利用各种有利条件，赢得时间，有效地控制火势发展，顺利地扑灭火灾。

（四）气象条件对火灾发生变化的影响

大量火灾表明，风、湿度、气温、季节等气象条件对火势的发展和蔓延都有一定程度的影响，其中以风和湿度影响最大。

风对火势发展有决定性影响，尤其对露天火灾，受风的影响更大。风速越大，对流速度越快，燃烧和蔓延速度也越快；风向改变，燃烧、蔓延方向也会随之改变。一般而言，火向顺风蔓延。但火场上的风向并不很稳定，火灾初起与火灾发展阶段时的风向有时并不一致，可能会受到燃烧产生的热对流影响，出现反方向的强风，形成火的旋涡。大风天会形成飞火，迅速扩大燃烧范围。

可燃材料的含水率与空气的湿度有关。干燥的可燃材料易起火，燃烧速度也快；潮湿的可燃材料不易起火。众所周知，在雨季，许多物体都呈潮湿状态，着火的可能性相对减小。在干燥的季节，风干物燥，易于起火成灾，也易蔓延。

六、防火与灭火的基本原理

（一）防火的基本原理和措施

根据燃烧基本理论，只要防止形成燃烧条件，或避免燃烧条件同时存在并相互作用，就可以达到防火的目的。

（二）灭火的基本原理和措施

根据燃烧基本理论，只要破坏已经形成的燃烧条件，就可使燃烧熄灭，最大限度地减少火灾危害。有关灭火的基本原理和措施见表 2-5、2-6 所示。

表 2-5 防火基本原理和措施

措施	原理	措施举例
控制可燃物	破坏燃烧爆炸的基础	1.限制可燃物质储运量； 2.用不燃或难燃材料代替可燃材料； 3.加强通风，降低可燃气体或蒸气、粉尘在空间的浓度； 4.用阻燃剂对可燃材料进行阻燃处理，以提高防火性能； 5.及时清除洒漏地面的易燃、可燃物质等。
隔绝空气	破坏燃烧爆炸的助燃条件	1.充惰性气体保护生产或储运有爆炸危险物品的容器、设备等； 2.密闭有可燃介质的容器、设备； 3.采用隔绝空气等特殊方法储运有燃烧爆炸危险的物质； 4.隔离与酸、碱、氧化剂等接触能够燃烧爆炸的可燃物和还原剂。

(续表)

措施	原理	措施举例
消除引火源	破坏燃烧的激发能源	1.消除和控制明火源； 2.安装避雷、接地设施，防止雷击、好电； 3.防止撞击火星和控制摩擦生热； 4.防止日光照射和聚光作用； 5.防止和控制高温物质。
阻止火势蔓延	不使新的燃烧条件形成	1.在建筑之间留足防火间距、设置防火分隔设施； 2.在气体管道上安装阻火器、安全水封； 3.有压力的容器设备，安装防爆膜（片）、安全阀； 4.在能形成爆炸介质的场所，设置泄压门窗、轻质屋盖等。

表2-6 灭火基本原理和措施

措施	原理	措施举例
冷却法	降低燃烧物的温度	用直流水喷射着火物； 不间断地向着火物附近的未热烧物喷水降温等。
窒息法	消除助燃物	封闭着火的空间； 往着火的空间充灌惰性气体、水蒸气； 用湿棉被、湿麻袋等捂盖已着火的物质； 向着火物上喷射二氧化碳、干泡沫、喷雾水等。
隔离法	使着火物与火源隔离	将未着火物质搬迁转移到安全处； 拆除毗连的可燃建（构）筑物； 关闭燃烧气体（液体）的阀门，切断气体（液体）来源； 用沙土等堵截流散的燃烧液体； 用难燃或不燃物体遮挡受火势威胁的可燃物质等。
抑制法	中断燃烧链式反应	向着火物上直接喷射气体、干粉等灭火剂，覆盖火焰，中断燃烧链式反应。

第二节 危险化学品基础知识

一、危险化学品定义和分类

（一）危险化学品的定义

危险品系指有爆炸、易燃、毒害、感染、腐蚀、放射性等危险特性，在运输、储存、生产、经营、使用和处置中，容易造成人身伤亡、财产损毁或环境污染而需要特别防护的物品。

一般认为，只要此类危险品为化学品，那么它就是危险化学品。

（二）危险化学品的分类

危险化学品品种繁多，危险化学品的分类是一个比较复杂的问题。根据现行标准，可以有不同的分类方法：

1. 按危险货物的危险性或最主要危险性分类

根据国家标准《危险货物分类和品名编号》（GB6944-2012）和《危险货物品名表》（GB12268-2012），将危险品分成以下九大类：

（1）爆炸品。指在外界条件作用下（如受热、摩擦、撞击等）能发生剧烈的化学反应，瞬间产生大量的气体和热量，使周围的压力急剧上升，发生爆炸，对周围环境、设备、人员造成破坏和伤害的物品。包括爆炸性物质、爆炸性物品和为产生爆炸或烟火实际效果而制造的前述两项中未提及的物质或物品。

（2）气体。指在50℃时，蒸气压力大于300kPa的物质或20℃时在101.3kPa标准压力下完全是气态的物质。其包括压缩气体、液化气体、溶解气体和冷冻液化气体、一种或多种气体与一种或多种其他类别物质的蒸气的混合物、充有气体的物品和烟雾剂。

易燃气体是指在20℃和101.3kPa条件下爆炸下限小于或等于13%的气体；或不论其爆燃性下限如何，其爆炸极限（燃烧范围）大于或等于12%的气体。

（3）易燃液体。指易燃的液体或液体混合物，或是在溶液或悬浮液中有固体的液体，其闭杯试验闪点不高于60℃，或其开杯试验闪点不高于65.6℃易燃液体还包括：在温度等于或高于其闪点的条件下提交运输的液体；以液态在高温条件下运输或提交运输，并在温度等于或低于最高运输温度下放出易燃蒸气的物资。

（4）易燃固体、易于自燃的物质、遇水放出易燃气体的物质。易燃固体指燃点低，对热、撞击、摩擦敏感，易被外部火源点燃，迅速燃烧，能散发有毒烟雾或有毒气体的固体。

易于自燃的物质指自燃点低，在空气中易于发生氧化反应放出热量，而自行燃烧的物品。如黄磷、二氯化钛等。

遇水放出易燃气体的物质，指与水相互作用易变成自燃物质或能放出达到危险数量的易燃气体的物质。如金属钠、氢化钾等。

（5）氧化性物质和有机过氧化物。氧化性物质是指本身未必燃烧，但通常因放出氧可能引起或促使其他物质燃烧的物质。如氯酸铁、高锰酸钾等。

有机过氧化物指含有两价过氧基结构的有机物质，该类物质为热不稳定物质，可能发生放热的自加速分解。如过氧化苯甲酰、过氧化甲乙酮等。

（6）毒性物质和感染性物质。毒害物质指经吞食、吸入或皮肤接触后可能造成死亡或严重受伤或健康损害的物质。如各种氰化物、砷化物、化学农药等。

感染性物质指已知或有理由认为含有病原体的物质。

（7）放射性物品。指任何含有放射性核素且其活度浓度和放射性总活度都分别超过国家标准《放射性物质安全运输规程》(GBII806)规定的限值的物质。

（8）腐蚀性物品。指通过化学作用使生物组织接触时造成严重损伤，或在渗漏时会严重损害甚至毁坏其他货物或运载工具的物质。

（9）杂项危险物质和物品，包括危害环境的物资。指存在危险但不能满足其他类别定义物质和物品，如危害环境物质、高温物质和经过基因修改的微生物或组织。

2. 按化学品的危险性分类

根据国家标准《化学品分类及危险性公示通则》(GBI3690-2009)，危险化学品分为以下类别：

（1）爆炸物。指包括爆炸性物质（或混合物）和含有一种或多种爆炸性物质（或混合物）的爆炸性物品。爆炸性物质（或混合物）其本身能够通过化学反应产生气体，而产生气体的温度、压力和速度能对周围环境造成破坏。

发火物质（或发火混合物）和包含一种或多种发火物质（或混合物）的烟火物品虽然不放出气体，但也纳入爆炸物范畴。

（2）易燃气体。指在20℃和IOL3kPa标准压力下，爆炸下限小于或等于13%的气体，或不论其爆炸下限如何，其爆炸极限（燃烧范围）大于或等于12%的气体。

（3）易燃气溶胶。指气溶胶喷雾罐。该容器由金属、玻璃或塑料制成，不可重新罐装。内装强制压缩、液化或溶解的气体，包含或不包含液体、膏剂或粉末，配有释放装置，可使所装物质喷射出来，形成在气体中悬浮的固态或液态微粒或形成泡沫、膏剂或粉末或处于液态或气态。

（4）氧化性气体。指一般通过提供氧气，比空气更能导致或促使其他物质燃烧的任何气体。

（5）压力下气体。指在压力等于或大于200kPa(表压)下装入贮器的气体，包括压缩气体、溶解气体、液化气体、冷冻液化气体。

（6）易燃液体。指闪点不高于93℃的液体。

（7）易燃固体。指容易燃烧或通过摩擦可能引燃或助燃的固体，为粉状、颗粒状或糊状物质。

（8）自反应物质或混合物。指即使没有氧（空气）也容易发生激烈放热分解的热不稳定液态或固态物质或者混合物。

自反应物质或混合物如果在实验室试验中其组分容易起爆、迅速爆燃或在封闭条件下加热时显示剧烈效应，应视为具有爆炸性质。

（9）自燃液体。指即使数量小也能在与空气接触后5mm之内引燃的液体。

（10）自燃固体。指即使数量小也能在与空气接触后5min之内引燃的固体。

（11）自热物质和混合物。自热物质是与空气反应不需要能源供应就能够自己发热的固体或液体物质或混合物；这类物质或混合物与发火液体或固体不同，因为这类物质只有数量很大（公斤级）并经过长时间（几小时或几天）才会燃烧。

（12）遇水放出易燃气体的物质或混合物。遇水放出易燃气体的物质或混合物是通过与水作用，容易具有自燃性或放出危险数量的易燃气体的固态或液态物质或混合物。

（13）氧化性液体。指本身未必燃烧，但通常因放出氧气可能引起或促使其他物质燃烧的液体。

（14）氧化性固体。指本身未必燃烧，但通常因放出氧气可能引起或促使其他物质燃烧的固体。

（15）有机过氧化物。有机过氧化物是热不稳定物质或混合物，容易放热自加速分解。另外，它们可能易于爆炸分解；迅速燃烧；对撞击或摩擦敏感；与其他物质发生危险反应。

（16）金属腐蚀剂。腐蚀金属的物质或混合物是通过化学作用显著损坏或毁坏金属的物质或混合物。

二、常用危险化学品的危险特性

从消防工作的实际出发，对下面各种常用危险化学品的危险特性做一个概述：

（一）爆炸物

爆炸物的危险特性，主要表现在当它受到摩擦、撞击、震动、高热或其他能量激发后，不仅能发生剧烈的化学反应，并在极短时间内释放出大量热量和气体导致爆炸性燃烧，而且燃爆突然，破坏作用强。爆炸品的危险特性主要有爆炸性、敏感性、殉爆、毒害性等。

（二）易燃气体

1. 易燃易爆性

易燃气体的主要危险特性就是易燃易爆，处于燃烧浓度范围之内的易燃气体，遇着火源都能着火或爆炸，有的甚至只需极微小能量就可燃爆。易燃气体与易燃液体、固体相比，更容易燃烧，且燃烧速度快，一燃即尽。简单成分组成的气体比复杂成分组成的气体易燃、燃速快、火焰温度高、着火爆炸危险性大。

2. 扩散性

由于气体的分子间距大，相互作用力小，非常容易扩散，能自发地充满任何容器。气体的扩散与气体对空气的相对密度和气体的扩散系数有关。比空气轻的易燃气体，若逸散在空气中可以无限制地扩散与空气形成爆炸性混合物，并能够顺风飘移，迅速蔓延和扩展，遇火源则发生爆炸燃烧；比空气重的易燃气体，若泄漏出来时，往往聚集在地表、沟渠、隧道、房屋死角等处，长时间不散，易与空气在局部形成爆炸性混合物，遇到火源则发生燃烧或爆炸。同时，相对密度大的可燃性气体，一般都有较大的发热量，在火灾条件下易于造成火势扩大。

3. 物理爆炸性

易燃、可燃气体有很大的压缩性，在压力和温度的影响下，易于改变自身的体积。储存于容器内的压缩气体特别是液化气体，受热膨胀后，压力会升高，当超过容器的耐压强度时，即会引起容器爆裂或爆炸。

4. 带电性

压力容器内的易燃气体（如氢气、乙烷、乙炔、天然气、液化石油气等），当从容器、管道口或破损处高速喷出，或放空速度过快时，由于强烈的摩擦作用，都容易产生静电而引起火灾或爆炸事故。

5. 腐蚀毒害性

主要是一些含氢、硫元素的气体具有腐蚀作用。如氢、氨、硫化氢等都能腐蚀设备，严重时可导致设备裂缝、漏气。压缩气体和液化气体，除了氧气和压缩空气外，大都具有一定的毒害性。

6. 窒息性

气体具有一定的窒息性（氧气和压缩空气除外）。易燃易爆性和毒害性易引起注意，而窒息性往往被忽视，尤其是不燃无毒气体，如二氧化碳、氮气，氮、氨等惰性气体，一旦发生泄漏，均能使人窒息死亡。

7. 氧化性

有些压缩气体氧化性很强，与可燃气体混合后能发生燃烧或爆炸的气体，如氯气与乙炔即可爆炸，氯气与氢气见光可爆炸，氟气遇氢气即爆炸，油脂接触氧气能自燃，铁在氧气、氯气中也能燃烧。

（三）易燃液体

1. 易燃性

由于易燃液体的沸点都很低，易燃液体很容易挥发出易燃蒸气，其闪点低、自燃点也低，且着火所需的能量极小。因此，易燃液体都具有高度的易燃易爆性，这是易燃液体的主要特性。

2. 蒸发性

易燃液体由于自身分子的运动，都具有一定的挥发性，挥发的蒸气易与空气形成爆炸性混合物。

所以，易燃液体存在着爆炸的危险性。挥发性越强，爆炸的危险就越大。

3. 热膨胀性

易燃液体的膨胀系数一般都较大，储存在密闭容器中的易燃液体，受热后在本身体积膨胀的同时会使蒸气压力增加，容器内部压力增大，若超过了容器所能承受的压力限度，就会造成容器的鼓胀，甚至破裂。而容器的突然破裂，大量液体在涌出时极易产生静电火花从而导致火灾、爆炸事故。

此外，对于沸程较宽的重质油品，由于其黏度大、油品中含有乳化水或悬浮状态的水或者在油层下有水层，发生火灾后，在热波作用下产生的高温层作用可能导致油品发生沸溢或喷溅。

4. 流动性

液体流动性的强弱，主要取决于液体本身的黏度。液体的黏度越小，其流动性就越强。黏度大的液体随着温度升高而增强其流动性。易燃液体大都是黏度较小的液体，一旦泄漏，便会很快向四周流动扩散和渗透，扩大其表面积，加快蒸发速度，使空气中的蒸气浓度增加，火灾爆炸危险性增大。

5. 静电性

多数易燃液体在灌注、输送、流动过程中能够产生静电，静电积聚到一定程度时就会放电，引起着火或爆炸。

6. 毒害性

易燃液体大多本身或蒸气具有毒害性。不饱和、芳香族碳氢化合物和易蒸发的石油产品比饱和的碳氢化合物、不易挥发的石油产品的毒性大。

（四）易燃固体

易燃固体的危险特性主要表现在以下四个方面：

1. 燃点低，易点燃

易燃固体由于其熔点低，受热时容易熔解蒸发或汽化，因而易着火，燃烧速度也较快。某些低熔点的易燃固体还有闪燃现象。易燃固体由于其燃点火，且着火后燃烧速度快，极易蔓延扩大。

2. 遇酸、氧化剂易燃易爆

绝大多数易燃固体遇无机酸性腐蚀品、氧化剂等能够立即引起燃烧或爆炸。如萘与发烟硫酸接触反应非常剧烈，甚至引起爆炸；红磷与氯酸钾，硫黄粉与过氧化钠或氯酸钾，稍经摩擦或撞击，都会引起燃烧或爆炸。

3. 自燃性

易燃固体的自燃点一般都低于易燃液体和气体的自燃点。由于易燃固体热解温度都较低，有的物质在热解过程中，能放出大量的热使温度上升到自燃点而引起自燃，甚至在绝氧条件下也能分解燃烧，一旦着火，燃烧猛烈、蔓延迅速。

4. 本身或燃烧产物有毒

很多易燃固体本身具有毒害性，或燃烧后能产生有毒的物质。例如，硫黄不仅与皮肤接触能引起中毒，而且粉尘吸入后，亦能引起中毒。又如，硝基化合物等燃烧时会产生一氧化碳等有毒气体。

（五）自燃固体与自燃液体

自燃物品的危险特性主要表现在以下三个方面：

1. 遇空气自燃性

自燃物质大部分化学性质非常活泼，具有极强的还原性，接触空气后能迅速与空气中的氧化合，并产生大量热量，达到自燃点而着火。接触氧化剂和其他氧化性物质反应会更加剧烈，甚至爆炸。

2. 遇湿易燃易爆性

硼、锌、锑、铝的烷基化合物类的自燃物品，除在空气中能自燃外，遇水或受潮还能分解自燃或爆炸。

3. 积热分解自燃性

硝化纤维及其制品，不但由于本身含有硝酸根，化学性质很不稳定，在常温下就能缓慢分解放热，当堆积在一起或仓库通风不良时，分解产生的热越积越多，当温度达到其自燃点就会引起自燃，火焰温度可达1200℃，伴有有毒和刺激性气体放出；而且由于其分子中含有NO_2基因，具有较强的氧化性，一旦发生分解，在空气不足的条件下也会发生自燃，在高温下，即使没有空气也会因自身含有氧而分解燃烧。

（六）遇水放出易燃气体的物质

遇水放出易燃气体的物质的危险特性主要表现在以下四个方面：

1. 遇水易燃易爆性

这是遇湿易燃物品的共性。遇湿易燃物品遇水或受潮后，发生剧烈的化学反应使水分解，夺取水中的氧与之化合，放出可燃气体和热量。当可燃气体在空气中接触明火或反应放出的热量达到引燃温度时就会发生燃烧或爆炸。

2. 遇氧化剂、酸着火爆炸性

遇湿易燃物品遇氧化剂、酸性溶剂时，反应更剧烈，更易引起燃烧或爆炸。

3. 自燃危险性

有些遇湿易燃物品不仅有遇湿易燃性，还有自燃性。如金属粉末类的锌粉、铝镁粉等，在潮湿空气中能自燃，与水接触，特别是在高温下反应剧烈，能放出氢气和热量；碱金属、硼氢化物，放置于空气中即具有自燃性；有的（如氢化钾）遇水能生成易燃气体并放出大量的热量而且具有自燃性。

4. 毒害性和腐蚀性

许多遇水易燃物品本身具有一定毒性和腐蚀性。

（七）氧化性物质

氧化性物质的危险特性主要表现在：

1. 强烈的氧化性

氧化性物质多数为碱金属、碱土金属的盐或过氧化基所组成的化合物，其氧化价态高，金属活泼性强，易分解，有极强的氧化性。氧化剂的分解主要有以下几种情况：受热或撞击摩擦分解、与酸作用分解、遇水或二氧化碳分解、强氧化剂与弱氧化剂作用复分解。

2. 可燃性

有机氧化剂除具有强氧化性外，本身还是可燃的，遇火会引起燃烧。

3. 混合接触着火爆炸性

强氧化性物质与具有还原性的物质混合接触后，有的形成爆炸性混合物，有的混合后立即引起燃烧；氧化性物质与强酸混合接触后会生成游离的酸或酸酐，呈现极强的氧化性，当与有机物接触时，能发生爆炸或燃烧；氧化性物质相互之间接触也可能引起燃烧或爆炸。

（八）有机过氧化物

有机过氧化物的危险特性主要表现在三个方面：分解爆炸性、易燃性、伤害性。其危险性的大小主要取决于过氧基含量和分解温度。

（九）毒性物质

大多数毒性物质遇酸、受热分解放出毒气体或烟雾。其中有机毒害品具有可燃性，遇明火、热源与氧化剂会着火爆炸，同时放出有毒气体。液态毒害品还易于挥发、渗漏和污染环境。

毒性物质的主要危险性是毒害性。毒害性主要表现为对人体或其他动物的伤害，引起人体或其他动物中毒的主要途径是呼吸道、消化道和皮肤，造成人体或其他动物发生呼吸中毒、消化中毒、皮肤中毒。除此之外，大多数有毒物品具有一定的火灾危险性。如无机有毒物品中，锑、汞、铅等金属的氧化物大都具有氧化性；有机毒品中有200多种是透明或油状易燃液体，具有易燃易爆性；大多数有毒品，遇酸或酸雾能分解并放出极毒的气体，有的气体不仅有毒，而且有易燃和自燃危险性，有的甚至遇水发生爆炸；芳香族含2、4位两个硝基的氯化物，茶酚、酚钠等化合物，遇高热、明火、撞击有发生燃烧爆炸的危险。

（十）腐蚀性物质

1. 腐蚀性

腐蚀性物质的腐蚀性主要体现在三个方面：一是对人体的伤害，二是对有机物的破坏，三是对金属的腐蚀性。

2. 毒害性

在腐蚀性物质中，有一部分能挥发出有强烈腐蚀和毒害性的气体。

3. 火灾危险性

腐蚀性物质的火灾危险性主要体现在三个方面：一是氧化性，二是易燃性，三是遇水分解易燃性。

第三章 消防监督管理研究概述

消防监督管理是《中华人民共和国消防法》（以下简称《消防法》）赋予公安消防部门的行政职权。随着时代发展，其内涵在不断发生变化，计划经济时代，由于国家行政机关直接参与企业管理，消防监督管理从内容到形式实行着大包大揽式直接管理。在市场经济条件下，企业成为市场的真正主体，政府职能正在发生转变，公安消防部门作为政府的行政执法机关其工作的内容和形式必然随之进行变革。消防监督管理学科建设也必须适应形势的发展，与时俱进，不断完善其理论体系，更好地为经济建设服务，为消防监督管理实践服务。

第一节 消防监督管理学科研究的对象与方法

一、消防监督管理学科研究的对象

消防监督管理作为一门学科，其学科体系和理论基础都不很成熟。早期人们主要是移植管理学的理论和原理来研究消防监督管理，研究对象以企业管理和人事管理为主，而较少涉及公共行政管理。随着时代发展，其研究对象和内容都在不断发生变化。

首先，从行政法学的角度分析，消防监督管理属于消防行政管理的范畴，其主要内容是行政执法。从依法行政这一点出发，消防监督管理应当将以下内容作为研究对象：

1. 消防监督管理的原则；
2. 消防监督管理的法律法规；
3. 消防监督管理的主体与对象以及权利和义务；
4. 消防监督管理的程序及其制度。

其次，从管理学的角度来看，监督是管理的一种形式，是实现管理目标的有效手段之一。因此，监督管理也应当遵循一般管理学的原理。现代公共行政提倡服务行政，即消防监督管理在实施监督的同时，要体现执法为民，热情服务。从这一点出发，消防监督管理应当研究以下内容：

1. 消防监督管理的理论基础；
2. 消防监督管理的形式与方法；

3. 消防监督管理的模式；
4. 消防监督中如何体现服务。

二、消防监督管理学科研究的方法

消防监督管理学科作为法学与消防科学和公共管理学之间的交叉学科，其研究工作无疑要受到法学、管理学乃至一般社会科学研究方法的指导，同时也要借鉴自然科学、技术科学研究方法。研究方法作为获得对问题的正确认识和正确处理问题的手段，不是由人们的主观任意决定的，而应当是在辩证唯物论和历史唯物论这一马克思主义的世界观和方法论指导下，在科学地分析总结消防监督管理实践的基础上形成的。因此，消防监督管理学研究要采用科学有效的方法，首先以马克思主义哲学为指导方法，其次还应借鉴现代管理科学方法，吸取各种综合性方法、横向性方法和交叉性方法。

1. 马克思主义哲学

马克思主义哲学是社会科学研究的哲学方法指南，对于任何学科来说都是最高层次的科学方法论。消防监督管理学作为社会科学与自然科学相结合的综合性学科，也必须以马克思主义哲学方法为指导。

2. 现代管理科学方法

世界公认现代管理科学的核心是系统论、信息论、控制论。系统论、信息论、控制论既是一种学科研究的方法，也是一种学科研究思想。把握其中的精髓并正确地应用于学科研究中，对消防监督管理学科研究裨益很大。作为管理科学的理论基础已被广泛运用在各行各业的管理实践中，发挥着卓有成效指导作用。系统方法打破了传统的哲学思维方法，它遵循从整体到局部、从系统到元素、从总到分、从上到下的思维途径，其特点是整体性、动态性和抽象性。消防安全涉及千家万户、各行各业，必须把整个社会作为一个大系统进行研究。消防社会化管理本身就是一个系统工程。

3. 价值分析方法

从价值的角度来看，任何社会规范都是一种价值准则。法作为调整社会生活的规范体系，它的存在本身并不是目的，而是实现一定价值的手段，也就是说，社会中所有的立法和司法活动都是一种进行价值选择的活动。正因为法与价值之间有着这种不可分割的联系，所以价值分析就不能不成为法学研究的重要方法。消防监督管理作为一门学科应当一方面为现存的消防法律提供一套进行评价与批判的价值准则，从而引导社会对消防法现象进行认识和改造；另一方面又从特定的价值准则出发对当今社会出现的新问题进行指导，哪些行为应受限制，哪些行为应受保护，从而为社会提供一种理想的行为模式和目标。

第二节　消防监督管理的任务、内容与形式

一、消防监督管理的任务

火灾是各种灾害中最经常、最普遍地威胁公众安全和社会发展的主要灾害之一。因此，预防、消灭火灾，保护公民人身安全和社会财富的安全是消防监督管理的最终目标和首要任务。

1. 预防、制止、纠正消防违法，维护公共安全

由于人们消防安全意识淡薄，违反消防法律、法规的行为大量存在，致使火灾时有发生。消防监督管理是由国家消防行政部门依法实施，通过监督管理、教育、宣传、指导等手段使全体公民、法人和其他组织遵守消防法律法规，从而预防火灾发生、减少火灾危害。这是消防监督管理最基本的任务。

2. 为社会发展和经济建设创建消防安全环境

这是消防监督管理的历史性责任。我国正处于社会主义现代化建设的高速发展时期，社会发展和经济建设需要一个良好的消防安全环境。因此，牢固树立执法为民思想，坚持专门工作与群众路线相结合的方针，加强消防监督管理，加强消防队伍自身建设，增强社会单元的自我管理能力，提高全民消防安全意识和抗御火灾的能力，创造出更加有效的治火机制，才能为加强经济发展和社会进步奠定良好的消防安全环境。

二、消防监督管理的内容与形式

（一）消防监督管理的内容

根据《消防法》赋予公安消防部门的职责，消防监督管理的内容主要包括以下方面：

1. 建筑工程消防监督管理；
2. 消防监督检查；
3. 火灾事故调查与火灾统计；
4. 城市消防规划建设管理；
5. 消防安全宣传教育与培训；
6. 其他消防行政管理。

（二）消防监督管理的方式

消防监督管理的方式是指消防监督管理过程中所采取的方式方法。主要包括：

1. 创制规范、制定行政规划

消防管理主体制定行政规章以及规范性文件，约束相对人的行为，是消防监督管理的首要方式。通常以政府名义或公安机关的名义进行。消防管理主体为了实现公共消防安全管理目标，预先制订发展计划和规划的行为。如城市消防规划，根据《消防法》的规定，制定消防规划的主体是人民政府，公安消防部门是规划的主要参与制定者，并监督有关部门实施。

2. 行政许可

行政许可是公共行政管理的主要方式。行政许可是指行政机关根据公民、法人或者其他组织的申请，经依法审查，准予其从事特定活动的行为。消防行政许可是指公安消防部门根据公民、法人或者其他组织的申请，经依法审核，准予其从事特定活动的行为。目前，建筑工程消防审核、建筑工程消防验收、公众聚集场所开业或投入使用前的批准、举办具有火灾危险的大型群众性活动的审批、发放《消防安全培训合格证》等都属于此类方式。

3. 行政确认

消防行政确认是指消防监督主体依法对消防监督相对人的法律地位、权利和义务以及相关的法律事实进行甄别，予以确定、认可、证明并予以宣告的行政执法行为。消防行政确认的范围比较广，有些是独立的行政行为，如火灾原因和火灾事故责任认定；有些是其他行政行为的辅助行为，如前述的消防行政许可，在许可前都要先进行确认。有些是经调查后直接予以确认，如火灾原因认定、火灾事故责任认定等。

4. 监督检查

消防监督检查既是消防监督管理的方式，又是消防监督管理的主要内容之一。主要有定期监督抽查、公众聚集场所开业前和大型群众性活动举办前的消防安全检查等。

5. 行政调查

公安消防部门为了查明火灾事故原因或事故责任，或者是查明违法事实，应当对有关当事人进行讯问、询问，对有关现场进行勘查、勘验并收集、整理有关信息，为行政决定提供依据。消防行政调查是一种过程性行政行为，不是独立的行政行为，是消防行政处罚、火灾原因认定、火灾事故责任认定的前提和必要的程序。

6. 行政命令

消防监督主体为了公共消防安全依法要求相对人为一定的行为或不为一定的行为。主要有两类：一是以政府或公安机关的名义发布具有普遍约束力的规范性文件；二是在监督检查时发现违法现象或火灾隐患，责令相对人当场改正或限期改正。如责令限期改正通知书、重大火灾隐患限期整改通知书等。

7. 行政处罚

在消防监督管理过程中，如果消防监督主体发现相对人违反消防法律法规且应当承担行政法律责任时，应依法给予法律制裁，即消防行政处罚。触犯刑律的，应当受到刑事处罚。

8. 行政指导

消防监督管理既可以以法律手段，也可以采用非法律手段，如劝告、建议、鼓励的非权力手段，对相对人进行帮助、指导。我们提倡既严格执法又热情服务，指导就是服务，是一种开展业务的重要手段，是现代行政的发展方向。主要包括消防宣传、教育、培训，消防法律、业务咨询等。

9. 行政救助

火灾（或其他灾害）发生时，消防监督主体根据受灾者的请求（报警）或上级命令前往扑救火灾和抢险救援的行为是公安消防部门的一项重要职责。对于正在发生火灾的单位和个人（家庭），不管什么原因，都应当及时扑救。免费享受火灾扑救和救助是公民、单位的一项权利。

10. 行政强制

为了预防、制止危害消防安全的行为发生，或者为了实现消防行政决定所确定的内容，消防监督主体可以依法采取对相对人的人身、财产进行强制性限制。消防行政强制包括两类：一是在扑救火灾或抢险救援时的即时强制，如强制拆除毗邻的建筑、强制断电、强制征用、强制转移等；二是对逾期不履行法定义务的相对人进行的强制执行，如查封、强制拆除违章建筑等。

11. 行政奖励

为了鼓励先进，推进消防工作的开展，对在消防工作中有突出贡献或者成绩显著的单位和个人应当给予的奖励，也是监督管理的重要手段。

12. 行政补偿

行政补偿是指消防监督主体依法行使职权的过程中造成相对人合法权益的损害，或者是相对人协助消防监督主体执行公务而遭受损失，国家依法对相对人的损失给予补偿的行为。我国的行政补偿制度还不完善，消防行政补偿的范围也很小，但随着社会的发展和进步，这项工作将受到重视。

13. 行政培训

行政培训是指消防监督主体根据法律法规规定，对特定职业、岗位的人进行专门消防培训，使其掌握专门消防知识和技能的行为，是发放《消防培训合格证》的前提。消防行政培训是一种过程性行为，不直接影响相对人的权利义务，具有行政指导的意义，但它涉及行政收费，而行政收费直接影响相对人的权利义务。所以，必须依法进行。

14.行政复议

行政复议是指相对人认为消防监督主体的具体行政行为侵犯了其合法权益，依法请求法定消防监督主体重新审查该行政行为是否合法和适当，并做出行政复议决定的行为。它属于行政救济范畴，但又是消防监督主体所为的行政行为。

第三节　消防监督管理的形成与发展

一、我国消防监督管理制度的确立与完善

我国消防监督管理制度的确立是在中华人民共和国成立以后。在此之前，历朝历代对消防工作虽然都有不同程度的发展，但是都没有形成完善的监督管理制度，其工作重点一般放在灭火和发生火灾以后的治罪上。尽管古代很早就有人提出了"防为上，救次之，戒为下"的消防工作指导思想，真正把防火工作列入政府工作议事日程，在历史上各个朝代都没有。中华人民共和国成立后，国家在改造旧的消防队伍的同时，开始着手建立新的消防监督管理组织机构，探索新的消防监督管理方式和机制，到1957年我国第一部消防法规《消防监督条例》的颁布，从法律上正式确立了消防监督制度，"消防监督"一词正式写入法律，并把消防监督权赋予公安机关。《条例》明确了消防监督机关（当时指公安机关）的任务。

我国的消防监督管理制度主要包括建筑工程消防监督管理制度、重点单位监督管理制度、火灾事故调查制度。

（一）建筑工程消防监督管理制度的形成

建筑工程消防监督管理，是消防监督工作的重要组成部分，是消防工作中源头性的工作。在民国时期，上海、天津等大城市已经开展了建审工作。新中国成立后，这些大城市借鉴原来的一些做法，并探讨新的监督管理机制，在国内做了大量开创性的工作。1955年公安部消防局成立后，专门设立了指导建筑防火设计及消防设备设计审核工作的机构。1956年发布了《工业企业和居民区建筑设计暂行防火标准》，并要求各省、自治区公安厅、局和基建任务较重的省辖市的公安局应将建筑设计的防火审核工作建立起来，使新建、扩建的工业与民用建筑的设计基本上合乎建筑设计暂行防火标准的要求。1960年8月，国家建委、公安部联合发布《关于建筑设计防火的原则规定》的通知，要求各部，各省、自治区、直辖市必须重视这项工作。应在建筑设计、施工和生产人员中对建筑防火的规定有计划地进行宣传教育。当地公安机关应积极地参加建筑设计审核和验收工作。1963年9月公安部在北京召开了全国消防工作会议，会议批转了《关于城市消防管理工作的规定》（试行草案）等三个规定，又进一步强调了建审工作。至此，全国各大中城市的建审工作

普遍开展起来了。

(二) 重点单位监督管理制度

重点方向和重点单位的消防监督管理始终是消防工作的主要矛盾,是一项带有全局性、根本性的工作。这一点在建国早期就被认识到了。1953年在《第二次全国民警治安工作会议决议》中,明确提出消防工作的任务是有重点地加强大城市和重要工矿地区的消防建设。1954年,公安部与燃料化学工业部把石油厂矿的防火安全作为工作重点,不仅强调加强消防组织领导和消防队伍的建设,还强调对厂矿的职工进行防火宣传教育,提高人们的防火意识。1956年3月10日公安部发布的《关于消防工作计划的通知》提出,深入地、有重点地开展消防检查,是实施防火监督的一个重要手段。并把工矿、企业、基建工地、物资仓库的防火作为重点来抓。1958年1月公安部又发布了《关于进一步加强棉花收购、储存、加工中的防火措施的通报》,要求各地消防部门把防范棉花引发的火灾作为重点消防对象。

关于消防安全重点单位界定,各行各业按照自己的特点提出了一定的原则,积累了一些经验。1963年9月公安部制定了《关于城市消防管理工作的规定》。该规定把消防保卫重点界定标准概括为"四大六个方面",并提出了消防工作实行三级管理的方案,即消防重点单位实行城市的公安局、公安分局和派出所三级管理。同时还就如何确定消防重点单位和重点部位,以及如何建立防火档案,实行防火责任制,开展逐级防火安全检查等都作了规定。至此,我国的消防重点方向和单位的监督管理制度初步形成。

(三) 火灾事故调查制度

火灾事故调查,是公安消防部门的一项重要工作任务。火灾事故调查工作是随着公安消防部门的设立逐渐发展起来的。1955年公安部消防局成立后,开始指导全国的火灾事故调查工作。1956年,在消防人员培训中专门设立了火灾原因调查课程。1963年,公安部在《关于城市消防管理工作的规定》中把火灾事故调查作为消防管理的一项重要内容,明确要求各地消防部门,对每起火灾,都必须认真查明原因。1975年,国家提出火灾事故调查"三不放过"原则。

二、改革开放后我国消防监督管理制度的完善与发展

经过十几年的发展,到1965年,我国的消防监督管理制度和模式以及组织机构已基本确立和形成,消防监督管理工作有了很大的发展。然而,1966年至1976年,消防监督管理工作受到了严重地破坏。公安消防部门被撤销,消防干部被下放、改行。1967年至1970年间消防监督管理工作几乎停止,全国没有火灾统计数据的文字记载。1970年后,国家先后下发了一系列文件,使消防监督管理工作有所恢复。

1978年公安部恢复了消防局,并对消防工作重新进行调整、部署,消防监督管理工作逐步在大中城市中得到恢复和发展。1979年公安部召开全国消防工作会议,重新提出

消防工作三级管理的议题。1981年提出了消防重点单位"十项标准",为消防重点单位的监督管理提供了依据。1984年《中华人民共和国消防条例》(以下简称《条例》)颁布实施,《条例》明确规定,县级以上公安机关设立消防监督机构,负责消防监督工作,并进一步明确了公安消防部门的职权范围,使消防监督工作又向法制化迈进了一步。1987年公安部发布《中华人民共和国消防条例实施细则》,1991年又发布《消防监督程序规定》,就消防监督检查、易燃易爆化学物品消防监督、建筑工程消防监督、消防产品质量监督和火灾事故调查处理等有关事项的程序做了详细规定。至此,我国的消防监督管理制度已基本完善,并适应了当时的计划经济体制。

三、消防监督管理向适应市场经济新模式的转化

为了尽快适应社会主义市场经济的发展,1995年,国务院办公厅转发公安部《消防改革与发展纲要》(以下简称《纲要》)。《纲要》为我国社会主义市场经济条件下消防工作改革与发展制定了指导性原则和方向,对指导全国消防工作的改革与发展发挥了重要作用。

1996年江泽民《责任重于泰山》重要讲话公开发表。讲话深刻论述了消防事业与经济建设的关系;深刻论述了消防工作在改革开放、人类文明和社会主义建设中的重要地位和作用;突出强调了防范火灾的责任意识对国家安危的极端重要性;强调了消防工作必须以经济建设为中心的观点;进一步阐明了中国特色的社会主义消防事业必须遵循的方针、原则和神圣的使命。讲话的发表对我国的消防事业起到了巨大的推动作用。

1998年《消防法》颁布实施。随后又制定颁布了相应的配套规章,如《消防监督检查规定》等,标志着我国消防工作步入法治时代,消防监督工作向着法制化、规范化迈进。2001年,公安部制定颁布了《机关、团体、企业、事业单位消防安全管理规定》(以下简称《单位消防安全管理规定》),该规定对社会各单位消防安全管理进行了详细的规定,对消防安全重点单位进行了重新界定,为消防监督管理模式的转变奠定了基础。

2003年,《消防法》的修改开始启动。我国消防监督管理模式正由计划经济时代的依靠行政命令和采取大包大揽的方式向适应市场经济的宏观管理模式转变。

第四节 当前我国消防监督管理改革的基本思路

在计划经济条件下生长和完善起来的以行政管理为主的消防监督管理模式曾经为促进经济发展,维护社会安全起到了积极有效的作用。随着社会主义市场经济的建立和世界经济一体化,经济发展自身以及与其密切联系的诸多要素都显示着强劲的独立性,法人加主人的地位日趋鲜明,市场调节的需求日渐明显,法制的呼声更加紧迫,政府的职能发生了质的变化。作为政府的行政执法部门,消防监督管理机制必然要通过改革,创造符合社会

主义市场经济发展规律的新模式，以适应客观发展的要求。

计划经济下的消防监督管理模式的本质属性是行政干预，在形式上呈现为"保姆"式包办代替。在这种状态下，宏观与微观，监督与管理，主体与对象的概念不清、职责不明，如果说在以行政意志为主色彩的计划经济时期还有历史作用的话，那么在以法制为前提的市场经济时期就必然是软弱无力，该管的管不到位，不该管的管一大堆，十年来，我们在消防监督管理活动中的每一个环节或内容上都有教训可鉴。现实逼迫我们必须借鉴世界先进的经验，结合我们的国情，走社会化管理的道路。创造一种适应社会主义市场经济需求的消防监督管理模式。这种模式是一种崭新的系统体系，在宏观上职责清晰；微观上责任明确；监督、管理概念分明，界定清楚；在系统结构上实现监督主体专一化，管理主体多元化，管理责任具体化，具体责任有限化。通过行政执法的导调，连接起消防安全监督管理社会化的功能网络和长效机制，形成符合规律的安全轨迹，最终达到创造良好的消防安全环境的目的。

1. 监督主体专一化

一是，强调消防监督主体只能是公安消防部门或被依法授权的单位，别无选择；二是消防监督的职能主要体现行政执法的专一性，即通过监督，对违反消防法规的行为实施强制约束或追究。而消防安全管理的职责由政府及其社会成员去依法行使（行政审批、内部管理、工程监理、火灾损失核定、法律及技术咨询、消防安全宣传教育等）。

2. 管理主体多元化

市场经济的特点就是由市场调节社会资源的分配，致使社会各种利益不同的单位主体，相互联系，又相互独立，在矛盾中推动着经济的发展和社会的进步。消防管理应适应这种特点，以法律的形式赋予它们各自的消防安全管理职责、权利和义务，使相对独立的社会单元都成为消防安全管理的主体，这包括各级人民政府、政府部门、企事业单位，以及具有法律责任和法律行为的公民。

3. 管理责任具体化

火灾危险存在于社会各个角落，预防火灾涉及社会各方面，因此消防安全管理是整个社会的共同责任。上至各级政府，中至企事业单位法人，下至黎民百姓，无一例外。运用法律手段规范政府、部门、法人单位责任人的职责行为，导调公民的守法行为，使消防安全管理的主体责任，切实落实到法规确认的、具体的社会单元负责人身上。

4. 具体责任有限化

能级管理是实现效率的有效方式。在消防监督管理活动中，不仅应该区分层次，按职按级管理，同时应根据主体的社会职能和职权范围界定它们在消防安全管理行为中相应的法规责任。宏观上政府的领导责任明确，部门的分类责任明细；微观上单位的执行责任明了，公民的行为责任明白。每一个层面的负责人都要对本级消防安全负自己应当承担的有限责任，并受到国家法律法规的约束。

消防监督管理社会化是社会主义市场经济条件下消防监督管理改革的必由之路，也是现代火灾特点的必然要求。改革的基本思路是要把社会的消防安全交给多元化的社会主体去管理和负责。消防监督部门在政府领导下，通过制定和执行法规行为，建立健全有效的控制体系和管理机制，调整指导社会消防管理主体自觉地负起消防安全管理的责任，最大限度预防和消灭火灾，这是全社会的共同责任。《单位消防安全管理规定》和新的《消防监督检查规定》（2004年6月公安部73号令）的颁布实施，以及《建筑工程消防监督审核管理规定》的修订已经走出了改革创新的步伐，随着《消防法》的公布实施，中国的消防监督管理改革将向着更加适应社会主义市场经济发展和社会进步方向继续深化。

第五节　我国消防监督管理改革的方向

2003年11月《中共中央关于进一步加强和改进公安工作的决定》对新世纪新阶段的公安工作提出了全面高质量的新要求，为新时期的公安工作指明了方向。严格、公正、文明执法是公安工作的总要求。执法为民是公安机关执法思想的核心。转变执法观念，端正执法思想，并把这一思想落实到每一个民警，落实到每一个执法环节中，这是新时期公安执法工作践行"三个代表"重要思想的具体体现，它为消防监督管理工作改革提供了理论依据和行动指南。

1. 创新观念，转变机制

适应新形势，消防监督管理要从计划经济时期的行政指令，大包大揽的模式中解放出来，转向创造一种以研究制定切实可行的消防法规体系，健全消防法制，使专门化执法监督有效，社会化职责管理规范，执法严格公正，指导服务热情的新型消防监督管理模式和机制，从根本上体现执法为民的思想。

2. 解放思想，依靠群众

消防安全工作根本的大量的是社会化的管理工作。必须坚持专门工作与群众路线相结合的方针，走社会综合治理之路。消防职能部门应简政放权，依法减少消防行政审批事项，将有关权力和责任依法移交给有合法质资的有关部门或中介组织去承担；将社会消防安全管理的职责交给社会的相应单位去履行。消防部门在一个高层次上运用法规武器进行普遍调控，在特殊的问题上具体督导，形成依法治火，群防群治的社会整体效益机制。

3. 立法为民，执法规范

公安消防部门依法制定消防法规及执行法规时，应深入调查研究，实事求是，充分体现社会安全利益和群众切身利益。坚持对法律负责与对党负责、对人民负责的一致性。在消防行政执法活动中，不断地完善法规体系，规范执法行为，强化执法监督，提高执法质量。依法规范听证制度、复议制度、回避制度、民主公开制度等有关相对人权力、利益制度的执行,保证消防行政执法的程序化、民主化、公开化。

4.强化程序意识,健全自控机制

认真贯彻行政执法原则,严格执法程序。在消防执法过程中,尤其强化证据意识、程序意识、权限意识和自觉接受监督意识。要健全完善内部监督制约机制,用科学的制度调节权力的配置,制约特权行使,杜绝腐败现象产生。同时要建立外部监督制度,主动接受人大监督、司法监督、监察监督、社会监督。其次要完善行政执法过错追究制度。对于不依法办事,违法行政,滥用职权的执法者依法惩处,从根本上保证消防执法的公平和正义。

第四章 消防监督管理的基础理论

第一节 消防监督管理学科中的相关概念

一、消防管理

凡是涉及火灾预防和扑救的有关事项的管理，就是消防管理。所谓消防管理，是指依照消防法规和规章制度，遵循火灾发生、发展的规律及国民经济发展的规律，运用管理科学的原理和方法，通过各种管理职能，合理有效地利用各种管理资源为实现消防安全目标所进行的各种活动的总和。

消防管理具有以下特性：

（一）自然属性

消防管理是社会劳动过程中的一般要求，是人类生存的客观需要。由于它处理的是人与自然的关系，人们为了保护自身生存和发展免受火灾危害，就必须实施消防管理，无论哪个国家，无论这个国家实行什么社会制度，要生存和发展，都应防止火灾的侵害，因此就应实行消防管理，这就是消防管理的自然属性。

（二）社会属性

火灾涉及各行各业、千家万户，凡是有人工作、生活的地方都有可能发生火灾。因此，消防管理具有广泛的社会性。要真正在全社会做到预防火灾发生，减少火灾危害，必须动员、依靠社会各界力量和全体公民参与消防管理，实行全民消防，这就是消防管理的社会属性。

（三）技术性

火灾的发生有一定的规律性，人们只有掌握了它的规律，才能预防火灾发生和有效地扑救火灾。火灾的预防和扑救都需要大量的自然科学和工程技术问题，这就要求从事消防管理的人员要认真研究火灾的规律和特点，并掌握一定的科学知识和技术手段。消防管理的技术性决定了消防管理需要有具备一定专业素质的人员，否则，就不能做好消防管理工作。

消防管理作为一项管理活动包括国家消防行政管理和各单位内部的消防安全管理。

二、消防行政管理

在英语中，"行政"一词是 administration，源于拉丁文 adnainistre，是指治理、管理和执行事务的意思。在中国古代，"行政"一词通常是指掌管国家权力。现代"行政"一词的含义主要有广义和狭义两种。广义的行政是指现代社会的一切组织的组织管理活动。它包括国家的行政管理。因此，在西方有公共行政（国家行政）与私行政之说。狭义上行政，则专指国家行政机关行使国家权力、管理国家事务的活动。所谓消防行政管理又称消防行政，是指国家消防行政机构或法律授权的社会组织，为了实现全社会的消防安全，依法对全社会涉及消防安全的事务进行管理的活动。它包括消防行政组织、人事管理，也包括国家消防行政机构对社会公民、法人和其他组织的管理。消防行政管理是国家行政管理的一部分，行使消防行政权的主体是人民政府、公安机关和公安消防机构以及法律授权的其他组织。

三、消防监督管理

对于消防监督管理的概念，目前主要有两种观点，即广义和狭义上的观点。

广义上的消防监督管理是指消防监督管理主体依法对公民、法人和其他组织（简称相对人）就涉及公共消防安全的有关事项是否符合消防法律法规、技术标准的要求所实施的监督管理活动。按这种观点，消防监督管理是消防监督加上消防管理，既有监督又有管理。

狭义上的消防监督管理仅指消防监督，即公安消防部门依法对全社会的公民、法人和其他组织遵守消防法律法规的情况进行监督、检查并督促其履行义务的行为。按这种观点，消防监督是消防管理的一种形式，消防监督管理是监督形式的管理。

从行政法学角度来看，消防监督的性质属于行政监督，是行政执法的一部分。而监督以外的管理，属于非行政执法行为或非法律行为，主要包括事实行为和指导行为。狭义的定义仅把消防监督管理理解为消防监督，是对消防监督管理概念的片面理解。虽然消防监督是消防监督管理的主要内容，但是也不能用消防监督代替消防监督管理，两者不能混为一谈。尤其随着政府职能的转变，服务职能的增加，监督以外的管理将越来越多。

消防监督管理具有以下特征：

1. 从性质上讲，消防监督管理属于消防行政，是国家行政的一部分，主要是外部消防行政管理；

2. 实施监督管理的主体是享有消防监督管理权的组织，消防监督管理的主体应当是多元的；

3. 消防监督管理既有权力行为，又有非权力行为；
4. 消防监督管理的内容是涉及公共消防安全的有关事项；
5. 消防监督管理的依据是消防行政法律法规和技术标准。

四、消防安全管理

消防安全管理也有广义和狭义之分。广义的消防安全管理就是指前述的消防管理。狭义的消防安全管理是指社会各单位内部的消防管理。单位内部消防安全管理是消防管理的重要组成部分，是实现全社会消防安全的关键环节。国家制定的消防法律、法规、技术规范如果在每个单位都能得到自觉地贯彻落实，那么引发火灾的各种因素就能得到有效控制，全社会的消防安全才能有可靠的保障。单位消防安全管理的主要法律依据是《消防法》《单位消防安全管理规定》以及有关的消防技术规范。

五、消防社会化管理

消防社会化管理是指社会各有关组织都要依据国家法律法规，在各自的职责范围内对本地区、本部门、本单位的消防工作进行管理，以实现消防安全目标。消防社会化管理是系统论在消防管理中的体现，即把整个社会作为一个大系统对待。消防工作实行社会化管理是由火灾的特点和消防工作的特点决定的，即由消防管理的社会性决定的。消防社会化管理具有以下特征：

1. 管理主体的多元性

消防社会化管理涉及各级政府组织、各个行业、各个部门、各个单位，不是哪一个部门、单位能独立完成的。所以，其管理的主体具有多元性。比消防监督管理的主体还要多。

2. 管理手段的多样性

消防社会化管理要求管理方法和手段必须多样性，如法律的、行政的、经济的、指导的、合同的等，同时必须充分地利用各种管理资源，以控制火灾的发生，减少火灾危害，使社会保持良好的消防安全环境。

3. 在各自职责范围内实施管理

消防社会化管理要求社会上的各个组织、单位都要对消防安全负责，并实施管理，但这种管理必须在各自的职责权限范围内实施，而不能超越权限。

4. 责任的有限性

消防工作是靠全社会的各有关组织共同努力、协作，所以某个主体也就不能承担所有的责任，而是由各有关主体共同承担。共同承担责任，并不是说所有的责任都共同承担，而是说某个主体所承担的责任是有限的，不是无限的。各个主体都在各自的职权范围内承担相应的责任。

六、消防管理的主体与消防监督主体

（一）消防管理的主体

从广义上讲，消防管理是指全社会对涉及消防安全的所有事务的管理活动。所以，消防管理的主体是多元化的和多层次的。消防管理的主体就是前面提到的消防工作的责任主体。主要包括：

1. 人民政府

《消防法》规定："消防工作由国务院领导，由地方各级人民政府负责。"这表明人民政府是消防管理的主体之一。

2. 公安机关

公安机关是公安消防部门的主管机关，是实施消防管理的主要主体。根据《警察法》和《消防法》的规定，公安机关可以制定发布消防行政规章、行政命令和消防技术规范，实施消防监督管理。

3. 公安消防部门

公安消防部门是公安机关的组成部分，是代表公安机关专门从、事消防行政执法的部门，而且根据法律授权可以以自己的名义独立执法。根据《消防法》的规定，县级以上地方各级人民政府公安消防部门负责实施消防监督管理。公安消防部门是最主要的消防管理主体，绝大部分消防管理工作都是由其来完成的。

4. 政府有关部门

根据消防工作社会化原则和责任性原则，政府有关部门应当对其主管的业务工作所涉及的消防安全负责，因此也是一级消防管理主体。

5. 社会各单位

每个单位本身都涉及消防安全管理问题，对于一个单位来说，单位的领导机构是本单位的消防管理主体，负责本单位的消防安全管理，承担相应的责任。

6. 社区

社区是一个社会学概念，其基本含义是：社区是指在一定地域内发生社会活动的社会关系，有特定的生活方式并具有成员归属的人群所组成的相对独立的社会同体。它既不是政府也不是一般的单位，而是一个特殊的单位。在我国，社区内涵和外延包括城市中的街区和农村中的自然村，通常更多用于指城市的街区，而城市中的社区除了包括生活在社区内的居民外，还包括所辖区内的所有国家机关、企业事业单位、社会组织和社会团体。在社区中，消防安全直接关系到居民的日常生活，关系到人民群众的生命安全和财产安全。

因此，在社区管理中，消防安全管理应作为重要的内容，即社区也必须作为一个消防管理主体，认真履行消防安全职责，做好社区的消防安全工作。

（二）消防监督的主体

1.消防监督主体的概念

如前所述，消防监督是消防监督管理的主要内容，在性质上属于行政执法，其主体具有特定性，并非所有的消防管理主体就是消防监督主体。消防监督主体是指享有消防监督权，能以自己的名义从事消防监督活动，并能独立承担由此产生的法律责任的组织。

含有四个要素：消防监督的主体是组织而不是个人；是享有消防监督权的组织；是能以自己的名义从事消防监督活动的组织；是能独立承担法律责任的组织。

2.消防监督主体的范

消防监督的主体是特定的消防管理主体，就是说，消防监督主体一定是消防管理主体，消防管理主体不一定是消防监督主体。根据《警察法》和《消防法》的规定享有消防监督权的主体有：

（1）公安机关

公安机关是公安消防部门的主管机关，《警察法》和《消防法》首先将消防监督权赋予公安机关，根据法律授权消防监督由公安消防部门具体实施，并不排除公安机关是消防监督主体，而且，在消防行政复议和对消防行政处罚中的拘留处罚决定时，其主体必须是公安机关。

（2）公安消防部门

根据《消防法》的规定，县级以上地方各级人民政府公安机关消防部门具体负责实施消防监督管理。公安消防部门是最主要的消防监督主体，绝大部分消防监督管理工作都是由其来完成的，而且代表国家实施消防监督权。

（3）法律授权的其他有关主管部门

根据《消防法》的规定，军事设施、矿井的地下部分、核电厂的消防工作由其主管部门监督管理。森林、草原的消防工作，法律、行政法规另有规定的，从其规定。这表明，上述这些单位、场所的主管部门根据法律授权可以行使消防监督权。所以，这些行使消防监督权的部门不仅是普通的消防管理主体，也是消防监督主体。

从消防行政角度出发，国务院和地方各级人民政府是消防管理主体，如制定发布消防行政法规。但具体不行使消防监督权，所以通常不以消防监督主体的身份出现。

七、消防管理的相对人与消防监督的相对人

（一）消防管理相对人

消防管理相对人（也叫消防管理对象）是指在消防管理中与消防管理主体相对应的处于被管理地位的个人和单位。由于消防管理主体的多元性，不同的消防管理主体所对应的消防管理相对人是不完全相同的。人民政府、公安机关、公安消防部门作为消防管理主体，其相对人是与之相对应的处于被管理地位的公民、法人和其他组织，也称消防管理相对人。

对于单位内部消防管理，其消防管理相对人主要是本单位的职工和本单位的下级组织。

（二）消防监督相对人

消防监督相对人（也叫消防监督对象，在具体案件中也叫当事人）是指在消防监督活动中与消防监督主体相对应的处于被监督管理地位的公民、法人和其他组织。消防监督相对人特点是：

1. 广泛性

消防监督管理相对人范围很广既包括个人，也包括单位。

2. 被监督性

在消防监督活动中，消防监督主体与相对人在地位上是不平等的，消防法规赋予了消防监督主体许多行政职权，消防监督主体始终处于主动地位，而消防监督相对人始终处于被监督管理地位，必须接受消防监督主体的管理，不得违抗。如果认为消防监督主体的行为违法或自己的权益受到侵害，只能通过行政复议或行政诉讼程序进行对抗，不能直接对抗，即不服从。

3. 独立性

消防监督相对人在消防监督管理活动中虽然具有被管理性，但是并非完全从属于消防监督主体，其也具有独立法律地位，不仅应履行法定的义务，也享有法定的权利。

4. 外部性

消防监督相对人虽然具有被管理性，但是并非是行政隶属关系上的被管理者。所以，消防监督管理相对人是指公安消防部门以外的个人和单位。

（三）消防监督管理相对人范畴

1. 国家机关

国家机关包括权力机关、行政机关和司法机关，虽然根据分工，分别行使国家权力，但是在消防安全问题上，这些机关都是消防监督管理相对人，都应当接受消防监督管理主体的监督和管理。

2. 企业、事业单位

企业是直接从事生产、运输、经营和其他服务活动，实行独立经济核算的经济组织，包括中国企业外资本和中外合资企业。事业单位是指为国家创造和改善生产条件，促进社会福利，满足人民文化、卫生等需要，其经费实行国家预算拨款制的组织。

3. 社会团体

社会团体主要包括：人民团体，如共青团、妇联等；社会公益团体，如红十字会；文艺团体，如艺术家协会；学术团体，如法学会；宗教团体，如佛教协会。

4. 消防中介组织

消防中介组织指从事消防服务的非政府组织。理论上说，它也是社会团体，但由于其特殊的地位、特殊的职责，与其他社会组织不同。一般的社会团体，在不影响其他单位消防安全的情况下，通常仅对本单位的消防安全履行法定职责。而消防中介组织是从事消防服务业务，它们在保证本单位消防安全的同时，必须保证其服务对象或领域的消防安全。对它们应当有特殊的监督管理规则。

5. 个人

个人是指自然人，包括我国公民和在我国境内的外人。

消防行政相对人、消防行政执法相对人与消防监督管理相对人的范围是一样的。

第二节　消防管理的基本理论

一、消防管理的工作方针

消防工作贯彻"预防为主，防消结合"方针。这个方针在1984年颁布的《消防条例》中首次做出了规定，是从建国初期就实行的"以防为主，以消为辅"方针演变过来的。"预防为主，防消结合"方针，反映了新时期消防工作的特点和新的历史条件下对消防工作的要求。1998年的《消防法》再次沿用了这一方针。

"预防为主"，就是要求消防工作立足于防患于未然，把预防火灾放在首位，积极贯彻落实各项防火措施，力求防止火灾的发生。无数事实证明，只要人们有较强的消防安全意识，自觉遵守、执行消防法律法规和规章以及消防技术规范，大多数火灾是可以预防的。

"防消结合"，是要求把同火灾做斗争的两个基本手段——防火和灭火有机地结合起来。因为通过预防虽然可以防止大多数火灾的发生，但是绝对杜绝火灾发生是不可能的，也是不现实的。在做好预防火灾的同时，也必须切实做好扑救火灾的各项准备工作，一旦发生火灾，做到能够及时发现、有效扑救，最大限度地减少人员伤亡和财产损失。防火和灭火是一个问题的两个方面，是辩证统一、相辅相成、有机结合的整体。

二、消防管理的原则

消防管理的原则是贯穿于消防管理过程中基本准则和内在精神。国家消防立法和各管理主体在具体的管理过程中都应当遵循的准则。消防管理应当遵循以下原则：

（一）社会化原则

消防工作的特点决定了消防工作必须实行社会化管理。消防工作社会化不仅仅作为消防管理的一种手段，而且应当作为一项原则来贯彻。也就是说，消防工作社会化不是可有可无的，也不是仅仅作为一种口号式的提倡。消防工作贯彻社会化原则，首先必须从立法的角度，将这一原则制度化，并且明确各有关责任主体的职责，对由于不履行职责而造成的消防安全问题，应规定相应的法责任。

（二）责任性原则

责任性原则是指所有的责任主体和责任人都应当为自己职权范围内的事务承担责任。《消防法》明确规定，消防安全工作"实行防火安全责任制"。这一规定就体现了责任性原则。责任性原则可以说是社会化原则的延伸，如果不坚持责任性原则，社会化原则就是一句空话。

（三）群众参与原则

消防工作的社会性同时也决定了它的群众性。在坚持社会化原则的同时，还要坚持群众参与的原则。没有群众参与，消防工作社会化也将是一句空话。如果社会上的每个人都具有一定的消防意识和消防知识、技能，那么就会大大减少火灾的发生和火灾的危害，全社会的消防安全就有保证。

贯彻群众参与原则，一是要加强对广大群众的消防知识宣传教育，提高广大群众的消防安全意识、防火知识、灭火和逃生技能。二是国家要制定相应的奖励制度和行政补偿制度。鼓励那些积极参与消防工作的公民，尤其是对于参加灭火使个人的利益或身体受到损害的应当予以奖励或补偿。三是各单位要制定并落实消防安全岗位责任制，把消防安全工作落实到每个岗位。四是各单位也要建立相应的奖惩制度，对于本单位积极参与消防工作成绩突出的予以奖励，对于违反消防安全管理制度的行为予以处罚。

（四）综合治理原则

我国一直将消防管理作为社会治安管理的组成部分，因此通常又把消防管理纳入社会治安综合治理之中。尤其是对于普通单位，专门组织一部分人来做消防工作是不可能，也没有必要这样做。从消防安全角度来讲，综合治理有四个方面的含义：一是参加治理的单位的综合性。即在充分发挥消防监督部门的职能作用的同时，还要充分发挥各级组织、各个单位等各个社会力量的作用,广泛发动和依靠群众积极参与消防工作的治理,形成齐抓共管的局面。这也是社会化管理的原则和群众参与原则的要求。二是治理内容的综合性。不仅平时要把开展消防宣传、消防安全检查、整改火灾隐患、改善消防设施等任务有机地结合起来,而且要在城市规划、经济开发生产建设中同步安排消防措施和消防设施建设,创造良好的消防安全环境。三是治理的手段的综合性。不仅要用法律的手段,还要运用行政的、经济的、技术的和政治的手段。四是要与其他治安管理和安全生产管理的内容结合起来。公安机关治,安管理中的"四防"包括防火、防盗、防破坏和防治安灾害事故;企业安全生产管理包括防火、防中毒、防人身伤害。其中都有防火,因此应当将防火工作纳入整个治安管理和整个安全生产管理工作之中。

(五)法治性原则

法治性原则亦称依法管理原则,是指消防管理应依照消防法律法规的规定,防止随意性。法治性原则是依法治国的要求,也是现代行政管理的共同要求。

坚持法治性原则,首先要从立法的角度建立和完善消防法律规范体系,包括实体法和程序法以及消防技术规范。使各级消防管理的主体和相对人都能做到有法可依,有章可循。从法律实施的角度上说,坚持法治性原则应该做到严格执行已制定的消防法律法规,使法律法规规定管理者和被管理者的权利义务真正得以实现。尤其是消防监督,必须坚持法治性原则。

三、消防管理的方法

消防管理的方法是指贯彻管理思想和执行管理职能,以达到消防管理目标的基本手段,主要有法律手段、行政手段、经济手段、服务指导手段、行为激励手段、合同手段等。

(一)法律手段

法律手段是以国家的法律、法规和规章的规定来实施消防管理,是现代消防管理的主要手段。尤其是消防监督管理,必须依法实施。任何不符合法律规定或违反法律规定的消防管理行为,都是不允许的。由此造成的后果,管理者都应当承担责任。

(二)行政手段

从广义上说,所有消防管理手段都是行政手段。狭义上的行政手段是指行政命令手段,即依靠行政机构及其领导者的职权,通过行政命令、指示,直接对被管理者产生影响,按照行政组织系统来进行管理的手段。消防机构内部的管理和单位内部的消防安全管理都适用于行政管理手段。传统的消防监督管理也多运用行政命令手段,但现代消防监督管理更强调法律手段和服务指导手段。

（三）经济手段

经济手段是利用经济政策、金融保险制度、奖惩制度对全社会的消防行为施加影响，从而促进消防安全工作和消防事业的发展，实现消防管理的目标。例如，在金融信用制度中，增加消防安全信用制度，对于那些消防安全达不到国家基本标准的，银行不予贷款同样，在保险制度中，也可增加一些条款，凡是消防安全达不到国家基本标准的，保险公司不予承保火灾保险。这样，企业就会自觉地加强消防安全管理，努力争取达标。过去，某些书中对利用经济手段进行消防管理仅仅理解为利用奖惩手段，这是对经济手段的一种片面理解。

（四）服务指导手段

现代公共行政管理在强调依法行政的同时，也强调服务指导功能。消防监督管理中的服务指导包括消防宣传、消防业务咨询、消防教育培训等。在现代行政管理中，服务不仅仅是手段，而且是一种理念。在利用法律手段管理时，也要体现服务。如在建审中，对报送的工程图纸不仅应严格依据国家消防技术规范进行审核，对于不符合技术规范要求的不予许可，对于符合要求的才予以许可，而且还要体现服务精神，对于不符合要求的，帮助提出修改意见，对于符合要求的要以最快速度办理，简化不必要的程序，等等。

（五）行为激励手段

行为激励是指设定一定的条件和刺激，使人的行为动机激发起来，以有效地达到行为目标。行为激励手段在各种管理活动中普遍运用。例如，物质奖励、荣誉称号、提前晋升等。不论是消防监督管理还是单位消防安全管理，激励手段都是非常有效的。

（六）合同手段

利用行政合同实现行政目标，是现代行政管理的重要手段之一。在欧美，利用行政合同手段从事行政管理非常普遍。消防行政管理也可以利用行政合同手段实现消防管理目标。消防行政合同是指消防行政管理主体为了实现消防行政管理目标，而与消防行政管理相对人基于意思一致而缔结的契约。在我国，消防管理利用行政合同手段较少，但近年来，某些地区对此已进行了有益的探索。如上级政府与下级政府、政府与主管部门、主管部门与直属企业签订消防安全责任书（状），就属于此类管理手段。对于消防行政管理和单位内部的消防安全管理，都可以利用合同手段。

四、消防管理的基本职能

消防管理的基本职能是指消防管理主体及其人员在消防管理活动中具有职权上的作用

和功能。古典的管理理论中关于管理职能仅包括计划、组织和控制三种职能。随着管理科学的不断发展，管理的职能也不断增加。消防管理的职能主要有：

（一）计划决策职能

进行管理，首先要有明确的奋斗目标。而为了获得明确的奋斗目标，就必须根据未来的变化，确定工作方向，制订管理最佳方案。这就是管理的计划决策职能。

计划决策职能，首先是预测未来，即根据社会发展和火灾发生的规律，通过调查研究，综合分析各种信息，预测未来的消防工作方向。其次，要根据预测，确定消防管理的远期和近期的奋斗目标。再次，要根据确定的奋斗目标和消防管理本身的主客观条件，拟定多种可行方案，并经过比较，从中选择出最优决策方案。最后，要根据最优决策方案，编制详尽周密的计划，并进行指标分解，落实到各执行单位和人员。

（二）组织职能

组织职能是管理的最重要的职能。消防管理的组织职能是指消防管理主体根据消防管理目标和任务要求，把消防管理活动的各个环节和各种管理资源都合理地组织起来。做到相互协作、密切配合，在时间上和空间上互相适应，从而使消防管理活动形成一个有机整体。要实现消防社会化管理，必须充分发挥消防管理的组织职能。

（三）指挥职能

指挥是号令部属向管理目标进军的一种带有强制性的活动。消防管理的指挥职能主要表现在：

1. 上级机关指挥下级机关或领导指挥部属人员履行职责，使他们明确干什么，怎么干。
2. 对下级请示的问题给予及时具体的指导，并帮助出主意、想办法，解决工作中遇到的各种问题。我们不能仅仅把指挥职能理解为指挥灭火。指挥灭火只是消防管理指挥职能之一。

（四）监督职能

管理的监督职能主要表现为对内监督和对外监督两种职能。消防管理的监督职能首先表现为公安消防部门对全社会的监督；其次是上级政府对下级政府、上级公安消防部门对下级公安消防部门监督。单位消防安全管理的监督职能主要体现在单位消防归口管理部门对本单位的监督。监督职能主要通过检查、考核等手段实现。

（五）服务指导职能

上面提到，现代行政管理更提倡服务与指导，因此现代消防管理要充分发挥其服务与指导的功能。消防管理的服务与指导职能主要表现在为群众排忧解难，为单位出谋划策，及时办理各种消防行政审批，开展消防安全宣传教育培训，提供消防法律和业务咨询，指导单位制定消防安全制度、灭火预案，等等。

（六）参谋职能

消防行政管理是国家行政管理的组成部分。公安消防部门作为实施消防监督管理的专门机构，优先掌握各种消防管理资源，了解国家消防法律、法规、政策和技术标准，具有专门的人才。因此，在消防管理中，公安消防部门应当充分发挥参谋作用，积极为政府对当地消防有关工作做出决策出谋划策，争取政府对消防工作的支持。

第三节 消防监督的基本原则

消防监督的基本原则是消防监督的基本准则，是贯穿于全部消防监督活动之中、调整和决定监督主体全部行为的基本准则。消防监督主要遵循以下原则：

一、依法监督原则

依法监督原则是依法行政原则或行政合法性原则在消防监督上的具体体现，或者说是消防管理法治性原则在消防监督中的体现。所谓依法监督原则是指消防监督活动必须严格遵守法律规范的要求，不得享有法律规范以外的特权，超越法定权限的行为无效；违法行政行为应受到法律制裁，消防监督主体应对其违法行政行为承担相应的法律责任。它包含以下几层意思：

（一）消防监督权应依法设定

消防监督权是一种行政职权，根据行政法治原则，任何行政权都必须依法设定，任何行政主体不得在没有法律授权的情况下，自己给自己设定权力。根据《消防法》和《警察法》，消防监督权分别授予公安消防部门、公安机关，以及特定的主管部门。

（二）消防监督权应依法行使

消防监督活动的开展是消防监督权的行使过程，消防监督权的行使必须有法律依据。对于法律规定的职责，消防监督主体应主动履行，否则，就是不作为；对于法律没有授权的，消防监督主体就不能为，否则，就是越权；对于法律禁止的，更不能为，否则，就是滥用权力。根据依法监督原则，消防监督主体在行使职权时，不仅要遵守实体法的规定，也要遵守程序法的规定。即通常所说的内容合法和程序合法。

（三）违法行政要承担法律责任

消防监督主体一旦违法，往往给相对人造成利益上的损失，如果消防监督主体对违法行为不承担法律责任，依法监督的原则将失去其意义。事实上也无法贯彻依法监督的原则。

二、监督适当原则

（一）含义

监督适当原则是指消防监督主体不仅应当按照消防法律、法规规定的条件、种类和幅度范围做出行政决定，而且要求这种决定应符合法律的意图和精神，符合公平正义等法律理性。该原则是行政合理性原则在消防监督中的体现。

（二）内容

1. 消防监督行为的动因应符合法律目的，即符合实现公共消防安全这一目标。任何法律的制定都是基于一定的社会需要，为达到某种社会目的。消防法律也不例外，法律授予公安消防部门某种权力或规定某种行政行为的具体内容，均是为了实现消防立法的目的。所以，公安消防部门在运用行政权力时，必须符合消防法律目的。法律赋予公安消防部门的自由裁量权正是为了实现立法目的。凡是有悖于法律目的的行为都是不合理的行为。

2. 消防监督行为应确立在正当考虑的基础上，要有正当的动机。所谓正当考虑、正当动机，是指公安消防部门做出的某一行政行为，在其最初的出发点和动机诱因上，不得违背社会公平理念或法律精神，必须客观、实事求是，而不是主观臆断，脱离实际，或存在法律动机以外的目的追求。

3. 消防监督行为的内容应合乎情理。所谓合乎情理是指公安消防部门的行政行为应符合常规或一般规律。

第四节　消防监督程序

一、消防监督程序的概念与特征

消防监督程序是指实施消防监督行为时必须遵守的方式、步骤、空间、时限。从其实质上看，监督程序反映了监督权的运行过程，是监督行为空间和时限表现形式的有机结合。其特征如下：

（一）消防监督程序是消防监督权的运转过程

消防监督的程序具有很强的国家权力性。消防监督就是消防行政活动，消防监督权是消防行政权之一，消防监督主体实施消防行政行为，就是基于消防行政权。消防行政权是消防行政行为的效力依据，没有行政权的行政行为，是没有效力的行政行为。因此，消防监督程序就是具体体现消防监督权的实施过程。如果消防监督程序不合理或行使消防监督权时不遵守法定程序，就会侵害消防监督相对人的合法权益。

（二）消防监督程序具有形式性

任何消防监督活动都有反映在时间和空间上的形式。监督程序是监督行为的时间和空间表现形式。所谓空间形式，是指消防监督过程的表现形式，如口头形式、书面形式、动作形式等。所谓时间形式，是指消防监督行为过程的先后顺序以及所必须履行的每个环节和每种形式的时间限制。

（三）消防监督程序具有参与性

凡是以民主为旗帜或以民主作为标榜的国家，都不能忽视相对人对行政过程的参与。参与是民主的体现，是保护相对人权利、实现行政公平公正的必然要求。没有相对人的参与就没有真正的民主。消防监督也不例外。

（四）消防监督程序具有法定性

消防监督属于国家行政，必须遵循国家有关行政程序的法律规范要求，即行政程序的法定性。行政程序的法定性，决定了行政主体和行政相对人在进行法律活动时必须严格遵守法定程序，其行为的步骤和方法受法定程序的制约，违反法定程序将会招致不利的法律后果。尤其是对于消防监督主体来说，依法监督原则不仅要求其在监督活动中要符合实体法的要求，而且必须符合法定程序，两者不可偏废。

二、消防监督程序的作用

（一）约束行使消防行政权的随意性

依法监督的原则，不仅要求消防监督主体行使职权时严格遵守实体法的规定，还要严格遵守程序法的规定。只有这样才能规范消防监督主体执法行为的实施，控制消防监督权的运行，防止消防监督主体在监督过程中失职、越权或滥用职权等各种现象的发生。如果没有程序要求，消防监督主体在行使职权的过程中，就会出现随意性。而不按程序执法，或没有相应的程序恰恰是产生腐败的重要原因之一。所以，设置合理的程序并严格遵守也是防止腐败产生的有效手段。

（二）保证相对人的合法权益不受侵害

消防监督的目的在于预防火灾和减少火灾危害，保护公民人身和财产以及公共财产的安全，维护公共安全。虽然实体法也注意到保护消防行政相对人的合法权益，但是为了消防监督的顺利进行，法律赋予了消防监督主体较多的权力，而为相对人设定了较多的义务，这就实际上造成了行政主体与相对人之间的权利义务的不平等。如果没有正当的程序规定，相对人的合法权益就容易遭受消防行政主体的侵害。而法律规定了消防监督（行政）程序，恰好能弥补这一缺陷。通过设定各种程序，控制、规范消防行政主体的行为，从而保护消防行政相对人的合法权益。

（三）提高行政效率

消防行政程序为消防行政权的运行设定了必要的方式、步骤，并且具有明显的期限限制。方式、步骤不可以简化，否则会欲速则不达，背离行政目的，甚至造成行政行为无效。期限限制不可突破，否则影响行政效率。

三、消防监督程序的种类

（一）按消防业务种类分

1. 监督检查程序。是指消防监督检查的方式、方法、内容、步骤以及空间和时限。消防监督检查的程序由《消防监督检查规定》规定。

2. 建筑工程消防审核程序。是指建筑工程消防审核的方式、内容、步骤和时限。建筑工程消防审核程序由《建筑工程消防审核管理规定》规定。

3. 建筑工程消防验收程序。是指建筑工程消防验收的方式、内容、步骤和时限。建筑工程验收程序也由《建筑工程消防审核管理规定》规定。

4. 火灾调查程序。是指火灾事故调查处理的方式、内容、步骤和时限。火灾调查程序由《火灾事故调查管理规定》规定。

5. 消防行政处罚程序。是指消防行政处罚的方式、内容、步骤和时限。消防行政处罚的程序由《行政处罚法》和《消防法》规定。

6. 其他消防行政程序。如消防行政复议程序和消防行政强制程序等。

（二）按消防监督行为与相对人的关系分

按消防监督行为与相对人的关系，消防监督程序分为内部程序和外部程序。内部程序是消防监督主体的内部工作程序，从行政法治要求看，也应当由法律规范规定，消防监督主体必须遵守。但目前主要由消防监督主体自己规定。内部程序主要包括内部审核审批和决定程序。外部行政程序是影响相对人权利义务的行政行为程序。如行政处罚的调查、告知、听证程序，火灾调查中的调查、取证程序等。

（三）按程序的适用顺序和时间分

按程序的适用顺序和时间，消防监督执法的程序可分为事前程序、事中程序和事后程序。事前程序是指在消防监督行为发生前行政程序，主要是为了保障行政行为的正确性，避免造成不可挽回的损失。如行政立法的相对人参与、立法预告、征求意见、信息公开制度；县级公安消防部门做出责令停产停业处罚、停止举办，事前报上一级公安消防部门报上批准和做出不利处理前的告知、听证等。事中程序是指行政行为实施过程中的程序，如消防监督检查的实施程序。事后程序，是指行政行为实施后的程序，如重大火灾隐患确定后的督促整改、复查以及行政处罚决定做出后的督促履行。

四、消防监督程序的基本原则

消防监督程序主要包括以下基本原则：

（一）程序法定原则

程序法定原则是指消防监督活动的主要程序必须由法律规范加以规定，消防监督主体在实施消防监督时必须严格遵守，不得违反法定程序。程序法定原则是依法监督原则在消防监督程序上的具体化。程序法定原则的具体内容包括：

1. 消防监督活动的主要程序必须由法律规范加以规定。这里所说的主要程序是指涉及相对人的权利义务的事项的程序，如消防行政许可事项的程序、消防行政处罚的程序以及制定行政法规、规章的程序等，必须由法律规范加以规定，不能由消防监督主体自己制定。

2. 消防监督主体实施消防监督活动时必须按照消防法律规范所规定的方式、步骤进行，不得违反，也不得擅自改变。

3. 任何违反法定程序的行为都是违法行为，应予撤销。

4. 违反法定程序的消防监督主体，应承担相应的法律责任，给相对人造成损失的，还应负赔偿责任。

（二）相对人参与原则

相对人参与是相对人管理国家事务的重要保证，是民主的基本要求。参与原则的基本内涵是：消防行政主体在进行行政决策、制订规范性文件和制定行政计划以及做出具体行政决定时，应尽可能地听取和尊重相对人的意见，要给利害关系人发表意见和建议的机会，并赋予利害关系人以申请发布、修改或者废除某项规章的权利以及申辩的权利。对于具体的消防行政行为，在做出决定之前，应给予相对人申辩、听证的权利。为了保证这一原则的贯彻落实，通常以下列制度作保障：信息公开制度、听证制度、告知制度、咨询制度等。

（三）程序公正、公平原则

程序公正、公平原则是指消防监督主体在消防监督活动过程中，在程序上平等对待所有相对人，避免和排除可能不平等或不公正的因素。无论相对人是个人还是单位，无论是国家机关还是企业或事业单位，无论是国有企业还是私有企业，也无论是中国企业还是外资企业，统统一样对待。保证程序公正原则实现的制度主要有申辩制度、回避制度、职能分离制度等。

（四）公开原则

公开原则是指消防监督过程的每一阶段和步骤都应以相对人和社会公众看得见的方式进行。尤其是涉及相对人权利义务监督事项，如消防行政许可、消防行政处罚等，必须公开实施。就消防监督权的整个运行过程而言，要公开的内容包括事前公开有关依据，如许可的条件、收费标准、处罚依据等；事中公开决定过程，允许其申辩、陈述或举行听证等；事后公开决定结论，如是否许可、处罚决定等。信息公开制度、听证制度就是保障行政公开原则的主要程序制度。

（五）效率原则

效率原则是指消防监督执法程序的制定与执行都应当以有利于提高行政执法效率为目标。过分地追求公正、公平而不讲效率，不利于公共利益的实现，也不利于社会的发展与进步。但效率也不能以损害相对人的权益为代价。时效制度、简易程序、紧急处置制度以及行政处罚在复议、诉讼期间不停止执行制度都是体现效率原则。

五、消防监督程序的基本制度

消防监督程序的基本制度是指在消防监督程序中具有相对独立、对整个监督程序具有重要影响的规则体系。消防监督程序的基本制度具有较强的规范性、明确性和可操作性。违反这些制度将会直接导致法律后果。消防监督程序的基本制度与消防监督程序的基本原则不同，基本原则并非法律规范，而基本制度却是具体法律规范条款。

我国的消防监督程序的基本制度尚未完善，根据上述程序原则要求和有关行政法规定，已有的和应当建立的程序制度主要包括：

（一）信息公开制度

信息公开又称情报公开，是指凡是涉及消防监督相对人权利、义务的行政信息资料，除法律规定须保密的以外，消防监督管理主体应依法向社会公开，任何相对人均可依法查阅或复制。其主要内容包括法律依据、适用范围、信息公开的形式、申请获得信息的程序、信息公开的例外、行政救济制度等。

（二）职能分离制度

1. 完全职能分离

完全职能分离是指行政案件的调查、审查与裁决，或者决定与执行，分别由两个完全相互独立的机关来行使。如行政处罚罚款的罚缴分离制度、行政强制的执行由人民法院执行等。这种程序制度在我国还有待于进一步完善。

2. 内部职能分离

内部职能分离是指在同一行政主体内部，将某些相互联系的职能加以分离，由不同的部门或人员分别行使。从而防止权力过分集中，有利于防止腐败，也有利于行政决定的公正、准确。如建筑工程消防监督管理中的审验分离制度、行政处罚的调查与审核分离制度等。

（三）回避制度

回避制度是国际上普遍采用的一项法律原则。我国的《行政处罚法》《行政许可法》和《公安机关办理行政案件程序规定》对回避制度有明确规定。消防法规中只有《火灾事故调查规定》有关于回避的规定。回避制度是指在消防监督活动中，在处理具体案件时，与案件、事件有利害关系的消防监督人员应当回避，不得参与案件的处理。有利害关系是指消防监督人员是当事人的近亲属或仇敌；或者虽然不是当事人的近亲属或仇敌，但是与本案有其他关系足以影响案件的公正处理。如果消防监督人员与当事人有直接利害关系，就可能自觉不自觉地出现偏袒，或者先入为主，不能实事求是地秉公执法，无法公正地处理案件。如果消防监督人员与当事人有利害关系而不回避，仍然参加案件的调查、处理，那么，即使该监督人员素质较高，能够排除个人私利的干扰，实事求是、秉公执法，确实做到全面、客观、公正，从实体法的角度来看，是无可非议的；但若以程序法的原理分析，由于其欠缺公正的"外观"，因而难以消除当事人及一般公民对该消防监督人员的怀疑，从而影响调查证据和处理结果的权威性。实行回避制度，对于防止消防监督人员碍于亲情困扰而不能公正地处理案件以及消除当事人的思想疑虑，使消防监督人员取信于民，提高公安消防机构的威信，都具有十分重要的意义。

（四）告知制度

告知制度是指消防监督主体在监督过程中将有关情况告诉相对人的制度。法律通常要规定要告知的内容、时间和形式。告知的内容通常包括：

1. 相对人的权利，如申辩的权利、听证的权利、救济的权利以及救济的途径等。

2. 行政决定的内容以及所做决定的依据。这项内容实际上是说明理由，所以说明理由不是一项单独的程序制度。

3. 其他应当告知的事项。主要指对当事人不知道，但有可能倾向其权利的事项。如在消防监督检查中发现的火灾隐患，除责令其限期改正外，还要告知其不改正应承担的法律责任；火灾扑救后要告知受灾户申请调查火灾原因、核查火灾损失的权利；等等。

（五）听证制度

听证制度是指消防监督主体在做出有关行政决定之前听取相对人的陈述、申辩、质证的程序。目前，在我国听证制度还不健全，只是《行政处罚法》和新颁布的《行政许可法》就行政处罚和行政许可规定了听证制度。消防监督管理中，除消防行政处罚和行政许可外，还有许多消防行政行为对相对人的利益有较大影响，如责令停止举办、重大火灾隐患的确定以及整改期限的确定等，从理论上也应当举行听证，但目前尚未有此类规定，还有待于进一步完善。

实行听证制度有利于实现公平、公正，是法治国家的重要特征。

（六）表明身份制度

表明身份是指消防监督人员在监督过程中向相对人出示证件，以证明自己有行政执法权和资格的程序制度，是现代行政执法共同的要求。尤其是依职权行为，必须表明身份。《消防监督检查规定》对此作了明确规定。

表明身份制度的意义，在于它体现了执法程序的公开原则，通过执法人员的公开身份，一方面可以防止假冒、诈骗，另一方面也可以防止执法主体越权或滥用职权。

（七）时效制度

时效制度是指各种消防监督行为都必须遵循法定的时间限制，否则应承担相应的法律责任的制度。它是消防监督效率原则所要求的一项基本制度。目前，我国消防监督管理中各种时效制度已基本完善，如《消防监督检查规定》《建筑工程消防监督审核管理规定》和《火灾事故调查规定》都做了相应的规定。

（八）合议制度

合议制度是指在消防监督管理中，对一些重要的行政决定应当由行政组织的有关人员集体讨论，不能由少数领导或个别执法人员说了算，防止出现偏差的一项制度。如确定重大火灾隐患、确定较大数额的罚款处罚和停产停业处罚等。执法实践证明，对于重要的行政处罚，合议制度不仅能使决定更加准确，还能顶住说情风。

（九）传唤制度

传唤制度是指消防监督过程中，为实现某一行政目的，消防监督主体要求相对人在指定的时间内前往指定的地点接受询问（或讯问）的一种程序制度。《消防监督检查规定》

和《火灾事故调查规定》都规定了这一制度。传唤制度也是效率原则所要求的。

第五节 消防监督管理的法律依据

消防监督管理的法律依据是行政合法性原则的基本要求，是消防行政职权、消防行政行为内容、消防行政程序的法律依据。消防监督管理的法律依据范围非常广泛，其具体表现形式为宪法、法律、行政法规、地方法规、自治条例和单行条例、规章、法律解释以及技术规范等。

一、宪法

宪法是国家的根本大法，由国家最高权力机关—全国人民代表大会制定。宪法是制定其他法律规范的依据，具有最高法律地位，其他法律、法规和规章都不得与之相抵触。宪法精神和宪法原则是消防行政执法的重要依据，即消防行政执法中不仅不能违背具体消防法律规范，也不得违反宪法、宪法精神和宪法原则。

二、法律

法律是全国人民代表大会及其常委会根据宪法或依职权制定的规范性的文件。法律分为基本法和普通法。在我国基本法由全国人民代表大会制定和修改，在全国人大闭会期间，全国人大常委会也有权对其进行部分补充和修改，但不得同原法的基本原则相抵触。基本法律主要规定国家、社会和公民生活中具有重大意义的基本问题。消防监督管理中涉及的基本法有《刑法》《行政处罚法》《行政诉讼法》等。普通法由全国人民代表大会常务委员会制定和修改，规定由基本法以外的国家、社会和公民生活中某一方面的基本问题，其调整面相对较窄、内容较具体。消防监督管理中所依据的一般法律主要有《行政复议法》《国家赔偿法》《警察法》《消防法》《治安管理处罚条例》《安全生产法》《行政许可法》《森林法》《草原法》《建筑法》等。而《消防法》是消防监督管理的专门性法律依据。对于普通法根据其内容涉及面的大小又分为一般法和特别法。一般法是针对一般人或一般事项，在全国适用的法。特别法是针对特定人群或特别事项，在特定区域或特定范围有效的法。一般法与特别法的区分是相对的。有时一部法律相对与某一部法律是特别法，而相对于另一部法律，则是一般法。

如《消防法》与《安全生产法》相比，《消防法》是特别法，而相对于《草原法》和《森林法》，《消防法》则是一般法。

三、行政法规

行政法规是国家最高行政机关——国务院根据宪法和法律制定和颁布的有关行政管理方面的专门性法律规范。我国消防行政法规比较少，消防法颁布后没有制定相应的实施细则，目前与消防监督管理有关的行政法规主要有《危险化学物品安全管理条例》《森林防火条例》《草原防火条例》《国务院关于特大安全事故行政责任追究的规定》《建筑工程质量管理条例》等。行政法规的效力低于宪法和法律，但高于地方性法规和行政规章。

四、地方性法规

根据立法法的规定，省、自治区、直辖市的人民代表大会及其常委会根据本行政区的具体情况和实际需要，在不同宪法、法律、行政法规相抵触的前提下，可以制定地方性法规。较大的城市（省、自治区所在地的市，经济特区所在地的市和经国务院批准的较大城市）的人民代表大会及其常委会根据本市的具体情况和实际需要，在不同宪法、法律、行政法规和本省、自治区地方性法规相抵触的前提下，可以制定地方性法规，报省、自治区人民代表大会常务委员会批准后实行。我国的地方消防法规比较发达，1998年《消防法》颁布后，各省、自治区、直辖市和较大的城市几乎都制定颁布了地方性消防法规，一些较大的城市和经济特区也颁布了自己的地方性消防法规，这些都是消防监督管理的主要法律依据。

五、自治条例和单行条例

根据立法法规定，民族自治的地方（包括自治区、自治州、自治县）的人民代表大会有权依照当地的政治、经济、文化的特点制定自治条例和单行条例，并报上一级人民代表大会常务委员会批准后生效。在民族自治的地方，自治条例和单行条例中的内容也是消防行政执法的依据。

六、行政规章

行政规章分为国务院部门规章和地方政府规章。

（一）国务院部门规章

国务院部门规章是指国务院部、委和直属机构根据法律和国务院行政法规、决定、命令，在本部门的权限范围内制定的规范性文件的总称。消防行政规章包括：

1.公安部单独制定发布的规章。在消防行政执法中占有相当大的比例。如《公安机关办理行政案件程序规定》《消防监督检查规定》《机关、团体、企业、事业单位消防安全管理规定》《公共娱乐场所消防安全管理规定》等。

2. 公安部与其他部委联合制定发布的规章。如《城市燃气安全管理规定》《集贸市场消防安全管理规定》。

3. 其他部委单独制定的规章。如《运输船舶消防管理规定》《铁路消防管理办法》。

（二）地方政府规章

地方政府规章是由省、自治区、直辖市人民政府和较大的城市的人民政府根据法律、行政法规和地方性法规，按照规定的程序制定发布的具有普遍适用本行政区内的规范性文件。目前，我国地方消防行政规章也很普遍。

七、法律解释

法律解释有广义和狭义之分。广义上的法律解释是指对所有法律规范的含义和具体应用所作的说明和补充。狭义上的法律解释仅指全国人民代表大会常务委员会对法律所作的解释，即立法解释。这里所说的法律解释是指广义上的法律解释。主要包括：

（一）立法解释

全国人大常务委员会对法律所作的解释。对法律的规定需要进一步明确具体含义、法律制定后出现了新情况需要明确适用法律依据的，由全国人大常务委员会解释。这种法律解释与法律具有同等效力。

（二）司法解释

对于属于法院审判工作中和检察院检察工作中具体应用法律、法令的问题，分别由最高人民法院和最高人民检察院进行解释。普通法院和普通检察院没有解释权。

（三）行政解释

国务院及其主管部门对不属于审判和检察工作中的其他法律、法令的具体应用问题以及自己制定的法规和规章进行的解释。

（四）地方解释

地方人大常委会对地方性法规进行解释以及地方政府及其所属行政主管部门对本级地方性法规和规章的应用所作的解释。

八、消防技术标准

由国务院有关部门依据《中华人民共和国标准化法》的有关法定程序单独和联合制定

发布的，用以规范消防技术领域中人与自然、科学技术的关系的准则或标准。在消防监督管理中，消防技术规范与消防行政法法律规范具有同等重要的地位，尽管其是由国务院部门制定，但宪法、法律和行政法规不涉及具体技术问题，消防技术规范又具有强制性，所以消防技术规范的法律效力比普通部门行政规章的法律效力要高。这也是消防行政执法与其他行政执法不同之处。也是由于这一点，消防技术规范的制定必须有严格的程序。近年来，我国的消防技术规范发展很快，已基本形成了比较完善的体系，为消防监督管理提供了可靠的法律依据。

九、国际法、国际标准

我国已经加入WTO，WTO规则属于国际法。根据国际惯例，凡是加入国际组织、签署国际条约的成员方，都有义务遵守国际条约。当然所有WTO成员方，也都应当遵守WTO规则，而且当本国的法律与WTO规则相抵触时，优先使用WTO规则。按照惯例，在消防监督管理中，涉及引进项目或外资企业时，一般要求执行我国的法律法规和消防技术规范。加入WTO后，再这样简单地要求，恐怕不行了。当然，也不能执行外国的法律和规范，而应是国际法和国际标准。这是我国消防监督管理的新问题。

第六节 消防监督规范化

一、消防监督规范化的含义

消防监督规范化是指消防监督的法治化，即消防监督程序的法制化和消防监督法制的程序化。

这里涉及两个概念，"法治"和"法制"。"法治"是依法而治，是治理国家的手段，是指国家机关、任何组织和个人都要严格遵守法律，依法而行，依法办事。当法律与权力相冲突时，权力服从法律。

"法治"是与"人治"相对的。"人治"的特点是依掌权者的主观意志行事，掌权者的话、指示就是法律，权力与法律冲突时，法律服从权力。"法制"是指法律体系和法律制度建设。"法制"要解决的问题是有法可依，是"法治"的前提，没有完善的"法制"，"法治"就无从谈起。但有了"法制"，不一定就实现"法治"。有法不依、执法不严、滥用权力、权大于法、领导的指示大于法就是有"法制"而非"法治"的表现。

改革开放的40多年来，我国消防监督管理的"法制"化和"法治"化都有了很大发展，尤其是消防"法制"化建设最为明显。但离法治国家要求还有一定的差距。根据国务院 2004 年 3 月 22 日发布的《全面推进依法行政实施纲要》提出的目标，要经过今后 10 年的努力，基本实现法治化政府。公安消防部门作为政府的职能部门，也必须为实现这一目标而努力。消防监督程序的法制化和消防监督法制的程序化是消防监督法治化的必然要求和必然结果，是目前我国消防监督管理中尚待完善的问题。

二、消防监督规范化的内容

（一）消防监督法制的程序化

消防监督法制的程序化是指消防监督的法律规范制定、消防监督的实施都必须有严格的程序。制定消防行政法律规范属于行政立法。过去，我国的行政立法程序不规范，随意性大，缺少必要的公开、民主程序。消防行政法规、行政规章的制定也是如此。2000 年《立法法》的颁布和 2001 年国务院《行政法规制定程序条例》《规章制定程序条例》的颁布，标志着我国的行政立法正向程序化、法治化迈进，消防行政立法也走向规范化、程序化。如《机关、团体、企业、事业单位消防安全管理规定》的制定和《消防监督检查规定》的修订等都比过去更加规范，充分体现了公开、公正、民主的原则。根据《行政法规制定程序条例》《规章制定程序条例》的要求，实现消防行政立法的程序化，必须做到：

1. 消防行政法规、行政规章的制定要严格按程序进行，即必须经过立项、起草、审查、决定与公布。

2. 消防行政立法要遵循宪法基本原则，维护宪法的尊严，不得违反宪法原则。

3. 消防行政方法过程要民主化。即消防行政法规、行政规章在制定过程中，应当广泛征求相对人的意见，咨询有关方面的专家，必要时应举行听证会等。

5. 严格对消防行政立法审查。行政立法的审查包括两部分：一是行政机关的法制机构对立法草案的审查；二是颁布后备案机构的审查。

（二）消防监督程序的法制化

消防监督程序的法制化是指消防监督的程序要以法律的形式规定下来，而且消防监督主体和相对人都要严格遵守。

1. 程序法定

程序法定是消防监督程序的基本原则之一。程序法定是指消防监督活动的主要程序（涉及相对人权利义务的程序）要有法律规范加以规定。法定的程序是公正执法的前提条件，是消防行政执法法制化的必然要求。如果没有法定程序，执法过程就无章可循，就会产生随意性。所以，要实现消防监督规范化，必须实现消防监督程序的制度化。

2. 严格执行程序

消防监督主体在实施监督活动中，必须遵循法定的程序，不得违反或擅自变更。这是消防监督规范化对消防监督主体及执法人员的基本要求。现实消防行政执法中所存在的"执法程序中断、执法程序错误、不履行告知义务、不按法定时限进行审批和送达法律文书"等都是违反程序的表现。这种漠视正当程序的做法和观念都是错误的。为了能保证严格执行程序，必须建立相应的制度，促使人们自觉遵守，如执法责任制、执法过错追究制度，同时要教育执法人员树立尊重程序的观念，改变重实体轻程序的传统观念和做法。

（三）完善监督制约机制

1. 完善内部审批、审核制度

完善内部审批审核制度是防止执法过错和腐败的有效手段之一。经验表明，有些人犯错误重要原因之一是内部审批审核制度不健全造成的。为此，必须建立完善内部审批审核制度，防止一人或少数人说了算。比如，行政处罚必须经法制部门或专兼职法制人员审核后，再报公安消防部门负责人审批。对于重要的行政处罚，如责令停产停业、停止施工、停止使用和较大数额的罚款等，应由公安消防部门负责人集体研究决定，责令停产停业对当地经济和社会生活影响较大的要报请当地人民政府决定。

2. 明确执法责任、规范执法权限

权限不清、责任不明是以往我国消防监督执法的通病，是实现消防监督规范化的主要障碍。规范执法的前提是实行执法责任制，而实行责任制必须明确各级执法主体和人员的执法权限。这就要求，各级消防监督主体的主官要对本主体的行政执法负全责，分管负责人对自己分管的事项负责，集体讨论决定的要集体负责，但主官要负主要责任，各业务部门和执法人员要对本部门和本岗位的执法负责。该由谁决定的就由谁决定，不得相互越权。

规范执法权限，还涉及规范上级公安消防部门和下级公安消防部门之间的权限。属于上级公安消防部门处理、决定的事项，下级不得决定，属于由下级公安消防部门处理、决定的事项，上级也不要处理、决定。相互越权也是我国消防监督管理中的通病，它的危害是导致责任不清，有好处争着管，出了事相互推卸责任。所以，不符合消防监督规范化的要求。

3. 建立监督制约机制，强化内外监督

法治的要求就是要对行政权力进行制约。消防监督权是国家行政权的组成部分，也必须对其加以制约。首先要建立和完善内部监督制约机制。一是对建审等权力比较集中的部门，要通过实行分审制、总复核制、审验分离等措施，解决一人说了算，一长说了算的问题。二是对于罚、没、收费等实行严格的罚缴分离和"收支两条线"。三是实行执法过错追究制度，对于执法中出现的失误、错误，严格追究责任。对于滥用职权、以权谋私和贪赃枉法、严重渎职的行为，在依法查处当事人的同时，还要追究有关领导的责任。四是实行执法质量考核评价制度，定期对各级各部门的执法情况进行考核、评价，并将考核、评价结果与执法单位和人员的评先评优、立功受奖、晋职晋衔结合起来，做到奖勤罚懒、升

优降劣，形成竞争激励机制。五是建立督查机构，加大对基层执法单位和执法人员依法履行职责情况的明查暗访，及时发现和纠正执法中的问题。

外部监督主要是政府监察机关的监督（从政府行为来说属于内部监督，但从公安消防部门来说属于外部监督）、国家权力机关（人大）的监督、司法机关（检察院、法院）的监督、政党监督、相对人的监督和舆论监督。这些主要取决于我国整体法治发展的状况。但从公安消防部门来说，要明确法律授予的消防监督权是用来为国家、为人民服务的，决不能用来谋取私利。当公安消防部门行使权力时，还有其他权力在监督，人民也在监督，对此，公安消防部门都必须予以接受。

第五章 消防设施质量监管控制

第一节 消防设施的安装调试与检测

一、施工质量控制要求

为了确保消防设施的施工质量,消防设施安装调试、技术检测应由具有相应资质等级的施工单位、消防技术服务机构承担。施工单位按照消防设计文件编写施工方案,以指导施工安装、控制施工质量。

(一)施工前的准备

消防设施施工前,需要具备一定的技术、物质条件,以确保施工需求,保证施工质量。消防设施施工前需要具备下列基本条件:

1. 经批准的消防设计文件以及其他技术资料齐全。
2. 设计单位向建设、施工、监理单位进行技术交底,明确相应技术要求。
3. 各类消防设施的设备、组件以及材料齐全,规格、型号符合设计要求,能够保证正常施工。
4. 经检查,与专业施工相关的基础、预埋件和预留孔洞等符合设计要求。
5. 施工现场及施工中使用的水、电、气能够满足连续施工的要求。

消防设计文件包括消防设施设计施工图(平面图、系统图、施工详图、设备表、材料表等)图纸以及设计说明等;其他技术资料主要包括消防设施产品明细表、主要组件安装使用说明书及施工技术要求,各类消防设施的设备、组件以及材料等符合市场准入制度的有效证明文件和产品出厂合格证书,工程质量管理、检验制度等。

(二)施工过程质量控制

1. 对到场的各类消防设施的设备、组件以及材料进行现场检查,经检查合格后方可用于施工。

2. 各工序按照施工技术标准进行质量控制，在每道工序完成后进行检查，经检查合格后方可进入下一道工序。

3. 相关各专业工种之间交接时，要进行检验认可，经监理工程师签字后，方可进行下一道工序。

4. 消防设施安装完毕，施工单位按照相关专业调试规定进行调试。

5. 调试结束后，施工单位向建设单位提供质量控制资料和各类消防设施施工过程质量检查记录。

6. 监理工程师组织施工单位人员对消防设施施工过程进行质量检查，按照各消防设施施工及验收规范的要求填写施工过程质量检查记录。

7. 按照相关消防设施施工及验收规范的要求填写、整理施工过程质量控制资料。

（三）施工安装质量问题处理

经消防设施现场检查、技术检测、竣工验收，消防设施的设备、组件以及材料存在产品质量问题或者施工安装质量问题，不符合相关国家工程建设消防技术标准的，按照下列要求进行处理：

1. 更换相关消防设施的设备、组件以及材料，进行施工返工处理，重新组织产品现场检查、技术检测或者竣工验收。

2. 返修处理，能够满足相关标准规定和使用要求的，按照经批准的技术处理方案和协议文件，重新组织现场检查、技术检测或者竣工验收。

3. 返修或者更换相关消防设施的设备、组件以及材料的，经重新组织现场检查、技术检测、竣工验收，仍然不符合要求的，判定为现场检查、技术检测、竣工验收不合格。

4. 未经现场检查合格的消防设施的设备、组件以及材料，不得用于施工安装；消防设施未经竣工验收合格的，其建设工程不得投入使用。

二、施工安装调试

（一）施工安装的依据

消防设施施工安装以经法定机构批准或者备案的消防设计文件、国家工程建设消防技术标准为依据，经批准或者备案的消防设计文件不得擅自变更，确需变更的，由原设计单位修改，报经原批准机构批准后，方可用于施工安装。

消防供电以及火灾自动报警系统设计文件，除需要具备前述消防设施设计文件外，还需具备系统布线图和消防设备联动逻辑说明等技术文件。

（二）施工安装的要求

在消防设施施工安装过程中，施工现场要配齐相应的施工技术标准、工艺规程以及实施方案，建立健全质量管理体系、施工质量控制与检验制度。

施工单位应做好施工（包括隐蔽工程验收）、检验（包括绝缘电阻、接地电阻）、调试、设计变更等的相关记录，施工结束后，施工单位对消防设施施工安装质量进行全面检查，在施工现场质量管理检查、施工过程检查、隐蔽工程验收、资料核查等检查全部合格后，完成竣工图以及竣工报告。

（三）调试的要求

各类消防设施施工结束后，由施工单位或者其委托的具有调试能力的其他单位组织实施消防设施调试。调试工作包括各类消防设施的单机设备、组件调试和系统联动调试等内容。消防设施调试需要具备下列条件：

1. 系统供电正常，电气设备（主要是火灾自动报警系统）具备与系统联动调试的条件。

2. 水源、动力源和灭火剂储存等满足设计要求和系统调试要求，各类管网、管道、阀门等密封严密，无泄漏。

3. 调试使用的测试仪器、仪表等性能稳定可靠，其精度等级及其最小分度值能够满足调试测定的要求，符合国家有关计量法规以及检定规程的规定。

4. 对火灾自动报警系统及其组件、其他电气设备分别进行通电试验，确保其工作正常。

消防设施调试负责人由专业技术人员担任。调试前，调试单位按照各消防设施的调试要求，编制相应的调试方案，确定调试程序，并按照程序开展调试工作，调试结束后，调试单位提供完整的调试资料和调试报告。

消防设施调试合格后，填写施工过程调试记录，并将各消防设施恢复至正常工作状态。

三、技术检测与竣工验收

（一）技术检测

消防设施检测是对消防设施的检查、测试等技术服务工作的统称。这里所指的技术检测是指消防设施施工结束后，建设单位委托具有相应资质等级的消防技术检测服务机构对消防设施施工质量进行的检查测试工作。

在进行消防设施技术检测前，检测机构按照下列要求对各类消防设施及其检测用仪器、仪表进行检查：

1. 检查各类消防设施的设备及其组件的相关技术文件。各类消防设施的设备及其组件符合设计选型，具有出厂合格证明文件，消防产品具有符合国家市场准入规定的证明文件；

各类灭火剂在产品质量证明文件的有效期内。

2. 检查各类消防设施的设备及其组件的外观标志。各类消防设施的设备及其组件的永久性标识和按照规定设置的标识，其文字和数据齐全，符号清晰，色标正确。

3. 检查各类消防设施的设备及其组件、材料（管道、管件、支吊架、线槽、电线、电缆等）的外观，以及导线、电缆的绝缘电阻值和系统接地电阻值等测试记录。各类消防设施的设备及其组件、材料的外观完好无损、无锈蚀，设备、管道无泄漏，导线和电缆的连接、绝缘性能、接地电阻等符合设计要求。

4. 检查检测用仪器、仪表、量具等的计量检定合格证书及其有效期限。检测用仪器、仪表、量具等按照国家现行有关规定计量检定合格，并在检定合格的有效期限内。

（二）竣工验收

消防设施施工结束后，由建设单位组织设计、施工、监理等单位进行包括消防设施在内的建设工程竣工验收。消防设施竣工验收分为资料检查、施工质量现场检查和质量验收判定三个环节。消防设施竣工验收过程中，按照各类消防设施的施工及验收规范的要求填写竣工验收记录表。

1. 资料检查

消防设施竣工验收前，施工单位需要提交下列竣工验收资料，供参验单位进行资料检查：

（1）竣工验收申请报告。

（2）施工图设计文件（包括设计图纸和设计说明书等）、各类消防设施的设备及其组件安装说明书、消防设计审核意见书和设计变更通知书、竣工图。

（3）主要设备、组件、材料符合市场准入制度的有效证明文件、出厂质量合格证明文件以及现场检查（验）报告。

（4）施工现场质量管理检查记录、施工过程质量管理检查记录以及工程质量事故处理报告。

（5）隐蔽工程检查验收记录以及灭火系统阀门、其他组件的强度和严密性试验记录，管道试压和冲洗记录。

2. 现场检查

现场检查的主要内容包括各类消防设施的安装场所（防护区域）及其设置位置、设备用房设置等检查、施工质量检查和功能性试验。具体包括：

（1）检查各类消防设施安装场所（防护区域）及其设置位置。

（2）检查各类消防设施外观质量。

（3）通过专业仪器设备现场测量涉及距离、宽度、长度、面积、厚度等可测量的指标。

（4）测试各类消防设施的功能。

（5）检查、测试其他涉及消防设施规定要求的项目。

各项检查项目中有不合格项时，对设备及其组件、材料（管道、管件、支吊架、线槽、电线、电缆等）进行返修或者更换后，进行复验。复验时，对有抽验比例要求的，加倍抽样检查。

3. 质量验收判定

消防设施现场检查结束后，根据各类设施的施工及验收规范确定的工程施工质量缺陷类别，按照下列规则对各类消防设施的施工质量做出验收判定结论：

（1）将消防给水及消火栓系统、自动喷水灭火系统、防烟排烟系统和火灾自动报警系统等工程施工质量缺陷划分为严重缺陷项（A），重缺陷项（B）和轻缺陷项（C）。

①自动喷水灭火系统、防烟排烟系统的工程施工质量缺陷，当 A=0，B≤2，且 B+C≤6% 时，竣工验收判定为合格；否则，竣工验收判定为不合格。

②消防给水及消火栓系统的工程施工质量缺陷，当 A=0，B≤检查项的 10%，且 B+C≤20% 时，竣工验收判定为合格；否则，竣工验收判定为不合格。

③火灾自动报警系统的工程施工质量缺陷，当 A=0，B≤2，且 B+C≤检查项的 5% 时，竣工验收判定为合格，否则，竣工验收判定为不合格。

（2）泡沫灭火系统按照《泡沫灭火系统施工及验收规范》（GB50281-2006）的规定内容进行竣工验收，当其功能验收不合格时，系统验收判定为不合格。

（3）气体灭火系统按照《气体灭火系统施工及验收规范》（GB50263-2007）的规定内容进行竣工验收，当其验收项目有一项为不合格时，系统验收判定为不合格。

第二节　消防设施的维护管理

一、消防设施维护管理的内容

消防设施维护管理由建筑物的产权单位或者受其委托的建筑物业管理单位（以下简称"建筑使用管理单位"）依法自行管理或者委托具有相应资质的消防技术服务机构实施管理。消防设施维护管理包括值班、巡查、检测、维修、保养、建档等工作。

二、消防设施维护管理的要求

为确保建筑消防设施正常运行，建筑使用管理单位需要对其消防设施的维护管理明确归口管理部门、管理人员及其工作职责，建立消防设施值班、巡查、检测、维修、保养、建档等管理制度。具体包括以下内容：

1. 明确管理职责。
2. 制定消防设施维护管理制度和维修管理技术规程。
3. 落实管理责任。
4. 实施消防设施标识化管理。
5. 故障消除及报修。
6. 建立健全建筑消防设施维护管理档案。
7. 远程监控管理。

三、维护管理各环节的工作要求

（一）值班

建筑使用管理单位根据建筑或者单位的工作、生产、经营特点，建立值班制度。在消防控制室、具有消防配电功能的配电室、消防水泵房、防排烟机房等重要设备用房，合理安排符合从业资格条件的专业人员对消防设施实施值守、监控，负责消防设施操作控制，确保火灾情况下能够按照操作技术规程，及时、准确地操作建筑消防设施。

单位制定灭火和应急疏散预案、组织预案演练时，要将消防设施操作内容纳入其中，并及时对操作过程中发现的问题给予纠正、处理。

（二）巡查

1. 巡查要求

建筑使用管理单位按照下列要求组织巡查：

（1）明确各类消防设施的巡查频次、内容和部位。

（2）巡查时，准确填写《建筑消防设施巡查记录表》。

（3）巡查时发现故障或者存在问题的，按照规定程序进行故障处置，消除存在的问题。

2. 巡查频次

建筑使用管理单位按照下列频次组织巡查：

（1）公共娱乐场所营业期间，每2h组织1次综合巡查。巡查时，将部分或者全部消防设施巡查纳入综合巡查内容，并保证每日至少对全部建筑消防设施巡查一遍。

（2）消防安全重点单位每日至少对消防设施巡查1次。

（3）其他社会单位每周至少对消防设施巡查1次。

（4）举办具有火灾危险性的大型群众性活动的，承办单位根据活动现场实际需要确定巡查频次。

（三）检测

消防设施每年至少检测 1 次。重大节日或者重大活动，根据要求安排消防设施检测。

设有自动消防设施的宾馆、饭店、商场、市场、公共娱乐场所等人员密集场所、易燃易爆单位，以及其他一类高层公共建筑等消防安全重点单位，自消防设施投入运行后的每年年底，将年度检测记录报给当地消防救援机构备案。

（四）档案的建立与管理

消防设施施工安装、竣工验收以及验收技术检测等原始技术资料长期保存，《消防控制室值班记录表》和《建筑消防设施巡查记录表》的存档时间不少于 1 年；《建筑消防设施检测记录表》《建筑消防设施故障维修记录表》《建筑消防设施维护保养计划表》《建筑消防设施维护保养记录表》的存档时间不少于 5 年。

第三节　消防控制室的管理

一、消防控制室的设备配置

为确保消防控制室实现接收火灾报警、处置火灾信息、指挥火灾扑救、引导人员安全疏散等消防安全目标，消防控制室配备的监控设备要能够准确、规范地实施消防监控与管理等各项功能。

消防控制室至少需要设置火灾报警控制器、消防联动控制器、消防控制室图形显示装置、消防电话总机、消防应急广播控制装置、消防应急照明和疏散指示系统控制装置、消防电源监控器等设备，或者设置具有相应功能的组合设备。

二、消防控制室设备的监控要求

1. 大型建筑群要根据其不同建筑功能需求、火灾危险性特点和消防安全监控需要，设置 2 个及 2 个以上的消防控制室，并确定主消防控制室、分消防控制室，以实现分散与集中相结合的消防安全监控模式。

2. 主消防控制室的消防设备能够对系统内共用消防设备进行控制，显示其状态信息，并能够显示各个分消防控制室内消防设备的状态信息，具备对分消防控制室内消防设备及其所控制的消防系统、设备的控制功能。

3. 各个分消防控制室的消防设备之间，可以互相传输、显示状态信息，不能互相控制消防设备。

三、消防控制室台账档案的建立

消防控制室内至少保存下列纸质台账档案和电子资料:

1. 建(构)筑物竣工后的总平面布局图、消防设施平面布置图和系统图以及安全出口布置图、重点部位位置图等。

2. 消防安全管理规章制度、应急灭火预案、应急疏散预案等。

3. 消防安全组织结构图,包括消防安全责任人、管理人及专职、义务消防人员等内容。

4. 消防安全培训记录、灭火和应急疏散预案的演练记录。

5. 值班情况、消防安全检查情况及巡查情况等记录。

6. 消防设施一览表,包括消防设施的类型、数量、状态等内容。

7. 消防系统控制逻辑关系说明、设备使用说明书、系统操作规程、系统以及设备的维护保养制度和技术规程等。

8. 设备运行状况、接报警记录、火灾处理情况、设备检修检测报告等资料。

上述台账、资料按照本章第二节"档案的建立与管理"的要求,定期归档保存。

四、消防控制室的管理要求

规范、统一的消防控制室管理和消防设施操作监控,是建筑火灾发生时能够及时发现火灾、确认火灾,准确报警并启动应急预案,有效组织初期火灾扑救,引导人员安全疏散的根本保证。

火灾发生时,消防控制室的值班人员应按照下列应急程序处置火灾:

1. 接到火灾警报后,值班人员立即以最快方式确认火灾。

2. 确认火灾情况后,值班人员立即确认火灾报警联动控制开关处于自动控制状态,同时拨打"119"报警电话准确报警;报警时需要说明着火单位地点、起火部位、着火物种类、火势大小、报警人姓名和联系电话等。

3. 值班人员立即启动单位应急疏散和初期火灾扑救预案,同时报告单位消防安全负责人。

第六章 消防给水系统监督管理

第一节 系统组件安装前的检查

一、消防水源的检查

消防给水系统的水源应无污染、无腐蚀、无悬浮物,水的 pH 值应为 6.0~9.0。给水水源的水质不应堵塞消火栓、报警阀、喷头等消防设施,且不影响其运行。通常,消防给水系统的水质基本上要达到生活水质的要求,消防水源的水量应充足、可靠。消防给水系统的持续作用时间是由火灾延续时间确定的。

具体可用作消防水源的有市政给水、消防水池、天然水源、消防水箱和其他几类水源。消防水源的选择应因地制宜,考查消防给水系统安装所在地具备及适合什么样的水源条件。其他水源可以是雨水清水池、中水清水池、水景和游泳池等,一般只宜作为备用消防水源使用。但当以上所列的水源必须作为消防水源时,应有保证在任何情况下都能满足消防给水系统所需的水量和水质的技术措施。

二、消防供水设施(设备)的检查

1. 消防水泵的材料要求

(1)水泵外壳宜为球墨铸铁,水泵叶轮宜为青铜或不锈钢。

(2)泵体、泵轴、叶轮等的材质应符合要求。

2. 消防泵的结构要求

(1)水泵的结构形式应保证易于现场维修和更换零件,紧固件及自锁装置不应因振动等原因而产生松动。

(2)消防泵体上应铸出表示旋转方向的箭头。

(3)水泵应设置放水旋塞,放水旋塞应处于泵的最低位置以便排尽泵内余水。

3. 消防水泵的机械性能要求

(1)消防水泵的型号与设计型号一致,泵的流量、扬程、功率符合设计要求和国家现行有关标准的规定。

（2）轴封处密封良好，无线状泄漏现象。

4. 消防水泵控制柜的要求

（1）消防水泵控制柜的控制功能满足设计要求。

（2）控制柜体端正，表面应平整，涂层颜色均匀一致，无眩光，并符合现行国家标准的有关规定，且控制柜外表面没有明显的磕碰伤痕和变形掉漆。

（3）控制柜面板设有电源电压、电流、水泵启/停状况及故障的声光报警等显示。

第二节　系统安装调试与检测验收

一、消防水源

（一）消防水池、消防水箱的施工、安装

1. 在施工安装时，消防水池及消防水箱的外壁与建筑本体结构墙面或其他池壁之间的净距，要满足施工、装配和检修的需要。无管道的侧面，净距不宜小于0.7m；有管道的侧面，净距不宜小于1m，且管道外壁与建筑本体墙面之间的通道宽度不宜小于0.6m；设有入孔的池顶，顶板面与上面建筑本体板底的净空高度不应小于0.8m。

2. 消防水箱采用钢筋混凝土时，在消防水箱的内部应贴白瓷砖或喷涂瓷釉涂料。采用其他材料时，消防水箱宜设置支墩，支墩的高度不宜小于600mm，以便于管道、附件的安装和检修。在选择材料时，除了考虑强度、造价、材料的自重、不易产生藻类外，还应考虑到消防水箱的耐腐蚀性（耐久性）。

3. 钢筋混凝土消防水池或消防水箱的进水管、出水管要加设防水套管，钢板等制作的消防水池或消防水箱的进出水等管道宜采用法兰连接，对有振动的管道应加设柔性接头。组合式消防水池或消防水箱的进水管、出水管接头宜采用法兰连接，采用其他连接时应做防锈处理。

4. 消防水池、消防水箱的溢流管、泄水管不得与生产或生活用水的排水系统直接相连，应采用间接排水方式。

5. 消防水池和消防水箱的出水管或水泵吸水管要满足最低有效水位出水不掺气的技术要求。

（二）消防水池、消防水箱的检测验收

1. 对照图纸，用测量工具检查水池容量是否符合要求，观察有无补水措施、防冻措施

以及消防用水的保证措施，测量取水口的高度和位置是否符合技术要求，查看溢流管、泄水管的安装位置是否正确。需测量水箱的容积、安装标高及位置是否符合技术要求，查看水箱的进水管、出水管、溢流管、泄水管、水位指示器、单向阀、水箱补水及增压措施是否符合技术要求，查看管道与水箱之间的连接方式及管道穿楼板或墙体时的保护措施。

2. 将敞口水箱装满水静置24h后观察，若不渗不漏，则敞口水箱的满水试验合格；而封闭水箱在试验压力下保持10min，压力不降、不渗不漏则封闭水箱的水压试验合格。

3. 对照图纸，用测量工具检查水箱安装位置及支架或底座的安装情况，其尺寸及位置应符合设计要求，埋设平整牢固。

4. 检查水箱溢流管和泄水管应设置在排水地点附近，但不得与排水管直接连接。

二、消防供水设施、设备

（一）消防水泵

1. 消防水泵的安装调试

（1）安装前要对水泵进行手动盘车，检查其灵活性。除小型管道泵可以将水泵直接安装在管道上而不做基础外，大多数水泵的安装需要设置混凝土基础。水泵安装前应对土建施工的基础进行复查验收，确保水泵基础应符合相应水泵产品样本中水泵安装基础图的要求。需要检查设备基础的位置、尺寸、高度及地脚螺孔的位置和尺寸，应符合设计规定。设备基础表面要平整光滑，并清除地脚螺栓预留孔内的杂物。

（2）水泵的减振措施。当有减振要求时，水泵应配有减振设施，将水泵安装在减振台座上。减振台座是在水泵的底座下增设槽钢框架或混凝土板，框架或混凝土板通过地脚螺栓与基础紧固，减振台座下使用减振装置。

（3）水泵安装操作。水泵安装有整体安装和分体安装两种方式。水泵安装得好坏，对水泵的运行效果和寿命有重要影响。

①分体水泵的安装。水泵在装配前，应首先检查零件主要装配尺寸及影响装配的缺陷，清洗零件后方可进行装配。分体水泵安装时，应先安装水泵再安装电动机。水泵吊装可用吊车或三脚架和倒链滑车，钢丝绳系在泵体吊环上。水泵就位后找正找平，使水泵高度、水平及中心位置符合设计要求。小型水泵的找正，一般用水平尺放在水泵轴上测量轴向水平，放在水泵进（出）口垂直法兰面上测量径向水平，大型水泵则采用水准仪和吊线法找正，然后进行泵体固定，最后安装电动机，使电动机联轴器与水泵联轴器对接，使水泵轴中心线与电动机轴中心线在同一水平线上。

②水泵的整体安装。整体安装时，首先清除泵座底面上的污垢，将水泵吊装放置在水泵基础上；其次通过调整水泵底座与基础之间的垫铁厚度，使水泵底座找正找平；再次对水泵的轴线、进出水口中心线进行检查和调整；最后进行泵体固定，用水泥砂浆浇灌地脚

螺栓孔，待水泥砂浆凝固后，找平泵座并拧紧地脚螺栓螺母。

（4）水泵机组基础的平面尺寸，有关资料如未明确，无隔振安装应较水泵机组底座四周各宽出100~150mm，有隔振安装应较水泵隔振台座四周各宽出150mm。

（5）水泵机组基础的顶面标高，无隔振安装时应高出泵房地面不小于0.1m；有隔振安装时可高出泵房地面不小于0.05m。泵房内管道管外底距地面的距离，当管径DN≤150mm时，不应小于0.2m；当管径DN≥200mm时，不应小于0.25m。

（6）水泵吸水管水平段偏心大小头应采用管顶平接，避免产生气囊和漏气现象。

2. 消防水泵控制柜的安装要求

（1）控制柜基座的水平误差不大于±2mm，并应做防腐防水处理。

（2）控制柜与基座采用不小于。12mm的螺栓固定，每个控制柜不应少于4只螺栓。

（3）做控制柜的上下进出线口时，不应破坏控制柜的防护等级。

3. 消防水泵的检测验收要求

（1）消防水泵运转应平稳，应无不良噪声和振动。

（2）对照图纸，检查工作泵、备用泵、吸水管、出水管及出水管上泄压阀、水锤消除设施、止回阀、信号阀等的规格、型号、数量，应符合设计要求；吸水管、出水管上的控制阀应锁定在常开位置，并有明显标记。

（3）消防水泵应采用自灌式引水或其他可靠的引水措施，并保证全部储水被有效利用。

（4）分别开启系统中的每一个末端试水装置、试水阀和试验消火栓，水流指示器、压力开关、低压压力开关、高位消防水箱流量开关等装置的功能，均符合设计要求。

（5）打开消防水泵出水管上的试水阀，当采用主电源启动消防水泵时，消防水泵应启动正常；关掉主电源，主、备电源应能正常切换；消防水泵就地和远程启/停功能应正常，并向消防控制室反馈状态信号。

（6）在阀门出口用压力表检查消防水泵停泵时，水锤消除设施后的压力不应超过水泵出口设计额定压力的1.4倍。

（7）采用固定和移动式流量计和压力表测试消防水泵的性能，水泵的性能应满足设计要求。

（8）消防水泵启动控制应置于自动启动挡。

4. 消防水泵控制柜的验收要求

（1）控制柜的规格、型号、数量应符合设计要求。

（2）控制柜的图纸塑封后牢固粘贴于柜门内侧。

（3）控制柜的动作符合设计要求和有关规定。

（4）控制柜的质量符合产品标准。

（5）主、备用电源自动切换装置的设置符合设计要求。

（二）消防增（稳）压设施

气压水罐的安装要求：

1. 气压水罐的有效容积、气压、水位及设计压力符合设计要求。
2. 气压水罐的安装位置和间距、进水管及出水管方向符合设计要求。
3. 气压水罐宜有有效水容积指示器。
4. 气压水罐安装时其四周要设检修通道，其宽度不宜小于 0.7m；消防气压给水设备顶部至楼板或梁底的距离不宜小于 0.6m；消防稳压罐的布置应合理、紧凑。
5. 当气压水罐设置在非采暖房间时，应采取有效措施防止结冰。

（三）水泵接合器

1. 水泵接合器的安装规定

（1）组装式水泵接合器的安装，应按接口、本体、连接管、止回阀、安全阀、放空管、控制阀的顺序进行。止回阀的安装方向应使消防用水能从水泵接合器进入消防给水系统。整体式水泵接合器的安装，按其使用安装说明书进行。

（2）水泵接合器接口的位置应方便操作，安装在便于消防车接近的人行道或非机动车行驶地段，距室外消火栓或消防水池的距离宜为 15~40m。

（3）墙壁水泵接合器的安装应符合设计要求。无设计要求时，其安装高度距地面宜为 0.7m；与墙面上的门、窗、孔、洞的净距离不应小于 2m，且不应安装在玻璃幕墙下方。

（4）地下水泵接合器的安装，应使进水口与井盖底面的距离不大于 0.4m，且不应小于井盖的半径。井内应有足够的操作空间并应做好防水和排水措施，防止地下水渗入。寒冷地区井内应做防冻保护。

（5）水泵接合器与给水系统之间不应设置除检修阀门以外其他的阀门，检修阀门应在水泵接合器周围就近设置，且应保证便于操作。

2. 水泵接合器的检测验收

（1）消火栓水泵接合器与消防通道之间不应设有妨碍消防车加压供水的障碍物（用于保护接合器的装置除外）。

（2）水泵接合器的安全阀及止回阀的安装位置和方向应正确，阀门启闭应灵活。

（3）水泵接合器应设置明显的永久性指示标志，当系统采用分区或对不同系统供水时，必须标明水泵接合器的供水区域及系统区别的永久性固定标志。

（4）地下消防水泵接合器应采用铸有"消防水泵接合器"标志的铸铁井盖，并在附近设置指示其位置的永久性固定标志。

（5）消防水泵接合器数量及进水管位置应符合设计要求。消防水泵接合器应采用消防车车载消防水泵进行充水试验，且供水最不利点的压力、流量应符合设计要求；当有分区供水时应确定消防车的最大供水高度和接力泵的设置位置的合理性。

三、给水管网的安装

1.管道连接方式

目前，消防管道工程常用的连接方式有螺纹连接、焊接连接、法兰连接、承插连接、沟槽连接等。

（1）承插连接

消防上多用到铸铁管的承插连接，铸铁管的承插连接方式分为机械式接口和非机械式接口。机械式接口利用压兰与管端上法兰连接，将橡胶密封圈压紧在铸铁承插口间隙内，使橡胶圈压缩而与管壁紧贴形成密封。非机械式接口根据填料的不同，分为石棉水泥接口、自应力水泥接口、青铅接口和橡胶圈接口。

（2）沟槽连接

沟槽式管接口是在管材、管件等管道接头部位加工成环形沟槽，用卡箍件、橡胶密封圈和紧固件等组成的套筒式快速接头。安装时，在相邻管端套上异形橡胶密封圈后，用拼合式卡箍件连接。卡箍件的内缘就位在沟槽内并用紧固件紧固后，保证了管道的密封性能。这种连接方式具有不破坏钢管镀锌层、施工快捷、密封性好、便于拆卸等的优点。

（3）使用沟槽连接件（卡箍）连接时符合下列规定：

①沟槽式连接件（管接头）、钢管沟槽深度和钢管壁厚等，符合国家标准《自动喷水灭火系统—第11部分：沟槽式管接件》（GB5131.11-2006）的有关规定。

②有振动的场所和埋地管道应采用柔性接头，其他场所宜采用刚性接头，当采用刚性接头时，每隔4~5个刚性接头应设置一个挠性接头，埋地连接时螺栓和螺母应采用不锈钢件。

③沟槽式管件连接时，其管道连接沟槽和开孔应用专用滚槽机和开孔机加工，并应做防腐处理；连接前应检查沟槽和孔洞尺寸，加工质量应符合技术要求；沟槽、孔洞处不应有毛刺、破损性裂纹和脏物。

④沟槽式管件的凸边应卡进沟槽后再紧固螺栓，两边应同时紧固，紧固时发现橡胶圈起皱应更换新橡胶圈。

⑤机械三通连接时，要检查机械三通与孔洞的间隙，各部位应均匀，然后再紧固到位，机械三通开孔间距不应小于1m，机械四通开孔间距不应小于2m；机械三通、机械四通连接时支管的直径应满足规定，当主管与支管连接不符合规定时应采用沟槽式三通、四通管件连接。

⑥配水干管（立管）与配水管（水平管）连接，应采用沟槽式管件，不应采用机械三通。

⑦埋地的沟槽式管件的螺栓、螺帽应做防腐处理。水泵房内的埋地管道连接应采用挠性接头。

⑧采用沟槽连接件连接管道变径和转弯时，宜采用沟槽式异径管件和弯头，当需要采用补芯时，三通上可用一个，四通上不应超过两个；公称直径大于50mm的管道不宜采用活接头。

⑨沟槽连接件要采用三元乙丙橡胶（EDPM）C型密封胶圈，弹性应良好，无破损和变形，安装压紧后C型密封胶圈中间要有空隙。

2. 架空管道的安装

架空管道的安装位置符合设计要求，并应符合下列规定：

（1）架空管道的安装不应影响建筑的正常使用功能，不应影响和妨碍通行以及门窗等开启。

（2）当设计无要求时，管道的中心线与梁、柱、楼板等的最小距离应符合规定。

（3）消防给水管穿过地下室外墙、构筑物墙壁以及屋面等有防水要求处时，要设防水套管。

（4）消防给水管穿过建筑物承重墙或基础时，应预留洞口，洞口高度应保证管顶上部净空不小于建筑物的沉降量，不宜小于0.1m，并应填充不透水的弹性材料。

（5）消防给水管穿过墙体或楼板时要加设套管，套管长度不小于墙体厚度，或高出楼面或地面50mm；套管与管道的间隙应采用不燃材料填塞，管道的接口不应位于套管内。

（6）消防给水管必须穿过伸缩缝及沉降缝时，应采用波纹管和补偿器等技术措施。

（7）消防给水管可能发生冰冻时，要采取防冻技术措施。

（8）消防给水管通过或敷设在有腐蚀性气体的房间内时，管外壁要刷防腐漆或缠绕防腐材料。

（9）架空管道外刷红色油漆或涂红色环圈标志，并注明管道名称和水流方向标志。红色环圈标志，宽度不应小于20mm，间隔不宜大于4m，在一个独立的单元内环圈不宜少于2处。

3. 管网支吊架的安装

（1）架空管道支架、吊架、防晃（固定）支架的安装应牢固，其型式、材质及施工符合设计要求。

（2）设计的吊架在管道的每一支撑点处应能承受5倍于充满水的管重，且管道系统支撑点应支撑整个消防给水系统。

（3）管道支架的支撑点宜设在建筑物的结构上，其结构在管道悬吊点应能承受充满水管道质量另加至少114kg的阀门、法兰和接头等附加荷载。

（4）当管道穿梁安装时，穿梁处宜设置一个吊架。

（5）下列部位应设置固定支架或防晃支架：

①配水管宜在中点设1个防晃支架，当管径小于DN50mm时可不设。

②配水干管及配水管、配水支管的长度超过15m，每15m长度内应至少设1个防晃

支架，当管径不大于 DN40mm 时可不设。

③管径大于。N50mm 的管道拐弯、三通及四通位置处应设 1 个防晃支架。

④防晃支架的强度，应满足管道、配件及管内水的重量再加 50% 的水平方向推力时不损坏或不产生永久变形。当管道穿梁安装时，管道再用紧固件固定于混凝土结构上，可作为 1 个防晃支架处理。

⑤架空管道每段管道设置的防晃支架不少于 1 个；当管道改变方向时，增设防晃支架；立管在其始端和终端设防晃支架或采用管卡固定。

4. 管网的试压和冲洗

消防给水管网施工完成后，要进行试压和冲洗，要求如下：

（1）管网安装完毕后，要对其进行强度试验、冲洗和严密性试验。

（2）强度试验和严密性试验宜用水进行。

（3）系统试压完成后，要及时拆除所有临时盲板及试验用的管道，并与记录核对无误。

（4）管网冲洗在试压合格后分段进行。冲洗顺序是先室外，后室内，先地下，后地上。室内部分的冲洗应按配水干管、配水管、配水支管的顺序进行。

（5）埋地管道的位置及管道基础、管道支墩等经复查应符合设计要求。

（6）试压用的压力表不少于 2 只，精度不低于 1.5 级，量程为试验压力值的 1.5~2 倍。

（7）对不能参与试压的设备、仪表、阀门及附件要加以隔离或拆除，加设的临时盲板具有凸出于法兰的边耳，且应做明显标志，并记录临时盲板的数量。

（8）系统试压过程中，当出现泄漏时，要停止试压，并放空管网中的试验介质，消除缺陷后，重新再试。

（9）管网冲洗宜用水进行。冲洗前，应对系统的仪表采取保护措施。

（10）冲洗前，对管道防晃支架、支吊架等进行检查，必要时应采取加固措施。

（11）对不能经受冲洗的设备和冲洗后可能存留脏物、杂物的管段，应进行清理。

（12）冲洗的管道直径大于 DN100mm 时，应对其死角和底部进行敲打，但不得损伤管道。

（13）水压试验和水冲洗宜采用生活用水进行，不得使用海水或含有腐蚀性化学物质的水。

（14）当系统设计工作压力等于或小于 1MPa 时，水压强度试验压力应为设计工作压力的 1.5 倍，并不应低于 1.4MPa，当系统设计工作压力大于 1MPa 时，水压强度试验压力为该工作压力加 0.4MPa（钢管）。

（15）水压强度试验的测试点应设在系统管网的最低点。对管网注水时，应将管网内的空气排净，并缓慢升压，达到试验压力后，稳压 30min 后，管网无泄漏、无变形，且压力降不大于 0.05MPa。

（16）水压严密性试验在水压强度试验和管网冲洗合格后进行。试验压力为设计工作压力，稳压 24h，应无泄漏。

（17）水压试验时环境温度不宜低于 5C，当低于 5C 时，水压试验应采取防冻措施。

（18）消防给水系统的水源干管、进户管和室内埋地管道在回填前单独或与系统一起进行水压强度试验和水压严密性试验。

（19）气压严密性试验的介质宜采用空气或氮气，试验压力应为 0.28MPa，且稳压 24h，压力降不大于 0.01MPa。

（20）管网冲洗的水流流速、流量不应小于系统设计的水流流速、流量；管网冲洗宜分区、分段进行，水平管网冲洗时，其排水管位置低于冲洗管网。

（21）管网冲洗的水流方向要与灭火时管网的水流方向一致。

（22）管网冲洗应连续进行。当出口处水的颜色、透明度与入口处水的颜色、透明度基本一致时，冲洗方可结束。

（23）管网冲洗宜设临时专用排水管道，其排放应畅通和安全。排水管道的截面面积不小于被冲洗管道截面面积的 60%。

（24）管网的地上管道与地下管道连接前，应在配水干管底部加设堵头后，对地下管道进行冲洗。

（25）管网冲洗结束后，将管网内的水排除干净。

（26）干式消火栓系统管网冲洗结束，管网内水排除干净后，必要时可采用压缩空气吹干。

5. 消防给水系统阀门的安装

（1）各类阀门的型号、规格及公称压力符合设计要求。

（2）阀门的设置应便于安装、维修和操作，且安装空间能满足阀门完全启闭的要求，并作标志。

（3）阀门有明显的启闭标志。

（4）消防给水系统干管与水灭火系统连接处设置独立阀门，并保证各系统独立使用。

6. 给水管网的检测验收

（1）管道的材质、管径、接头、连接方式及采取的防腐、防冻措施符合设计要求，管道标志符合设计要求。

（2）管网排水坡度及辅助排水设施应符合设计要求。

（3）管网不同部位安装的阀门及部件等，均应符合设计要求。

（4）架空管道的立管、配水支管、配水管、配水干管设置的支架，应符合相关规定。

（5）消防给水系统流量、压力的验收，应通过系统流量、压力检测装置和末端试水装置进行放水试验，系统流量、压力和消火栓充实水柱等应符合设计要求。

（6）阀门应符合下列要求：

阀门的型号、安装位置和方向应符合设计文件的规定；安装位置、进出口方向应正确，连接应牢固、紧密，启闭应灵活；阀杆、手轮等朝向应合理。

第三节　系统的维护管理

一、消防水源的维护管理

消防水源的维护管理应符合下列规定：

1. 每季度监测市政给水管网的压力和供水能力。

2. 每年对天然河湖等地表水消防水源的常水位、枯水位、洪水位以及枯水位流量或蓄水量等进行一次检测。

3. 每年对水井等地下水消防水源的常水位、最低水位、最高水位和出水值等进行一次检测。

4. 每月对消防水池、高位消防水池、高位消防水箱等消防水源设施的水位等进行一次检测，消防水池（箱）玻璃水位计两端的角阀在不进行水位观察时应关闭。

5. 在冬季每天要对消防储水设施进行室内温度和水温检测，当结冰或室内温度低于5℃时，要采取确保不结冰和室温不低于5℃的措施。

6. 每年应检查消防水池、消防水箱等蓄水设施的结构材料是否完好，发现问题时及时处理。

7. 永久性地表水天然水源消防取水口有防止水生生物繁殖的管理技术措施。

二、供水设施的维护管理

（一）供水设施的维护管理规定

1. 每月应手动启动消防水泵运转一次，并检查供电电源的情况。

2. 每周应模拟消防水泵自动控制的条件自动启动消防水泵运转一次，且自动记录自动巡检情况，每月应检查记录。

3. 每日对稳压泵的停泵/启泵压力和启泵次数等进行检查和记录运行情况。

4. 每日对柴油机消防水泵的启动电池的电量进行检测，每周检查储油箱的储油量，每月应手动启动柴油机消防水泵运行一次。

5. 每季度应对消防水泵的出流量和压力进行一次试验。

6. 每月对气压水罐的压力和有效容积等进行一次检测。

（二）水泵接合器的维护管理规定

1. 查看水泵接合器周围有无放置构成操作障碍的物品。

2. 查看水泵接合器有无破损、变形、锈蚀及操作障碍，确保接口完好、无渗漏、闷盖齐全。

3. 查看闸阀是否处于开启状态。

4. 查看水泵接合器的标志是否明显。

三、给水管网的维护管理

1. 系统上所有的控制阀门均应采用铅封或锁链固定在开启或规定的状态，每月应对铅封、锁链进行一次检查，当有损坏时应及时修理更换。

2. 每月对电动阀和电磁阀的供电和启闭性能进行检测。

3. 每季度对室外阀门井中进水管上的控制阀门进行一次检查，并应核实其处于全开启状态。

4. 每天对水源控制阀进行外观检查，并应保证系统处于无故障状态。

5. 每季度对系统所有的末端试水阀和报警阀的放水试验阀进行一次放水试验，并应检查系统启动、报警功能以及出水情况是否正常。

6. 在市政供水阀门处于完全开启状态时，每月对倒流防止器的压差进行检测，且应符合现行国家标准《减压型倒流防止器》（GB/T25178-2010）和《双止回阀倒流防止器》（CJ/T160-2010）等的有关规定。

第七章 消火栓系统监督管理

第一节 系统组件安装前的检查

一、室外消火栓的检查

1. *产品标识*

目测,对照产品的检验报告,合格的室外消火栓应在阀体或阀盖上铸出型号、规格和商标且与检验报告描述一致,如发现不一致的,则一致性检查不合格。

2. *消防接口*

用小刀轻刮外螺纹固定接口和吸水管接口,目测外螺纹固定接口和吸水管接口的本体材料应由铜质材料制造。

3. *排放余水装置*

目测,室外消火栓应有自动排放余水装置。

4. *材料*

打开室外消火栓,目测,栓阀座应用铸造铜合金制作,阀杆螺母材料性能不低于黄铜。

二、室内消火栓的检查

1. *产品标识*

对照产品的检验报告,室内消火栓应在阀体或阀盖上铸出型号、规格和商标且与检验报告描述一致。

2. *手轮*

室内消火栓手轮轮缘上应明显地铸出标示开关方向的箭头和字样。手轮直径应符合要求,如常用的 SN65 型手轮的直径不小于 120mm。

3. *材料*

室内消火栓阀座材料应用不低于黄铜质量的材料制造,阀杆螺母制造材料、阀杆本体制造材料不低于铅黄铜质量。

三、消火栓箱的检查

1. 外观质量和标志

消火栓箱箱体应设永久性标识,包括以下内容:产品名称、产品型号、批准文件的编号、注册商标或厂名、生产日期、执行标准。

现场检查时可以用小刀轻刮箱体内外表面图层,查看是否经过防腐处理。此外,目测栓箱箱门正面应以直观、醒目、匀整的字体标注"消火栓"字样,且字体高不得小于100mm,宽不得小于80mm。

2. 器材的配置和性能

室内消火栓箱按照该产品的检验报告,箱内消防器材的配置应该与报告一致,且栓箱内配置的消防器材(水枪、水带等)应符合各产品现场检查的要求。

3. 箱门

消火栓箱应设置门锁或箱门关紧装置。设置门锁的栓箱,除箱门安装玻璃以及能被击碎的透明材料外,均应设置箱门紧急开启的手动装置,以保证在没有钥匙的情况下开启灵活、可靠,且箱门开启角度不得小于160°,无卡阻现象。

4. 水带安置

盘卷式栓箱的水带盘从挂臂上取出应无卡阻。

5. 材料

室内消火栓箱刮开箱体涂层,使用千分尺进行测量,箱体应使用厚度不小于1.2mm的薄钢板或铝合金材料制造,箱门玻璃厚度不小于4mm。

6. 消防接口检查

(1)外观

使用小刀轻刮接口表面,目测,表面应进行过阳极氧化处理或静电喷烟防腐处理。

(2)抗跌落性能

在内扣式接口以扣爪垂直朝下的位置,将接口的最低点离地面1.5m±0.05m高度,然后自由跌落到混凝土地面上。反复进行5次后,检查接口是否有断裂现象,并与相同口径的消防接口连接,测试是否能正常操作。如消防接口跌落后出现断裂或不能正常操作使用的,则判该产品为不合格。

卡式接口和螺纹式接口从接口的轴线呈水平状态,将接口的最低点离地面1.5m±0.05m高度,然后自由跌落到混凝土地面上。反复进行5次后,检查接口是否有断裂现象,并进行操作。如消防接口跌落后出现断裂或不能正常操作使用的,则判该产品为不合格。

第二节　系统的安装调试与检测验收

室内消火栓的安装调试与检测验收。

一、施工安装

1. 安装准备

消火栓系统管材应根据设计要求选用，一般采用碳素钢管或无缝钢管，管材不得有弯曲、锈蚀、重皮及凹凸不平等现象。

消火栓箱体的规格、类型应符合设计要求，箱体表面平整、光洁。金属箱体无锈蚀、划伤，箱门开启灵活。箱体方正，箱内配件齐全。栓阀外形规矩，无裂纹，启闭灵活，关闭严密，密封填料完好，有产品出厂合格证。

2. 管道安装

（1）在焊接前，应清除管道接口处的浮锈、污垢及油脂。

（2）当管道公称直径≤100mm时，应采用螺纹连接；当管道公称直径＞100mm时，可采用焊接或法兰连接。连接后均不得减少管道的通水横断面面积。

（3）管道安装必须按图纸设计要求的轴线位置的标高进行定位放线。安装顺序一般是主干管、干管、分支管、横管和垂直管。

（4）室内与走廊必须按图纸设计要求的天花高度，让主干管紧贴梁底走管，干管、分支管紧贴梁底或楼板底走管，横管、垂直管根据图纸及结合现场实际情况按规范布置，尽量做到美观、合理。

（5）管井的消防立管安装采用从下至上的安装方法，即管道从管井底部逐层驳接安装，直至立管全部安装完，并且固定在各层支架上。

（6）管道穿梁及地下室剪力墙、水池等，应装设预埋套管。

（7）当管道壁厚≤4mm，直径≤50mm时应采用气焊；壁厚＞4.5mm，直径＞70mm时采用电焊。

（8）不同管径的管道焊接，连接时如两管径相差不超过小管径的15%，可将大管端部缩口与小管对焊，如两管相差超过小管径的15%，应采用变径管件焊接。

（9）管道对口焊缝上不得开口焊接支管，焊口不得安装在支吊架位置上。

（10）管道穿墙处不得有接口，管道穿过伸缩缝处应有抗变形措施。

（11）碳素钢管开口焊接时要错开焊缝，并使焊缝朝向易观察和维修的方向。

（12）管道焊接时先点焊三点以上，然后检查预留口位置、方向、变径等无误后，找直找正再焊接，紧固卡件，拆掉临时固定件。

（13）管网安装完毕后，应对其进行强度试验、冲洗和严密性试验。

（14）水压强度试验的测试点应设在系统管网的最低点。对管网注水时，应将管网内的空气排净，并应缓慢升压，达到试验压力后，稳压30min后，管网应无泄漏、无变形，且压力降不应大于0.05MPa。

（15）管网冲洗应在试压合格后分段进行。冲洗顺序应为先室外，后室内；先地下，后地上。室内部分的冲洗应按配水干管、配水管、配水支管的顺序进行，管网冲洗结束后，应将管网内的水排除干净。

（16）水压严密性试验应在水压强度试验和管网冲洗合格后进行。试验压力应为设计工作压力，稳压24h，应无泄漏。

3.栓体及配件安装

（1）消火栓箱体要符合设计要求（其材质有铁和铝合金等），产品应有质量合格证明文件方可使用。

（2）消火栓支管要以栓阀的坐标、标高来定位，然后稳固消火栓箱，箱体找正稳固后再把栓阀安装好，当栓阀侧装在箱内时应装在箱门开启的一侧，箱门开启应灵活。

（3）消火栓箱体如安装在轻体隔墙上，应有加固措施。

（4）箱体配件安装应在交工前进行。消防水带应折好放在挂架上或卷实、盘紧放在箱内；消防水枪要竖放在箱体内侧，自救式水枪和软管应放在挂卡上或放在箱底部。消防水带与水枪、快速接头的连接，一般用14号铅丝绑扎两道，每道不少于两圈，使用卡箍时，在里侧加一道铅丝。设有电控按钮时，应注意与电器专业配合施工。

（5）管道支吊架的安装间距、材料选择，必须严格按照规定要求和施工图纸的规定，接口缝距支吊连接缘不应小于50mm，焊缝不得放在墙内。

（6）阀门的安装应紧固、严密，与管道中心垂直，操作机构灵活准确。

二、检测验收

1.室内消火栓应符合下列规定：

（1）室内消火栓的选型、规格应符合设计要求。

（2）同一建筑物内设置的消火栓应采用统一规格的栓口、水枪和水带及配件。

（3）试验用消火栓栓口处应设置压力表。

（4）室内消火栓处应设置直接启动消防水泵的按钮，并设按钮保护设施，与按钮相连接的控制线应穿管保护。

（5）当消火栓设置减压装置时，应检查减压装置是否符合设计要求。

（6）室内消火栓应设置明显的永久性固定标志。

2.消火栓箱应符合下列规定：

（1）栓口出水方向宜向下或与设置消火栓的墙面成90°角，栓口不应安装在门轴侧。

（2）如设计未要求，栓口中心距地面的距离应为1.1m，但每栋建筑物应一致，允许 4±20mm。

（3）阀门的设置位置应便于操作使用，阀门的中心距箱侧面为140mm，距箱后内表面为100mm，允许偏差±5mm。

（4）室内消火栓箱的安装应平正、牢固，暗装的消火栓箱不能破坏隔墙的耐火等级。

（5）消火栓箱体安装的垂直度允许偏差为±3mm。

（6）消火栓箱门的开启不应小于160°。

（7）不论消火栓箱的安装形式如何（明装、暗装、半暗装），不能影响疏散宽度。

第三节　系统的维护管理

1. 用专用扳手转动消火栓启闭杆，观察其灵活性，必要时加注润滑油。

2. 检查橡胶垫圈等密封件有无损坏、老化或丢失等情况。

3. 检查栓体外表油漆有无脱落，有无锈蚀，如有应及时修补。

4. 入冬前检查消火栓的防冻设施是否完好。

5. 重点部位的消火栓，每年应逐一进行一次出水试验，出水应满足压力要求。在检查中可使用压力表测试管网压力，或者连接水带做射水试验，检查管网压力是否正常。

6. 随时清除消火栓井周围及井内可能积存的杂物。

7. 地下消火栓应有明显标志，要保持室外消火栓配套器材和标志的完整有效。

第八章 自动喷水灭火系统监督管理

第一节 系统组件安装前的检查

自动喷水灭火系统施工安装前,按照施工过程质量控制要求,对到场的供水设施、系统组件、管材管件及其他设备、材料进行现场检查。检查内容包括产品质量证明文件检查和产品现场检查、检验。检查判定为不合格的设备、组件、管材管件和材料不得用于施工安装。

一、喷头的现场检查

重点检查其外观、密封性、质量偏差等内容。检查内容及要求如下:

1. 喷头装配性能的检查

检查要求:旋拧喷头顶丝,不得轻易旋开,转动溅水盘,无松动、变形等现象,以确保喷头不被轻易调整、拆卸和重装。

2. 喷头外观标志的检查

检查要求:

(1)喷头溅水盘或者本体上至少具有型号、规格、生产厂商名称(代号)或者商标、生产日期、响应时间指数(RTI)等永久性标识。

(2)边墙型喷头上有水流方向标识,隐蔽式喷头的盖板上有"不可涂覆"等文字标识。

(3)喷头规格、型号的标识由类型特征代号(型号)、性能代号、公称口径和公称动作温度等部分组成,规格、型号所示的性能参数符合设计文件的选型要求。

(4)所有标识均为永久性标识,标识正确、清晰。

(5)玻璃球、易熔元件的色标与温标对应、正确。

3. 喷头外观质量的检查

检查要求:

(1)喷头外观无加工缺陷、无机械损伤、无明显磕碰伤痕或者损坏;溅水盘无松动、脱落、损坏或者变形等情况。

（2）喷头螺纹密封面无伤痕、毛刺、缺丝或者断丝现象。

3．闭式喷头密封性能试验

检查要求：

（1）密封性能试验的试验压力为3.0MPa，保压时间不少于3min。

（2）随机从每批到场喷头中抽取1%，且不少于5只作为试验喷头。当只喷头试验不合格时，再抽取2%，且不少于10只的到场喷头进行重复试验。

（3）试验以喷头无渗漏、无损伤判定为合格。累计两只以及两只以上喷头试验不合格的，不得使用该批喷头。

4．质量偏差检查

检查要求：

（1）随机抽取3个喷头（带有运输护帽的摘下护帽）进行质量偏差检查。

（2）使用天平测量每只喷头的质量。

（3）计算喷头质量与合格检验报告描述的质量偏差，偏差不得超过5%。

二、报警阀组的现场检查

重点检查（验）其附件配置、外观标识、外观质量、渗漏试验和报警阀结构等内容。

1．报警阀组外观的检查

检查要求：

（1）报警阀的商标、规格、型号等标识齐全，阀体上有水流指示方向的永久性标识。

（2）报警阀的规格、型号符合经消防设计审核合格或者备案的消防设计文件的要求。

（3）报警阀组及其附件配备齐全，表面无裂纹，无加工缺陷和机械损伤。

2．报警阀结构的检查

检查要求：

（1）阀体上设有放水口，放水口的公称直径不小于20mm。

（2）阀体的阀瓣组件的供水侧，设有在不开启阀门的情况下测试报警装置的测试管路。

（3）干式报警阀组、雨淋报警阀组设有自动排水阀。

（4）阀体内清洁、无异物堵塞，报警阀阀瓣开启后能够复位。

3．报警阀组操作性能的检验

检查要求：

（1）报警阀阀瓣以及操作机构动作灵活，无卡涩现象。

（2）水力警铃的铃锤转动灵活，无阻滞现象。

（3）水力警铃传动轴密封性能良好，无渗漏水现象。

4.报警阀渗漏试验

测试报警阀的密封性,试验压力为额定工作压力 2 倍的静水压力,保压时间不小于 5min 后,阀瓣处无渗漏。

三、其他组件的现场检查

其他组件主要包括压力开关、水流指示器、末端试水装置等,重点对其外观、功能等进场现场检查。

1.外观检查

检查要求:

(1)压力开关、水流指示器、末端试水装置等有清晰的标识牌、安全操作指示标识和产品说明书。

(2)水流指示器上有水流方向的永久性标识,末端试水装置的试水阀上有明显的启闭状态标识。

(3)各组件不得有结构松动、明显的加工缺陷,表面不得有明显锈蚀、涂层剥落、起泡、毛刺等缺陷,水流指示器桨片完好无损。

2.功能检查

(1)水流指示器

检查要求:

①检查水流指示器的灵敏度,试验压力为 0.14MPa~1.2MPa,流量不大于 15L/min 时,水流指示器不报警,流量在 15L/min~37.5L/min 任一数值时报警,且到达 37.5L/min 时一定报警。

②具有延迟功能的水流指示器,检查桨片动作后报警延迟时间,在 2~90s 范围内,且不可调节。

(2)压力开关

测试压力开关动作情况,检查其常开或者常闭触点通断情况,动作可靠、准确。

(3)末端试水装置

检查要求:

①测试末端试水装置的密封性能,试验压力为额定工作压力的 1.1 倍,保压时间为 5min,末端试水装置试水阀关闭,测试结束时末端试水装置各组件无渗漏。

②末端试水装置手动(电动)操作灵活,便于开启,信号反馈装置能够在末端试水装置开启后输出信号,试水阀关闭后,末端试水装置无渗漏。

第二节 系统组件的安装调试与检测验收

一、喷头

（一）喷头安装及质量检测要求

系统试压、冲洗合格后，进行喷头安装；安装前，查阅消防设计文件，确定不同使用场所的喷头规格、型号。喷头安装按照下列要求实施：

1. 采用专用工具安装喷头，严禁利用喷头的框架施拧；喷头的框架、溅水盘产生变形、释放原件损伤的，采用规格、型号相同的喷头进行更换。

2. 喷头安装时，不得对喷头进行拆装、改动，严禁在喷头上附加任何装饰性涂层。

3. 当喷头的公称直径小于10mm时，在系统配水干管、配水管上安装过滤器。

4. 当喷头溅水盘高于附近梁底或者高于宽度小于1.2m的通风管道、排管、桥架腹面时，喷头溅水盘高于梁底、通风管道、排管、桥架腹面的最大垂直距离符合国家标准《自动喷水灭火系统施工及验收规范》（GB50261-2017）的规定。梁、通风管道、排管、桥架宽度大于1.2m时，在其腹面以下部位增设喷头。

5. 喷头安装在不到顶的隔断附近时，喷头与隔断的水平距离和最小垂直距离要符合国家标准《自动喷水灭火系统施工及验收规范》（GB50261-2017）的规定。

（二）检测方法

采用目测观察和尺量检查的方法检测。技术检测具体方法和判定标准详见竣工验收中喷头的验收方法和合格判定标准。

二、报警阀组

报警阀组安装在供水管网试压、冲洗合格后组织实施。

（一）报警阀组安装与技术检测的共性要求

1. 报警阀组的安装要求

报警阀组按照下列要求进行安装，并通过技术检测控制其安装质量：

（1）按照标准图集或者生产厂家提供的安装图纸进行报警阀阀体及其附属管路的安装。

（2）报警阀组垂直安装在配水干管上，水源控制阀、报警阀组水流标识与系统水流方向一致。报警阀组的安装顺序为：先安装水源控制阀、报警阀，再进行报警阀辅助管道的连接。

（3）按照设计图纸中确定的位置安装报警阀组；设计未予明确指示的，将报警阀组安装在便于操作、监控的明显位置。

（4）报警阀阀体底边距室内地面高度为1~2m，侧边与墙的距离不小于0.5m，正面与墙的距离不小于1.2m；报警阀组凸出部位之间的距离不小于0.5m。

（5）报警阀组安装在室内时，室内地面增设排水设施。

2.附件的安装要求

报警阀组相关附件按照下列要求确定其安装位置、进行安装，并通过技术检测控制其安装质量：

（1）在报警阀与管网之间的供水干管上，安装由控制阀、检测供水压力和流量用的仪表及排水管道组成的系统流量压力检测装置，其过水能力与系统启动后的过水能力一致，干式报警阀组、雨淋报警阀组安装检测管路时，水流不得进入系统管网的信号控制阀。

（2）水力警铃安装在公共通道或者值班室附近的外墙上，并安装检修、测试用的阀门。

（3）水力警铃和报警阀的连接，采用热镀锌钢管，当镀锌钢管的公称直径为20mm时，其长度不宜大于20m。

（4）安装完毕的水力警铃启动时，警铃声强度不小于70dB。

（5）系统管网试压和冲洗合格后，排气阀安装在配水干管顶部、配水管的末端。

（二）报警阀组的检测方法

采用目测观察、尺量和声级计测量等方法进行检测。技术检测具体方法和判定标准详见竣工验收中报警阀组的验收方法和合格判定标准。

三、水流指示器

管道试压和冲洗合格后，方可安装水流指示器。水流指示器安装前，对照消防设计文件核对产品规格、型号。水流指示器按照下列要求进行安装：

1.水流指示器电器元件（部件）竖直安装在水平管道上侧，其动作方向与水流方向一致。

2.水流指示器安装后，其桨片、膜片动作灵活，不得与管壁发生碰擦。

3.同时使用信号阀和水流指示器控制的自动喷水灭火系统，信号阀安装在水流指示器前的管道上，与水流指示器间的距离不小于300mm。

四、系统调试

系统调试包括水源测试、消防水泵调试、稳压泵调试、报警阀调试、排水设施调试和联动试验等内容。调试过程中，系统出水通过排水设施全部排走。

（一）系统调试准备

系统调试需要具备下列条件：

1. 消防水池、消防水箱已储存设计要求的水量。
2. 系统供电正常。
3. 消防气压给水设备的水位、气压符合消防设计要求。
4. 湿式喷水灭火系统管网内充满水；干式、预作用喷水灭火系统管网内的气压符合消防设计要求，阀门均无泄漏。
5. 与系统配套的火灾自动报警系统调试完毕，处于工作状态。

（二）系统调试要求及功能性检测

1. 报警阀组

报警阀组调试按照湿式报警阀组、干式报警阀组、雨淋报警阀组、预作用报警装置各自的特点进行调试。报警阀组调试前，首先检查报警阀组组件，确保其组件齐全、装配正确，在确认安装符合消防设计要求和消防技术标准规定后，进行调试。

（1）湿式报警阀组

调试湿式报警阀组时，从试水装置处放水，当湿式报警阀进水压力大于0.14MPa、放水流量大于1L/s时，报警阀启动，带延迟器的水力警铃在5~90s内发出报警铃声，不带延迟器的水力警铃应在15s内发出报警铃声，压力开关动作，并反馈信号。

（2）干式报警阀组

调试干式报警阀组时，开启系统试验阀，报警阀的启动时间、启动点压力、水流到试验装置出口所需时间等符合消防设计要求。

（3）雨淋报警阀组

在联动信号发出或者手动控制操作后15s内启动；公称直径大于200mm的雨淋报警阀，在60s之内启动。雨淋报警阀调试时，当报警水压为0.05MPa时，水力警铃发出报警铃声。

预作用报警装置的调试按照湿式报警阀组和雨淋报警阀组的调试要求进行综合调试。湿式报警阀组、干式报警阀组、雨淋报警阀组、预作用报警装置采用压力表、流量计、秒表、声级计测量，并进行观察。

2. 联动的调试及检测

（1）湿式系统

调试及检测内容：系统控制装置设置为"自动"控制方式，启动一只喷头或者开启末端试水装置，流量保持在0.94L/s~1.5L/s，水流指示器、报警阀、压力开关、水力警铃和消防水泵等及时动作，并有相应组件的动作信号反馈到消防联动控制设备。

检测方法：打开阀门放水，使用流量计、压力表核定流量、压力，观察系统动作情况。

（2）干式系统

调试及检测内容：系统控制装置设置为"自动"控制方式，启动一只喷头或者模拟一只喷头的排气量排气，报警阀、压力开关、水力警铃和消防水泵等及时动作，并有相应组件的动作信号反馈。

检测方法：采用观察法进行检查。

（3）预作用系统、雨淋系统、水幕系统

调试及检测内容：系统控制装置设置为"自动"控制方式，采用专用测试仪表或者其他方式，模拟火灾自动报警系统输入各类火灾探测信号，报警控制器输出声光报警信号，启动自动喷水灭火系统。采用传动管启动的雨淋系统、水幕系统联动试验时，启动一只喷头，雨淋报警阀打开，系统管网压力开关或高位消防水箱流量开关动作，消防水泵启动，并有相应组件的动作信号反馈。

检测方法：采用观察法进行检查。

五、系统竣工的验收

系统竣工后，建设单位组织实施工程竣工验收。自动喷水灭火系统的竣工验收内容包括系统各组件的抽样检查和功能性测试。

（一）管网验收检查

1. 验收内容

（1）查验管道材质、管径、接头、连接方式及其防腐、防冻措施。

（2）测量管网排水坡度，检查辅助排水设施设置情况。

（3）检查系统末端试水装置、试水阀、排气阀等设置位置、组件及其设置情况。

（4）检查系统中不同部位安装的报警阀组、闸阀、止回阀、电磁阀、信号阀、水流指示器、减压孔板、节流管、减压阀、柔性接头、排水管、排气阀、泄压阀等组件的设置位置、安装情况。

（5）测试干式灭火系统管网容积、系统充水时间，测试预作用和雨淋灭火系统管道充水时间。

（6）检查配水支管、配水管、配水干管的支架、吊架、防晃支架设置情况。

2. 合格判定标准

（1）经对照检查，管道材质、管径、接头，管道连接方式以及采取的防腐、防冻等措施，符合消防技术标准和消防设计文件要求；报警阀后的管道上未安装其他用途的支管、水龙头。

（2）经测量，管道横向安装坡度为 0.002°～0.005°，且坡向排水管，相应的排水措施设置符合规定要求。

（3）系统中末端试水装置、试水阀、排气阀设置位置、组件等符合消防设计文件要求。

（4）经对照消防设计文件，系统中的报警阀组、闸阀、止回阀、电磁阀、信号阀、水流指示器、减压孔板、节流管、减压阀、柔性接头、排水管、排气阀、泄压阀等设置位置、组件、安装方式等符合要求。

（5）经测量，干式灭火系统的管道充水时间不大于1min预作用和雨淋灭火系统的管道充水时间不大于2min。

（6）经测量，管道支架、吊架、防晃支架的固定方式、设置间距等符合消防技术标准规定。

（二）喷头验收检查

1. 验收内容

（1）查验喷头设置场所、规格、型号以及公称动作温度、响应时间指数等性能参数。

（2）测量喷头安装间距，喷头与楼板、墙、梁等障碍物的距离。

（3）查验特殊使用环境中喷头的保护措施。

（4）查验喷头的备用量。

2. 合格判定标准

（1）经核对，喷头设置场所、规格、型号以及公称动作温度、响应时间指数等性能参数符合消防设计文件要求。

（2）按照距离偏差±15mm进行测量，喷头安装间距，喷头与楼板、墙、梁等障碍物的距离符合消防技术标准和消防设计文件要求。

（3）有腐蚀性气体的环境、有冰冻危险场所安装的喷头，采取了防腐蚀、防冻等防护措施。

（4）经点验，各种不同规格的喷头的备用品数量不少于安装喷头总数的1%，且每种备用喷头不少于10个。

（三）报警阀组验收检查

1. 验收内容

（1）验收前，检查报警阀组及其附件的组成、安装情况，以及报警阀组所处状态。

（2）启动报警阀组检测装置，测试其流量、压力。

（3）测试报警阀组及其对系统的自动启动功能。

2. 验收方法

（1）对照消防设计文件或者生产厂家提供的安装图纸，检查报警阀组及其各附件安装位置、结构状态，手动检查供水干管侧和配水干管侧控制阀门、检测装置各个控制阀门的状态。

（2）开启报警阀组检测装置放水阀，采用流量计和系统安装的压力表测试供水干管侧和配水干管侧的流量、压力。控制系统调整到"自动"状态，报警阀组调节到伺应状态，开后报警阀组试水阀或者电磁阀，目测压力表变化情况、延迟器以及水力警铃等附件启动情况；采用压力表测试水力警铃喷嘴处的压力，采用卷尺确定水力警铃铃声声强测试点，采用声级计测试其铃声声强

3.合格判定标准

（1）报警阀组及其各附件安装位置正确，各组件、附件结构安装准确；供水干管侧和配水干管侧控制阀门处于完全开启状态，锁定在常开位置；报警阀组试水阀、检测装置放水阀关闭，检测装置其他控制阀门开启，报警阀组处于伺应状态；报警阀组及其附件设置的压力表读数符合设计要求。

（2）经测量，供水干管侧和配水干管侧的流量、压力符合消防技术标准和消防设计文件要求。

（3）启动报警阀组试水阀或者电磁阀后，供水干管和配水干管侧压力表值平衡后，报警阀组以及检测装置的压力开关、延迟器、水力警铃等附件动作准确、可靠；与空气压缩机或者火灾自动报警系统的联动控制准确，符合消防设计文件要求。

（4）经测试，水力警铃喷嘴处压力符合消防设计文件要求，且不小于0.05MPa；距水力警铃3m处警铃声声强符合设计文件要求，且不小于70dB。

（5）消防水泵自动启动，压力开关、电磁阀、排气阀入口电动阀、消防水泵等动作，且相应信号反馈到消防联动控制设备。

第三节　系统维护管理

自动喷水灭火系统的维护管理是系统正常完好、有效使用的基本保障从事维护管理人员要经过消防专业培训，具备相应的从业资格证书，熟悉自动喷水灭火系统的原理、性能和操作维护规程。

一、系统巡查

自动喷水灭火系统巡查主要是针对系统组件外观、现场运行状态、系统检测装置工作状态、安装部位环境条件等实施的日常巡查。

（一）巡查内容

自动喷水灭火系统巡查内容主要包括：

（1）喷头外观及其周边障碍物、保护面积。
（2）报警阀组外观、报警阀组检测装置状态、排水设施状况。
（3）充气设备、排气装置及其控制装置、火灾探测传动、液动传动及其控制装置、现场手动控制装置等外观、运行状况。
（4）系统末端试水装置、楼层试水阀及其现场环境状态，压力监测情况。
（5）系统用电设备的电源及其供电情况。

（二）巡查方法及要求

1. 喷头

（1）观察喷头与保护区域环境是否匹配，判定保护区域使用功能、危险性级别是否发生变更。

（2）检查喷头外观有无明显磕碰伤痕或者损坏，有无喷头漏水或者被拆除等情况。

（3）检查保护区域内是否有影响喷头正常使用的吊顶装修，或者新增装饰物、隔断、高大家具以及其他障碍物；若有上述情况，采用目测、尺显等方法，检查喷头保护面积、与障碍物间距等是否发生变化。

2. 报警阀组

（1）检查报警网组的标志牌是否完好、清晰，阀体上水流指示永久性标识是否易于观察，与水流方向是否一致。

（2）检查报警阀组组件是否齐全，表面有无裂纹、损伤等现象。

（3）检查报警阀组是否处于伺应状态，观察其组件有无漏水等情况。

（4）检查报警阀组设置场所的排水设施，有无排水不畅或者积水等情况。

（5）检查干式报警阀组、预作用装置的充气设备、排气装置及其控制装置的外观标志有无磨损、模糊等情况，相关设备及其通用阀门是否处于工作状态；控制装置外观有无歪斜翘曲、磨损划痕等情况，其监控信息显示是否准确。

（6）检查预作用装置、雨淋报警阀组的火灾探测传动、液（气）动传动及其控制装置、现场手动控制装置的外观标志有无磨损、模糊等情况，控制装置外观有无歪斜题曲、磨损划痕等情况，其显示信息是否准确。

3. 末端试水装置和试水阀巡查

（1）检查系统末端试水装置、楼层试水阀的设置位置是否便于操作和观察，有无排水设施。

（2）检查末端试水装置设置是否正确。

（3）检查末端试水装置压力表能否准确监测系统、保护区域最不利点静压值。

4. 系统供电巡查

（1）检查自动喷水灭火系统的消防水泵、稳压泵等用电设备配电控制柜，观察其电压、电流监测是否正常，水泵启动控制和主、备泵切换控制是否设置在"自动"位置。

（2）检查系统监控设备供电是否正常，系统中的电磁阀、模块等用电元器（件）是否通电。

（三）巡查周期

建筑管理使用单位至少每日组织一次系统全面巡查。

二、系统周期性检查维护

系统周期性检查是指建筑使用管理单位按照国家工程建设消防技术标准的要求，对已经投入使用的自动喷水灭火系统的组件、零部件等，按照规定检查周期进行的检查、测试。

（一）月检查项目

（1）电动、内燃机驱动的消防水泵启动运行测试。

（2）喷头完好状况、备用量及异物清除等检查。

（3）系统所有阀门状态及其铅封、锁链完好状况检查。

（4）消防气压给水设希的气压、水位测试；消防水池、消防水箱的水位技术措施检查。

（5）电磁阀启动测试。

（6）水流指示器动作、信息反馈试验。

（7）水泵接合器完好性检查。

（二）季度检查项目

（1）报警阀组的试水阀放水及其启动性能测试。

（2）室外阀门井中的控制阀门开启状况及其使用性能测试。

（三）年检查项目

（1）水源供水能力测试。

（2）水泵接合器通水加压测试。

（3）储水设备结构材料检查。

（4）过滤器排渣、完好状态检查。

（5）系统联动测试。

三、系统年度检测

年度检测是建筑使用、管理单位按照相关法律法规和国家消防技术标准，每年度开展的定期功能性检者和测试；建筑使用、管理单位的年度检测可以委托具有资质的消防技术服务单位实施。

（一）喷头

喷头数量、型号、规格、安装位置和方向符合设计文件要求，组件无碰撞变形或其他机械性损伤，有型号、规格的永久性标识。

（二）储存装置

（1）干粉储存容器的数量、型号和规格，位置与固定方式，油漆和标志符合设计要求。
（2）驱动气瓶压力和干粉充装置符合设计要求。

（三）功能性检测

1. 检测内容

（1）模拟干粉喷放功能检测。
（2）模拟自动启动功能检测。
（3）模拟手动启动/紧急停止功能检测。
（4）备用瓶组切换功能检测。

2. 检测步骤

（1）选择试验所需的干粉储存容器，并与驱动装置完全连接。
（2）拆除驱动装置的动作机构，接以启动电压相同、电流相同的负载，人工使压力信号器动作，观察放气指示灯是否点亮。
（3）拆除驱动装置的动作机构，接以启动电压相同、电流相同的负载，按下手动启动按钮，观察方关设备动作是否正常。
（4）重复自动模拟启动试验，在启动喷射延时阶段按下手动紧急停止按钮，观察自动灭火启动信号是否被中止。
（5）按说明书的操作方法，将系统使用状态从主用量灭火剂储存容器切换至备用用灭火剂储存容器的使用状态。

第九章 消防安全重点监督检查

消防安全重点管理，就是根据抓主要矛盾的工作原理，找出消防管理工作中的重点，如重点单位、重点部位、重点工种、易燃易爆品、火源及重大危险源等，把这些方面作为重点进行管理的一种工作方法。找准消防管理的重点，组织优势力量，确保重点管理万无一失，对节约人力、物力、财力，减少损失，减少影响，稳定社会具有重要的意义。是用有限的人力、物力资源，达到最好社会效益的最有效途径，是防止和减少火灾事故的有效方法。

第一节 消防监督检查的性质、特点和作用

消防监督检查是国家赋予公安消防机构的一项重要职责。《中华人民共和国消防法》第五十三条明确规定，公安消防机构应当对机关、团体、企业、事业单位遵守消防法律、法规的情况依法进行监督检查。因此，消防监督检查是公安消防机构依照法律行使社会消防监督管理的一项职权。

一、消防监督检查的性质

消防监督检查是行政机关的执法行为。由公安消防机构依法对机关、团体、企业、事业单位遵守消防法律、法规情况进行监督检查；对违反消防法律、法规行为责令改正，并依法实施行政处罚。

消防监督检查是国家消防监督制度的主要组成部分，是预防火灾和减少火灾危害，保护公民、公共财产和公民财产安全，维护公共安全的有效措施。早在1957年，新中国建国初期，全国人大常委会第86次会议批准的第一部消防法律《消防监督条例》就确立了国家施行消防监督制度，明确规定"消防监督工作由各级公安机关实施"。1984年在改革开放初期，第六届全国人大常委会第5次会议批准的《中华人民共和国消防条例》进一步明确规定，县以上公安机关设立消防监督机构，负责消防监督工作，并赋予包括消防监督检查在内的十一项职权。2008年，第十一届全国人民代表大会常务委员会第五次会议修订《中华人民共和国消防法》，进一步明确了消防监督检查的权限和任务。公安部制定了《消防监督检查规定》，从而使消防监督制度更加完善，体现了依法治国的基本方略。

二、消防监督检查的特点

消防监督检查是公安消防机构依法行使的消防监督管理职责，具有以下几个特点：

1. 具有权威性。由于消防监督检查是法律赋予的职责，并且依据国家和地方消防（或与之有关的）法律法规，因此具有权威性。

2. 具有强制性。消防法律、法规对公民、法人和其他组织具有普遍约束力。公安消防机构对机关、团体、企业、事业单位的消防监督检查不受时间和场所的限制，不管被监督者是否愿意接受，监督检查具有强制作用。这种监督检查不同于企业事业单位内部的防火检查，单位内部的防火检查是企业事业单位自身的管理行为，不是执法行为。

3. 具有客观公正性。消防监督检查是一种抽查性检查，通过监督检查，督促企业事业单位履行消防安全职责。公安消防机构在检查中发现和纠正违反消防法律法规行为，提出整改意见，消除火灾隐患，逾期不改的、依法实施处罚。监督检查的目的是纠正，辅之以处罚，具有客观公正性。

三、消防监督检查的作用

1. 督促企业事业单位切实贯彻预防为主，防消结合的消防工作方针，落实消防安全责任制。预防为主，防消结合这一方针是我国人民同火灾做斗争的科学总结，它正确反映了消防工作的客观规律。企业事业单位应当认真贯彻落实各项消防法律、法规，制定消防安全管理制度和技术措施，切实落实消防安全责任制和逐级防火责任制。公安消防机构依法进行检查、监督，促进消防工作经常化、制度化。

2. 及时发现和纠正违反消防法律、法规的行为，消除火灾隐患。当前，由于人们的消防法制意识和安全意识不强，忽视消防安全，违法违章行为时有发生，据统计，每年由于违法违章造成的火灾占火灾总数的近一半，给社会造成很大危害。消防监督检查通过正确地行使法律手段，可以纠正违法违章行为，消除火灾隐患，保障消防安全。

第二节　消防监督检查的分工

公安部《消防监督检查规定》明确规定，消防监督检查由各级公安消防机构组织实施。上级公安消防机构对下级公安消防机构的消防监督检查工作负有监督和指导职责；直辖市、市（地区、州、盟）、县（市辖区、县级市、旗）公安消防机构具体实施消防监督检查。

公安派出所可以对居民住宅区的物业服务企业、居民委员会、村民委员会履行消防安全职责的情况和上级公安机关确定的单位实施日常消防监督检查。

消防监督检查的分工，是依据行政区划和各级公安消防机构的职能划分的，并以城市为重点。

一、消防监督检查分工的意义

1. 有利于落实逐级责任制

实行监督检查的分工，使各级公安消防机构分工明确，责任清楚，能增强消防监督人员的责任感和自觉性，使之能经常地对管辖的单位实施监督检查，熟悉和掌握单位生产工艺及火灾危险性，并督促单位落实各项消防安全措施和防火责任制，有效地保障消防安全。

2. 有利于突出对重点单位的管理

实行分级监督以后，将消防安全重点单位的监督检查交给所在市、区、县公安消防机构，有利于促进消防监督的制度化、经常化。同时，各级公安消防机构可根据辖区情况，进行调查研究，突出重点，配备力量，做到抓住重点，兼顾一般，确保安全。

3. 有利于加强宏观监督指导

由于实行分级监督检查，消防安全重点单位的日常性监督管理由当地公安消防机构负责，上级公安消防机构对下级公安消防机构能够经常进行监督检查指导，及时发现问题，纠正偏差，总结经验教训，有利于提高消防监督工作的整体水平。

二、消防监督检查分工的原则

按照我国的行政区划和各级公安消防机构的职能，各级消防监督检查的职责是：

1. 省、自治区、直辖市公安消防机构主要负责：

①制定有关监督检查的法规政策，并组织实施；

②监督、检查、指导下级公安消防机构的消防监督检查工作。

2. 城市（包括直辖市、副省级市、地级市）公安消防机构具体实施消防监督检查，其职责是：

直辖市公安消防机构除担负上述职责外，还担负着组织实施全市消防监督检查和市级消防安全重点单位的定期检查。副省级、地级市公安消防机构担负着全市消防监督检查的组织实施、市级消防安全重点单位的定期检查和对所属区、县公安消防机构的监督、检查、指导。

3. 地区（州、盟）公安消防机构主要担负对下级公安消防机构进行监督、检查、指导职责，也可以根据需要具体对重点单位实施监督检查。

4. 城市的区、县级市、县（旗）公安消防机构是具体担负消防监督检查的基层单位，负责区、县、旗消防安全重点单位的定期检查和非重点单位的抽查，并指导辖区公安派出所的消防监督检查工作。

5.公安派出所负责对物业服务企业、居民委员会、村民委员会履行消防安全职责的情况和上级公安机关确定的单位实施日常消防监督检查。

第三节　消防安全重点单位管理

消防安全重点单位是指发生火灾可能性较大以及发生火灾可能造成重大的人身伤亡或者财产损失的单位。公安机关消防机构受理本行政区域内消防安全重点单位的申报，被确定为消防安全重点的单位，由公安机关报本级人民政府备案。

一、消防安全重点单位的范围和界定标准

（一）消防安全重点单位的范围

根据公安部令第61号《机关、团体、企业、事业单位消防安全管理规定》，下列范围的单位属于消防安全重点单位。

（1）商场（市场）、宾馆（饭店）、体育场（馆）、会堂、公共娱乐场所等公众聚集场所；

（2）医院、养老院和寄宿制的学校、托儿所、幼儿园；

（3）国家机关；

（4）广播电台、电视台和邮政、通信枢纽；

（5）客运车站、码头、民用机场；

（6）公共图书馆、展览馆、博物馆、档案馆以及具有火灾危险性的文物保护单位；

（7）发电厂（站）和电网经营企业；

（8）易燃易爆化学物品的生产、充装、储存、供应、销售单位；

（9）服装、制鞋等劳动密集型生产、加工企业；

（10）重要的科研单位；

（11）高层公共建筑、地下铁道、地下观光隧道，粮、棉、木材、百货等物资仓库和堆场；

（12）其他发生火灾可能性较大以及一旦发生火灾可能造成重大人身伤亡或者财产损失的单位。

（二）消防安全重点单位的界定标准

1.商场（市场）、宾馆（饭店）、体育场（馆）会堂、公共娱乐场所等公众聚集场所

（1）建筑面积在1000㎡及以上经营可燃商品的商场（商店）；

（2）客房数在50间以上的宾馆（旅馆、饭店）；

（3）公共的体育场（馆）、会堂；

（4）建筑面积在 200 ㎡ 及以上的公共娱乐场所；

（5）公安部《公安娱乐场所消防安全管理规定》第二条所列场所。

2. 医院、养老院和寄宿制的学校、托儿所、幼儿园

（1）住院床位在 50 张以上的医院；

（2）老人住宿床位在 50 张以上的养老院；

（3）学生住宿床位在 100 张以上的学校；

（4）幼儿住宿床位在 50 张以上的托儿所、幼儿园。

3. 国家机关

（1）县级以上的党委、人大、政府、政协；

（2）人民检察院、人民法院；

（3）中央和国务院各部委；

（4）共青团中央、全国总工会、全国妇联的办事机关。

4. 广播、电视和邮政、通信枢纽

（1）广播电台、电视台；

（2）城镇的邮政、通信枢纽单位。

5. 客运车站、码头、民用机场

（1）候车厅、候船厅的建筑面积在 500 ㎡ 以上的客运车站和客运码头；

（2）民用机场。

6. 公共图书馆、展览馆、博物馆、档案馆以及具有火灾危险的文物保护单位

（1）建筑面积在 2000 ㎡ 以上的公共图书馆、展览馆；

（2）公共博物馆、档案馆；

（3）具有火灾危险性的县级以上文物保护单位。

7. 发电厂（站）和电网经营企业

8. 易燃易爆化学物品的生产、充装、贮存、供应、销售单位

（1）生产易燃易爆化学物品的工厂；

（2）易燃易爆气体和液体的灌装站、调压站；

（3）贮存易燃易爆化学物品的专用仓库（堆场、贮罐场所）；

（4）营业性汽车加油站、加气站、液化石油气供应站（换瓶站）；

（5）经营易燃易爆化学物品的化工商店（其界定标准，以及其他需要界定的易燃易爆化学物品性质的单位及其标准，由省级公安机关消防机构根据实际情况确定）。

9. 劳动密集型生产、加工企业，生产车间员工在 100 人以上的服装、鞋帽、玩具等劳动密集的企业

10. 重要的科研单位（界定标准由省级公安消防机构根据实际情况确定）

11. 高层公共建筑、地下铁道、地下观光隧道，粮、棉、木材、百货等物资仓库和堆场，

重点工程的施工现场

（1）高层公共建筑的办公楼（写字楼）、公寓楼等；

（2）城市地下铁道、地下观光隧道等地下公共建筑和城市重要的交通隧道；

（3）国家储备粮库、总储量在 10000t 以上的其他粮库；

（4）总储量在 500t 以上的棉库；

（5）总储量在 10000m^3 以上的木材堆场；

（6）总贮存价值在 1000 万元以上的可燃物品仓库、堆场；

（7）国家和省级等重点工程的施工现场。

12. 其他发生火灾可能性较大以及一旦发生火灾可能造成人身重大伤亡或财产重大损失的单位。界定标准由省级公安机关消防机构根据实际情况确定

二、消防安全重点单位的消防安全职责

机关、团体、企业、事业等单位以及对照以上标准确定的消防安全重点单位应当自我约束、自我管理，严格、自觉地履行《消防法》第十六条、第十七条规定的消防安全职责。

（一）单位的消防安全职责

（1）落实消防安全责任制，制定本单位的消防安全制度、消防安全操作规程，制定灭火和应急疏散预案；

（2）按照国家标准、行业标准配置消防设施、器材，设置消防安全标志，并定期组织检验、维修，确保完好有效；

（3）对建筑消防设施每年至少进行一次全面检测，确保完好有效，检测记录应当完整准确，存档备查；

（4）保障疏散通道、安全出口、消防车通道畅通，保证防火防烟分区、防火间距符合消防技术标准；

（5）组织防火检查，及时消除火灾隐患；

（6）组织进行有针对性的消防演练；

（7）法律、法规规定的其他消防安全职责。

（二）消防安全重点单位的消防安全职责

消防安全重点单位除应当履行以上职责外，还应当履行下列消防安全职责：

（1）确定消防安全管理人，组织实施本单位的消防安全管理工作；

（2）建立消防档案，确定消防安全重点部位，设置防火标志，实行严格管理；

（3）实行每日防火巡查，并建立巡查记录；

（4）对职工进行岗前消防安全培训，定期组织消防安全培训和消防演练。

三、消防安全重点单位管理的基本措施

（一）落实消防安全责任制度

任何一项工作目标的实现，都不能缺少具体负责人和负责部门，否则，该项工作将无从落实。消防安全重点单位的管理工作也不能例外。目前，许多单位消防安全管理分工不明，职责不清，使得各项消防安全制度和措施难以真正落实。因此，消防安全重点单位应当按照公安部令第61号《机关、团体、企业、事业单位消防安全管理规定》成立消防安全组织机构，明确逐级和岗位消防安全职责，确定各级各岗位的消防安全责任人，做到分工明确，责任到人，各尽其职，各负其责，形成一种科学、合理的消防安全管理机制，确保消防安全责任、消防安全制度和措施落到实处。

为了让符合《消防安全重点单位界定标准》的单位自觉"对号入座"，保障当地公安消防机关及时掌握本辖区内消防安全重点单位的基本情况，消防安全重点单位还必须将已明确的本单位的消防安全责任人、消防安全管理人报当地公安机关消防机构备案，以便按照消防安全重点单位的要求进行严格管理。

（二）制定并落实消防安全管理制度

单位管理制度是要求单位员工共同遵守的行为准则、办事规则或安全操作规程。为加强消防安全管理，各单位应当依据《消防法》的有关规定，从本单位的特点出发，结合单位的实际情况，制定并落实符合单位实际的消防安全管理制度，规范本单位员工的消防安全行为。消防安全重点单位需重点制定并落实以下消防安全管理制度。

1. 消防安全教育培训制度

为普及消防安全知识，增强员工的法制观念，提高其消防安全意识和素质，单位应根据国家有关法律法规和省、市消防安全管理的有关规定，制定消防安全教育培训制度，对单位新职工、重点岗位职工、普通职工接受消防安全宣传教育和培训的形式、频次、要求等进行规定，并按规定逐一落实。

2. 防火检查、巡查制度

防火检查、巡查是做好单位消防安全管理工作的重要环节，要想使防火检查和巡查成为单位消防安全管理的一种常态管理，并能够起到预防火灾、消除隐患的作用，就必须有制度的约束。制度的基本内容应当包括：单位逐级防火检查制度；规定检查的内容、依据、标准、形式、频次等；明确对检查部门和被检查部门的要求。

3. 火灾隐患整改制度

明确规定对当场整改和限期整改的火灾隐患的整改要求，对特大火灾隐患的整改程序和要求以及整改记录、存档要求等。

4. 消防设施、器材维护管理制度

重点单位应当根据国家及省市相关规定制定消防设施、器材维护管理制度并组织落实。制度应明确消防器材的配置标准、管理要求、维护维修、定期检测等方面的内容，加强对消防设施、器材的管理，确保其完好有效。

5. 用火、用电安全管理制度

确定用火管理范围；划分动火作业级别及其动火审批权限和手续；明确用火、用电的要求和禁止的行为。

6. 消防控制室值班制度

明确规定消防控制室值班人员的岗位职责及能力要求；明确规定24小时值班、换班要求、火警处置、值班记录及自动消防设施设备系统运行情况登记等事项。

7. 重点要害部位消防安全制度

根据单位的具体情况，明确确定本单位的重点要害部位，制定各重点部位的防火制度，应急处理措施及要求。

8. 易燃易爆危险品管理制度

制度的基本内容包括：易燃易爆危险品的范围；物品储存的具体防火要求；领取物品的手续；使用物品单位和岗位，定人、定点、定容器、定量的要求和防火措施；使用地点明显醒目的防火标志；使用结束剩余物品的收回要求等。

9. 灭火和应急疏散预案演练制度

明确规定灭火和应急疏散预案演练的组织机构，演练参与的人员、演练的频次和要求，演练中出现问题的处理及预案的修正完善等事项。

10. 消防安全工作考评与奖惩制度

规定在消防工作中有突出成绩的单位和个人的表彰、奖励的条件和标准；明确实施表彰和奖励的部门，表彰、奖励的程序；规定违反消防安全管理规定应受到惩罚的各种行为及具体罚则等。奖惩要与个人发展和经济利益挂钩。

（三）建立消防安全管理档案并及时更新

消防档案是消防安全重点单位在消防安全管理工作中建立起来的具有保存价值的文字、图标、音像等形态资料，是单位管理档案的重要组成部分。建立健全消防安全管理档案，是消防安全重点单位做好消防安全管理工作的一项重要措施。是保障单位消防安全管理及各项消防安全措施落实的基础。在单位消防安全管理工作中发挥着重要作用。公安部根据消防法的有关规定，在《机关、团体、企业、事业单位消防安全管理规定》中专门把消防档案作为独立的一章，要求"消防安全重点单位要建立健全消防档案"由此可以看出消防档案在消防安全管理工作中的重要性。

1. 单位建立消防安全管理档案的作用

（1）便于单位领导、有关部门、公安机关消防机构及单位消防安全管理工作有关的人员熟悉单位消防安全情况，为领导决策和日常工作服务。

（2）消防档案反映单位对消防安全管理的重视程度，可以作为上级主管部门、公安机关消防机构考核单位开展消防安全管理工作的重要依据。发生火灾时，可以为调查火灾原因、分析事故责任、处理责任者提供佐证材料。

（3）消防档案是对单位各项消防安全工作情况的记载，可以检查单位相关岗位人员履行消防安全职责的情况，评判单位消防安全管理人员的业务水平和工作能力。有利于强化单位消防安全管理工作的责任意识，推动单位的消防安全管理工作朝着规范化方向发展。

2. 消防档案应当包括的主要内容

公安部根据《消防法》的有关规定，在《机关、团体、企业、事业单位消防安全管理规定》中专门把消防档案作为独立的一章．要求"消防安全重点单位要建立健全消防档案"，并明确规定了消防档案的内容主要应当包括消防安全基本情况和消防安全管理情况两个方面：

（1）消防安全基本情况

消防安全重点单位的消防安全基本情况主要包括以下几个方面。

①单位基本概况。主要包括：单位名称、地址、电话号码、邮政编码、防火责任人，保卫、消防或安全技术部门的人员情况和上级主管机关、经济性质、固定资产、生产和储存物品的火灾危险性类别及数量，总平面图、消防设备和器材情况，水源情况等。

②消防安全重点部位情况。主要包括火灾危险性类别、占地和建筑面积、主要建筑的耐火等级及重点要害部位的平面图等。

③建筑物或者场所施工、使用或者开业前的消防设计审核、消防验收以及消防安全检查的文件、资料。

④消防管理组织机构和各级消防安全责任人。

⑤消防安全管理制度。

⑥消防设施、灭火器材情况。

⑦专职消防队、志愿消防队人员及其消防装备配备情况。

⑧与消防安全有关的重点工种人员情况。

⑨新增消防产品、防火材料的合格证明材料。

⑩灭火和应急疏散预案等。

（2）消防安全管理情况

消防安全重点单位的消防安全管理情况主要包括以下几个方面。

①公安消防机关填发的各种法律文书。

②消防设施定期检查记录、自动消防设施全面检查测试的报告以及维修保养记录。

③历次防火检查、巡查记录。主要包括检查的人员、时间、部位、内容，发现的火灾隐患（特别是重大火灾隐患情况）以及处理措施等。

④有关燃气、电气设备检测情况。主要包括防雷、防静电等记录资料。

⑤消防安全培训记录。应当记明培训的时间、参加人员、内容等。

⑥灭火和应急疏散预案的演练记录。应当记明演练的时间、地点、内容、参加部门以及人员等。

⑦火灾情况记录。包括历次发生火灾的损失、原因及处理情况等。

⑧消防工作奖惩情况记录。

3．建立消防档案的要求

（1）凡是消防安全重点单位都应当建立健全消防档案。

（2）消防档案的内容应当全面、翔实，全面而真实地反映单位消防工作的基本情况，并附有必要的图表。

（3）单位应根据发展变化的实际情况经常充实、变更档案内容，使防火档案及时、正确地反映单位的客观情况。

（4）单位应当对消防档案统一保管、备查。

（5）消防安全管理人员应当熟悉掌握本单位防火档案情况。

（6）非消防安全重点单位亦应当将本单位的基本概况、公安机关消防机构填发的各种法律文书、与消防工作有关的材料和记录等统一保管备查。

（四）实行每日防火巡查

防火巡查就是指定专门人员负责防火巡视检查，以便及时发现火灾苗头，扑救初期火灾。《消防法》第十七条规定，消防安全重点单位应实行每日防火巡查，并建立巡查记录。

1．防火巡查的主要内容

（1）用火、用电有无违章情况；

（2）安全出口、疏散通道是否畅通，安全疏散指示标志、应急照明是否完好；

（3）消防设施、器材和消防安全标志是否在位、完整；

（4）常闭式防火门是否处于关闭状态，防火卷帘下是否堆放物品影响使用；

（5）消防安全重点部位的人员在岗情况；

（6）其他消防安全情况。

2．防火巡查的要求

（1）公众聚集场所在营业期间的防火巡查应当至少每2小时一次。营业结束时应当对营业现场进行检查，消除遗留火种。

（2）医院、养老院、寄宿制学校、托儿所、幼儿园应当加强夜间防火巡查（其他消防安全重点单位可以结合实际组织夜间防火巡查）。

（3）防火巡查人员应当及时纠正违章行为，妥善处置火灾危险，无法当场处置的，应当立即报告。发现初起火灾应当立即报警并及时扑救。

（4）防火巡查应当填写巡查记录，巡查人员及其主管人员应当在巡查记录上签名。

（五）定期开展消防安全检查，消除火灾隐患

消防安全重点单位，除了接受公安机关消防机构及上级主管部门的消防安全检查外，还要根据单位消防安全检查制度的规定，进行消防安全自查，以日常检查、防火巡查、定期检查和专项检查等多种形式对单位消防安全进行检查，及时发现并整改火灾隐患，做到防患于未然。

（六）定期对员工进行消防安全培训

消防安全重点单位应当定期对全体员工进行消防安全培训。其中公众聚集场所对员工的消防安全培训应当至少每年进行一次。新上岗和进入新岗位的员工应进行三级培训，重点岗位的职工上岗前还应再进行消防安全培训。消防安全责任人或管理人应当到由公安机关消防机构指定的培训机构进行培训，并取得培训证书，单位重点工种人员要经过专门的消防安全培训并获得相应岗位的资格证书。

通过教育和训练，使每个职工达到"四懂""四会"要求，即懂得本岗位生产过程中的火灾危险性，懂得预防火灾的措施，懂得扑救火灾的方法，懂得逃生的方法；会报警，会使用消防器材，会扑救初期火灾，会自救。

（七）制订灭火和应急疏散预案并定期演练

为切实保证消防安全重点单位的安全，在抓好防火工作的同时，还应做好灭火准备，制订周密的灭火和应急疏散预案。

成立火灾应急预案组织机构，明确各级各岗位的职责分工，明确报警和接警处置程序、应急疏散的组织程序、人员疏散引导路线、通信联络和安全防护救护的程序以及其他特定的防火灭火措施和应急措施等。应当按照灭火和应急疏散预案定期进行实际的操作演练，消防安全重点单位通常至少每半年进行一次演练，并结合实际，不断完善预案。其他单位应当结合本单位实际，参照制订相应的应急方案，至少每年组织一次演练。

四、消防安全重点单位消防工作的十项标准

（1）有领导负责的逐级防火责任制，做到层层有人抓。

（2）有生产岗位防火责任制，做到处处有人管。

（3）有专职或兼职防火安全干部，做好经常性的消防安全工作。

（4）有与生产班组相结合的义务消防队，有夜间驻厂值勤备防的义务消防队，配置必

要的消防器材和设施,做到既能防火又能有效地扑灭初起火灾。规模大、火灾危险性大、离公安消防队较远的企业,有专职消防队,做到自防自救。

(5)有健全的各项消防安全管理制度,包括门卫、巡逻,逐级防火检查,用火用电、易燃易爆品安全管理,消防器材维护保养,以及火警、火灾事故报告、调查、处理等制度。

(6)对火险隐患,做到及时发现、登记立案,抓紧整改;一时整改不了的,采取应急措施,确保安全。

(7)明确消防安全重点部位,做到定点、定人、定措施,并根据需要采用自动报警、灭火等技术。

(8)对新工人和广大职工群众普及消防知识,对重点工种进行专门的消防训练和考核,做到经常化,制度化。

(9)有防火档案和灭火作战计划,做到切合实际,能够收到预期效果。

(10)对消防工作定期总结评比,奖惩严明。

消防安全重点单位一经确定,本单位和上级主管部门就应有计划地、经常不断进行消防安全检查,督促落实各项防火措施,使之达到消防安全重点单位消防安全"十项标准"的要求。

第四节　消防安全重点部位管理

消防安全管理工作的重点,不仅仅是消防安全重点单位的管理。在单位内部的管理上,同样也要遵循"抓重点,带一般"的原则,单位的重点管理要从重点部位着手。抓好重点部位的管理就抓住了工作的重点。不管是消防安全重点单位还是一般单位,都要加强对重点部位的防火管理。

一、消防安全重点部位的确定

确定消防安全重点部位应根据其火灾危险性大小,发生火灾后扑救的难易程度以及造成的损失和影响大小来确定。一般来说,下列部位应确定为消防安全重点部位。

(一)容易发生火灾的部位

单位容易发生火灾的部位主要是指:生产企业的油罐区;易燃易爆物品的生产、使用、贮存部位;生产工艺流程中火灾危险性较大的部位。例如,生产易燃易爆危险品的车间,储存易燃易爆危险品的仓库,化工生产设备间,化验室、油库、化学危险品库,可燃液体、气体和氧化性气体的钢瓶、贮罐库,液化石油气贮配站、供应站,氧气站、乙炔站、煤气站,油漆、喷漆、烘烤、电气焊操作间、木工间、汽车库等。

（二）一旦发生火灾，局部受损会影响全局的部位

单位内部与火灾扑救密切相关的部位。如变配电所（室）、生产总控制室、消防控制室、信息数据中心、燃气（油）锅炉房、档案资料室、贵重仪器设备间等。

（三）物资集中场所

物资集中场所是指储存各种物资的场所。如各种库房、露天堆场，使用或存放先进技术设备的实验室、精密仪器室、贵重物品室、生产车间、储藏室等。

（四）人员密集场所

人员聚集的厅、室，弱势群体聚集的区域，一旦发生火灾，人疏散不利的场所。如礼堂（俱乐部、文化宫、歌舞厅）、托儿所、幼儿园、养老院、医院病房等。

二、消防安全重点部位的管理措施

各单位要根据自身的具体情况，将具备上述特征的部位确定为消防安全的重点部位，并采取严格的措施加强管理，确保重点部位的消防安全。

（一）建立消防安全重点部位

档案单位领导要组织安全保卫部门及有关技术人员，共同研究和确定单位的消防安全重点部位，填写重点部位情况登记表，存入消防档案，并报上级主管部门备案。

（二）落实重点部位防火责任制

重点部位应有防火责任人，并有明确的职责。建立必要的消防安全规章制度，任用责任心强、业务技术熟练、懂得消防安全知识的人员负责消防安全工作。

（三）设置"消防安全重点部位"的标志

消防安全重点部位应当设置"消防安全重点部位"的标志，根据需要设置"禁烟""禁火"的标志，在醒目位置设置消防安全管理责任标牌，明确消防安全管理的责任部门和责任人。

（四）加强对重点部位工作人员的培训

定期对重点部位的工作人员进行消防安全知识的"应知应会"教育和防火安全技术培训。对重点部位的重点工种人员，应加强岗位操作技能及火灾事故应急处理的培训。

（五）设置必要的消防设施并定期维护

对消防安全重点部位的管理，要做到定点、定人、定措施，根据场所的危险程度，采

用自动报警、自动灭火、自动监控等消防技术设施,并确定专人进行维护和管理。

(六)加强对重点部位的防火巡查

单位消防安全管理部门在工作期间应加强对重点部位的防火巡查,做好巡查记录,并及时归档。

(七)及时调整和补充重点部位,防止失控漏管

随着企业的改革与技术革新和工艺条件、原料、产品的变更等客观情况的变化,重点部位的火灾危险程度和对全局的影响也会因之发生变化,所以对重点部位也应及时进行调整和补充,防止失控漏管。

第五节 消防安全重点工种管理

消防安全重点工种是指若生产操作不当,就可能造成严重火灾危害的生产工种。一般是指电工、电焊工、气焊工、油漆工、热处理工、熬炼工等。这些工种的操作人员工作中如果麻痹大意或缺乏必要的消防安全知识,特别是在生产、储存操作中使用燃烧性能不同的物质和产生可导致火灾的各种着火源等,一旦违反了安全操作规程或不掌握安全防火防事故的措施,就可能导致火灾事故的发生。所以,加强对此类岗位操作人员的消防安全管理,是防止和减少火灾的重要措施。

一、消防安全重点工种的分类和火灾危险性特点

(一)消防安全重点工种的分类

根据不同岗位的火灾危险性程度和岗位的火灾危险特点,消防安全重点工种可大致分为以下三级。

1.A级工种

A级工种是指引起火灾的危险性极大,在操作中稍有不慎或违反操作规程极易引起火灾事故的岗位。比如,可燃气体、液体设备的焊接、切割,超过液体自燃点的熬炼,使用易燃溶剂的机件清洗、油漆喷涂,液化石油气、乙炔气的灌藏,高温、高压、真空等易燃易爆设备的操作人员等。

2.B级工种

B级工种是指引起火灾的危险性较大,在操作过程中不慎或违反操作规程容易引起火灾事故的岗位。比如,从事烘烤、熬炼、热处理,氧气、压缩空气等乙类危险品仓库保管

等岗位的操作人员等。

3.C级工种

C级工种是指在操作过程中不慎或违反操作规程有可能造成火灾事故的岗位操作人员。比如，电工、木工、丙类仓库保管等岗位的操作人员。

（二）消防安全重点工种的火灾危险性特点

消防安全重点工种的火灾危险性主要有以下特点。

1.所使用的原料或产品具有较大的火灾危险性

消防安全中点工种在生产中所使用的原料或产品具有较大的火灾危险性，安全技术复杂，操作规程要求严格，一旦出现事故，将会造成不堪设想的后果。如乙炔、氢气生产，盐酸的合成，硝酸的氧化制取，乙烯、氯乙烯、丙烯的聚合等。

2.工作岗位分散，流动性大，时间不规律，不便管理

一些工种，如电工、焊工、切割工、木工等都属于操作时间、地点不定、灵活性较大的工种。他们的工作时间和地点都是根据需要而定的，这种灵活性给管理工作带来了难度。

3.生产、工作的环境和条件较差，技术比较复杂，安全工作难度大

对A级和B级工种来说，这种特点尤其明显。如在沥青的熬炼和稀释过程中，温度超过允许的温度、沥青中含水过多或加料过多过快以及稀释过程违反操作规程，都有发生火灾的危险。

4.操作实践岗位人员少，发生火灾时不利于迅速扑救

有些岗位分散、流动性大的工种，如电工、电焊工、气焊工，在操作过程中一般人员都很少，有时甚至只有一个人进行操作，一旦发生火灾，可能会因扑救缓慢而贻误扑救时机。

二、消防安全重点工种的管理

由于重点工种岗位具有较大的火灾危险性，重点工种人员的工作态度、防火意识、操作技能和应急处理能力是决定其岗位消防安全的重要因素。因此，重点工种人员既是消防安全管理的重点对象，也是消防安全工作的依靠力量，对其管理应侧重以下几个方面。

（一）制定和落实岗位消防安全责任制度

建立重点工种岗位责任制是企业消防安全管理的一项重要内容，也是企业责任制度的重要组成部分。建立岗位责任制的目的是使每个重点工种岗位的人员都有明确的职责，做到各司其事，各负其责。建立起合理、有效、文明、安全的生产和工作秩序，消除无人负责的现象。重点工种岗位责任制要同经济责任制相结合，并与奖惩制度挂钩，有奖有惩，

赏罚分明，以使重点工种人员更加自觉地担负起岗位消防安全的责任。

（二）严格持证上岗制度，无证人员严禁上岗

严格持证上岗制度，是做好重点工种管理的重要措施，重点工种人员上岗前，要对其进行专业培训，使其全面地熟悉岗位操作规程，系统地掌握消防安全知识，通晓岗位消防安全的"应知应会"内容。对操作复杂、技术要求高、火灾危险性大的岗位作业人员，企业生产和技术部门应组织他们实习和进行技术培训，经考试合格后方能上岗。电气焊工、炉工、热处理等工种，要经考试合格取得操作合格证后才能上岗。平时对重点工种人员要进行定期考核、抽查或复试，对持证上岗的人员可建立发证与吊销证件相结合的制度。

（三）建立重点工种人员工作档案

为加强重点工种队伍的建设，提高重点工种人员的安全作业水平，应建立重点工种人员的工作档案，对重点工种人员的人事概况、培训经历以及工作情况进行记载，工作情况主要对重点工种人员的作业时间、作业地点、工作完成情况、作业过程是否安全、有无违章现象等情况进行详细的记录。这种档案有助于对重点工种的评价、选用和有针对性地再培训，有利于不断提高他们的业务素质。所以，要充分发挥档案的作用，将档案作为考察、评价、选用、撤换重点工种人员的基本依据；档案记载的内容，必须有严格手续。安全管理人员可通过档案分析和研究重点工种人员的状况，为改进管理工作提供依据。

（四）抓好重点工种人员的日常管理

要制订切实可行的学习、训练和考核计划，定期组织重点工种人员进行技术培训和消防知识学习；研究和掌握重点工种人员的心理状态和不良行为，帮助他们克服吸烟、酗酒、上班串岗、闲聊等不良习惯，养成良好的工作习惯；不断改善重点工种人员的工作环境和条件，做好重点工种人员的劳动保护工作；合理安排其工作时间和劳动强度。

三、常见重点工种岗位防火要求

重点工种岗位都必须制定严格的岗位操作规程或防火要求，操作人员必须严格按照操作规程进行操作，以下简单介绍几种常见重点工种的防火要求。

（一）电焊工

（1）电焊工须经专业知识和技能培训，考核合格，持证上岗，无操作证，不能进行焊接和焊割作业。

（2）电焊工在禁火区进行电、气焊操作，必须按动火审批制度的规定办理动火许可证。

（3）各种焊机应在规定的电压下使用，电焊前应检查焊机的电源线的绝缘是否良好，

焊机应放置在干燥处，避开雨雪和潮湿的环境。

（4）焊机、导线、焊钳等接点应采用螺栓或螺母拧接牢固；焊机二次线路及外壳须接地良好，接地电阻不小于1MΩ。

（5）开启电开关时要一次推到位，然后开启电焊机；停机时先关焊机再关电源；移动焊机时应先停机断电。焊接中突然停电，应立即关好电焊机；焊条头不得乱扔，应放在指定的安全地点。

（6）电弧切割或焊接有色金属及表面涂有油品等物件时，作业区环境应良好，人要在上风处。

（7）作业中注意检查电焊机及调节器，温度超过60℃时应冷却。发现故障，如电线破损、熔丝烧断等现象应停机维修，电焊时的二次电压不得偏离60~80V。

（8）盛装过易燃液体或气体的设备，未经彻底清洗和分析，不得动焊；有压的管道、气瓶（罐、槽）不得带压进行焊接作业；焊接管道和设备时，必须采取防火安全措施。

（9）对靠近天棚、木板墙、木地板以及通过板条抹灰墙时的管道等金属构件，不得在没有采取防火安全措施的情况下进行焊割和焊接作业。

（10）电气焊作业现场周围的可燃物以及高空作业时地面上的可燃物必须清理干净；或者施行防火保护；在有火灾危险的场所进行焊接作业时，现场应有专人监护，并配备一定数量的应急灭火器材。

（11）需要焊接输送汽油、原油等易燃液体的管道时，通常必须拆卸下来，经过清洗处理后才可进行作业；没有绝对安全措施，不得带液焊接。

（12）焊接作业完毕，应检查现场，确认没有遗留火种后，方可离开。

（二）电工

电工是指从事电气、防雷、防静电设施的设计、安装、施工、维护、测试等人员。电气从业人员素质的高低与电气火灾密切相关，故该工种人员必须是经过消防安全培训合格后持证上岗的正式人员，无证不得上岗操作。工作中必须严格按照电气操作规程进行操作。

（1）定期和不定期地对电源部分、线路部分、用电部分及防雷和防静电情况等进行检查，发现问题及时处理，防止各种电气火源的形成。

（2）增设电气设备、架设临时线路时，必须经有关部门批准；各种电气设备和线路不许超过安全负荷，发现异常应及时处理。

（3）敷设线路时，不准用钉子代替绝缘子，通过木质房梁、木柱或铁架子时要用磁套管，通过地下或砖墙时要用铁管保护，改装或移装工程时要彻底拆除线路。

（4）电开关箱要用铁皮包镶，其周围及箱内要保持清洁，附近和下面不准堆放可燃物品。

（5）保险装置要根据电气设备容量大小选用，不得使用不合格的保险装置或保险丝（片）。

（6）要经常检查变配电所（室）和电源线路，做好设备运行记录，变电室内不得堆放可燃杂物。

（7）电气线路和设备着火时，应先切断电源，然后用干粉或二氧化碳等不导电的灭火器扑救。

（8）工作时间不准脱离岗位，不准从事与本岗位无关的工作，并严格交接班手续。

（三）气焊工

（1）气焊作业前，应将施焊场地周围的可燃物清理干净，或进行覆盖隔离；气焊工人应穿戴好防护用品，检查乙炔、氧气瓶、橡胶软管接头、阀门等可能泄漏的部位是否良好．焊炬上有无油垢，焊（割）炬的射吸能力如何。

（2）乙炔发生器不得放置在电线的正下方，与氧气瓶不得同放一处，距易燃易爆物品和明火的距离不得少于10m，氧气瓶、乙炔气瓶应分开放置，间距不得少于5m。作业点宜备清水，以备及时冷却焊嘴。

（3）使用的胶管应为经耐压实验合格的产品，不得使用代用品、变质、老化、脆裂、漏气和沾有油污的胶管，发生回火倒燃应更换胶管，可燃气体和氧气胶管不得混用。

（4）焊（割）炬点火前，应用氧气吹风，检查有无风压及堵塞、漏气现象，检验是否漏气要用肥皂水，严禁用明火。

（5）作业中当乙炔管发生脱落、破裂、着火时，应先将焊机或割炬的火焰熄灭，然后停止供气。

（6）当气焊（割）炬由于高温发生炸鸣时，必须立即关闭乙炔供气阀，将焊（割）炬放入水中冷却，同时也应关闭氧气阀。

（7）对于射吸式焊割炬，点火时应先微开焊炬上的氧气阀，再开启乙炔气阀，然后点燃调节火焰。

（8）使用乙炔切割机时，应先开乙炔气，再开氧气；使用氢气切割机时，应先开氢气，后开氧气，此顺序不可颠倒。

（9）当氧气管着火时，应立即关闭氧气瓶阀，停止供氧。禁止用弯折的方法断气灭火。

（10）当发生回火，胶管或回火防止器上喷火，应迅速关闭焊炬或割炬上的氧气阀和乙炔气阀，再关上一级氧气阀和乙炔气阀门，然后采取灭火措施。

（11）进入容器内焊割时，点火和熄灭均应在容器外进行。

（12）熄灭火焰、焊炬，应先关乙炔气阀，再关氧气阀；割炬应先关氧气阀、再关乙炔及氧气阀门。

（13）橡胶软管应和高热管道、高热体及电源线隔离，不得重压。气管和电焊用的电源导线不得敷设、缠绕在一起。

（14）工作完毕，应将氧气瓶气阀关好，拧上安全罩。乙炔浮桶提出时，头部应避开浮桶上升方向，拔出后要卧放，禁止扣放在地上，检查操作场地，确认无着火危险方可离开。

（四）仓库保管员

（1）仓库保管员要牢记《仓库防火安全管理规则》，坚守岗位，尽职尽责，严格遵守仓库的入库、保管、出库、交接班等各项制度，不得在库房内吸烟和使用明火。

（2）对外来人员要严格监督，防止将火种和易燃品带入库内；提醒进入储存易燃易爆危险品库房的人员不得穿带钉鞋和化纤衣服，搬动物品时要防止摩擦和碰撞，不得使用能产生火星的工具。

（3）应熟悉和掌握所存物品的性质，并根据物资的性质进行储存和操作；不准超量储存；堆垛应留有主要通道和检查堆垛的通道，垛与垛和垛与墙、柱、屋架之间的距离应符合公安部《仓库防火安全管理规定》中所要求的防火间距。

（4）易燃易爆危险品要按类、项标准和特性分类存放，贵重物品要与其他材料隔离存放，遇水或受潮能发生化学反应的物品，不得露天存放或存放在低洼易受潮的地方；遇热易分解自燃的物品，应储存在阴凉通风的库房内。

（5）对爆炸品、剧毒品的管理，要严格落实双人保管、双本账册、双把门锁、双人领发、双人使用的"五双"制度。

（6）经常检查物品堆垛、包装，发现洒漏、包装损坏等情况时应及时处理，并按时打开门窗或通风设备进行通风。

（7）掌握仓库内灭火器材、设施的使用方法，并注意维护保养，使其完整好用。

（8）仓库保管员在每日下班之前，应对经管的库房巡查一遍，确认无火灾隐患后，拉闸断电，关好门窗，上好门锁。

（五）消防控制室操作人员

1. 值班要求

消防控制室的日常管理应符合《建筑消防设施的维护管理》（GA587）的有关要求，确保火灾自动报警系统和灭火系统处于正常工作状态。消防控制室必须实行每日24h专人值班制度，每班不应少于2人。

2. 知识和技能要求

熟知本单位火灾自动报警和联动灭火系统的工作原理，各主要部件、设备的性能、参数及各种控制设备的组成和功能；熟知各种报警信号的作用，熟悉各主要设备的位置，能够熟练操作消防控制设备，遇有火情能正确使用火灾自动报警及灭火联动系统。

3. 认真执行交接班制度

当班人员交班时，应向接班人员讲明当班时的各种情况，对存在的问题要认真向接班人员交代并及时处置,难以处理的问题要及时报告领导解决。接班人员每次接班都要对各系统进行巡检,看有无故障或问题存在,并及时排除;值班期间必须坚守岗位,不得擅离职守,不准饮酒,不准睡觉。

4. 确保消防设施、系统完好有效

应确保火灾自动报警系统和灭火系统处于正常工作状态,确保高位消防水箱、消防水池、气压水罐等消防储水设施水量充足;确保消防泵出水管阀门、自喷水灭火系统管道上的阀门常开;确保消防水泵、防排烟风机、防火卷帘等消防用电设备的配电柜开关处于自动(接通)位置。

5. 火警处置

接到火灾警报后,必须立即以最快方式确认。火灾确认后,必须立即将火灾报警联动控制开关转入自动状态(处于自动状态的除外),同时拨打"119"火警电话报警。并立即启动单位内部灭火和应急疏散预案,并应同时报告单位负责人。

第六节 火源管理

着火源是使可燃物与氧化剂发生燃烧反应的激发能源,是燃烧得以发生的条件之一。由于在人们的生产和生活中,可燃物和氧化剂(空气中的氧气)两要素往往是难以分离和消除的,故加强对火源的管理是消防安全管理的重要措施。

一、生产和生活中常见的火源

(一)明火

明火是指敞开的火焰,如火炉、油灯、电焊、气焊、火柴与烟火等。绝大多数明火火焰的温度都超过700℃,而绝大多数可燃物的自燃点都低于700℃。在一般情况下,只要明火焰与可燃物接触(有助燃物存在),可燃物经过一定的延迟时间便会被点燃。当明火焰与爆炸性混合气体接触时,气体分子会因火焰中的自由基和离子的碰撞和火焰的高温而引发连锁反应,瞬间导致燃烧或爆炸。

(二)高温物体

高温物体是最常见的火源之一。作为火源的高温物体很多,比如铁皮烟囱表面、电炉子、电烙铁、白炽灯、碘钨灯泡表面、汽车排气管等。另外,微小体积的高温物体有烟头、发动机排气管排出的火星、焊割作业的金属熔渣等。当可燃物接触到高温物体足够时间,聚集足够热量,温度达到自燃点以上就会引起燃烧。对于不同的物质类型在不同条件下,火源具有不同的引燃能力。

（三）静电放电火花

如在物料输送过程中，因物料摩擦产生的静电放电，操作人员或其他人员穿戴化纤衣服产生的静电放电等，这种静电聚积起来可达到很高的电压。静电放电时产生的火花能点燃可燃气体、蒸汽或粉尘与空气的混合物，也能引爆火药。

（四）撞击摩擦产生火花

钢铁、玻璃、瓷砖、花岗石、混凝土等一类材料，在相互摩擦撞击时能产生温度很高的火花，如装卸机械打火，机械设备的冲击、摩擦打火，转动机械进入石子、钉子等杂物打火等。在易燃易爆场合应避免这种现象发生。

（五）电气火花

如电气线路、设备的漏电、短路、过负荷、接触电阻过大等引起的电火花、电弧、电缆燃烧等。电气动力设备要选用防爆型或封闭式的；启动和配电设备要安装在另一房间；引入易燃易爆场所的电线应绝缘良好，并敷设在铁管内。

（六）雷电火花

雷电产生的火花温度之高可以熔化金属，是引起燃烧爆炸事故的祸源之一。雷电对建筑物的危害也很大，必须采取排除措施，即在建筑物上或易燃易爆场所周围安装足够数量的避雷针，并经常检查，保持其有效。

二、火源的管理

（一）生产和生活中常见火源的管理

1. 严格管理生产用火

禁止在具有火灾、爆炸危险的场所使用明火，因特殊情况需要使用明火作业的，应当按照规定事先办理审批手续。作业人员应当遵守消防安全规定，并采取相应的消防安全措施。甲、乙、丙类生产车间、仓库及厂区和库区内严禁动用明火，若因生产需要必须动火时，应经单位的安全保卫部门或防火责任人批准，并办理"动火许可证"，落实各项防范措施。对于烘烤、熬炼、锅炉、燃烧炉、加热炉、电炉等固定用火地点，必须远离甲、乙、丙类生产车间和仓库，满足防火间距要求，并办理动火许可证。

2. 加强对高温物体的防火管理

（1）照明灯：60W 的灯泡，温度可达 137℃~180℃，100W 的灯泡，温度可达

170℃~216℃，400W高压汞灯玻璃壳表面温度可达180℃~250℃，在有易燃物品的场所，照明灯下不得堆放易燃物品。在散发可燃气体和可燃蒸汽的场所，应选用防爆照明灯具。

（2）焊割作业金属熔渣：在动火焊接检修设备时，应办理动火证，动火前应撤除或遮盖焊接点下方和周围的可燃物品及设备，以防焊接飞散出去的熔渣点燃可燃物。

（3）烟头：在生产、储存易燃易爆物品的场所，应采取有效的管理措施，设置"禁止吸烟"的标志，严禁吸烟和乱扔烟头的行为。

（4）无焰燃烧的火星：煤炉烟囱、汽车和拖拉机排气管飞出的火星，一般处于无焰燃烧状态，温度可达350℃以上，应禁止与易燃的棉、麻、纸张及可燃气体、蒸汽、粉尘等接触，汽车进入具有火灾爆炸危险的场所时，排气管上应安装火星熄灭器。

3. 采取防静电措施

运输或输送易燃物料的设备、容器、管道，都必须有良好的接地措施，防止静电聚积放电。在具有爆炸危险的场所，可向地面洒水或喷水蒸气等，使该场所相对湿度大于65%，通过增湿法防止电介质物料带静电。场所中的设备和工具，应尽量选用导电材料制成。进入甲、乙类场所的人员，不准穿戴化纤衣服。

4. 控制各种机械打火

生产过程中的各种转动的机械设备、装卸机械、搬运工具应有可靠的防止冲击、摩擦打火的措施，有可靠的防止石子、金属杂物进入设备的措施。对提升、码垛等机械设备易产生火花的部位，应设置防护罩。进入甲、乙类和易燃原材料的厂区、库区的汽车、拖拉机等机动车辆，排气管必须加戴防火罩。

5. 防止电气火花

（1）经常检查绝缘层，保证其良好的绝缘性。

（2）防止裸体电线与金属体相接处，以防短路。

（3）在有易燃易爆液体和气体的房间内，要安装防爆或密闭隔离式的照明灯具、开关及保险装置。如确无这种防爆设备，也可将开关、保险装置、照明灯具安装在屋外或单独安装在一个房间内；禁止在带电情况下更换灯泡或修理电器。

6. 采取防雷和防太阳光聚焦措施

甲、乙类生产车间和仓库以及易燃原材料露天堆场、贮罐等，都应安设符合要求的避雷装置，引导雷电进入大地，使建筑物、设备、物资及人员免遭雷击，预防火灾爆炸事故的发生。甲、乙类车间和库房的门窗玻璃应为毛玻璃或普通玻璃涂以白色漆，以防止太阳光聚焦。

（二）生产动火的管理

1. 动火、用火的定义

所谓动火，是指在生产中动用明火或可能产生火种的作业。如熬沥青、烘砂、烤板等明火作业和打墙眼、电气设备的耐压试验、电烙铁锡焊等易产生火花或高温的作业等都属于动火的范围。

所谓用火，是指持续时间比较长，甚至是长期使用明火或赤热表面的作业，一般为正常生产或与生产密切相关的辅助性使用明火的作业。如生产或工作中经常使用酒精炉、茶炉、煤气炉、电热器具等都属于用火作业。

2. 固定动火区和禁火区

工业企业，应当根据本企业的火灾危险程度和生产、维修、建设等工作的需要，经使用单位提出申请，企业的消防安全管理部门审批登记，划定出固定的动火区和禁火区。

（1）固定动火区。固定动火区是指允许正常使用电气焊（割）、砂轮、喷灯及其他动火工具从事检修、加工设备及零部件的区域。单位应根据动火区应满足的条件划定固定动火区。在固定动火区域内进行的动火作业，可不办理动火许可证。

（2）禁火区。在易燃易爆工厂、仓库区内固定动火区之外的区域一律为禁火区。各类动火区、禁火区均应在厂区示意图上标示清楚。

根据国家有关规定，凡是在禁火区域内因检修、试验及正常的生产动火、用火等，均要办理动火或用火许可证，落实各项安全措施。

3. 动火的分级

动火作业根据作业区域火灾危险性的大小分为特级、一级、二级三个级别。

（1）特级动火。特级动火是指在处于运行状态的易燃易爆生产装置和区等重要部位的具有特殊危险的动火作业。一般是指在装置区、厂房内包括设备、管道上的作业。所谓特殊危险是相对的，而不是绝对的。如果有绝对危险，必须坚持生产服从安全的原则，绝对不能动火。凡是在特级动火区域内的动火必须办理特级动火证。

（2）一级动火。一级动火是指在甲、乙类火灾危险区域内的动火。如在甲、乙类生产厂房、生产装置区、储罐区、库房等与明火或散发火花地点规定的防火间距内的动火均为一级动火。其区域为30m半径的范围，所以，凡是在这30m范围内的动火，均应办理一级动火证。

（3）二级动火。二级动火是指特级动火及一级动火以外的动火作业。即指化工厂区内除一级和特级动火区域外的动火和其他单位的丙类火灾危险场所范围内的动火。凡是在二级动火区域内的动火作业均应办理二级动火许可证。

以上分级方法可随企业生产环境变化而变化，根据动火区域火灾危险性的大小，其动火的管理级别亦应做相应的变化。原来为一级动火管理的，若动火区域火灾危险性减小，可降为二级动火管理；若遇节假日或在生产不正常的情况下动火，应在原动火级别上做升级动火管理，如将一级升为特级、二级升为一级等。

4. 用火、动火许可证的审核与签发

（1）用火许可证的签发。凡是在禁火区域内进行的用火作业，均须办理"用火许可证"。

"用火许可证"上应明确负责人、有效期、用火区及防火安全措施等内容。用火许可证一律由企业防火安全管理部门审批,有效期最多不许超过一年。在用火时,应将"用火许可证"悬挂在用火点附近。

（2）动火许可证的签发。

①动火许可证的主要内容。凡是在禁火区域内进行的动火作业,均须办理动火许可证。动火许可证应清楚地标明动火级别、动火有效期、申请办证单位、动火详细位置、作业内容、动火手段、防火安全措施和动火分析的取样时间、地点、分析结果,每次开始动火时间以及各项责任人和各级审批人的签名及意见。

②动火许可证的有效期。动火许可证的有效期根据动火级别而确定。特级动火和一级动火,许可证的有效期不应超过1天（24小时）；二级动火,许可证的有效期可为6天（144小时）时间均应从火灾危险动火分析后不超过30分钟的动火时算起。

③动火许可证的审批程序。为严格对动火作业的管理,明确不同动火级别的管理责任,对动火许可证的审批应按以下程序进行。

特级动火：由动火部门（车间）申请,厂防火安全管理部门复查后报主管厂长或总工程师终审批准。

一级动火：由动火部位的车间主任复查后,报厂防火安全管理部门终审批准。

二级动火：由动火部位所属基层单位报主管车间主任终审批准。

5. 动火管理中各级责任人的职责

从动火申请,到终审批准,各有关人员不是签字了事,而应负有一定的责任,必须按各级的职责认真落实各项措施和规程,确保动火作业的安全。

（1）动火项目负责人。动火项目负责人对执行动火作业负全责,必须在动火之前详细了解作业内容、动火部位及其周围的情况,参与动火安全措施的制定,并向作业人员交代任务和防火安全注意事项。

（2）动火执行人。动火执行人在接到动火许可证后,要详细核对各项内容是否落实,审批手续是否完备。若发现不具备动火条件时,有权拒绝动火,并向单位防火安全管理部门报告。动火执行人要随身携带动火许可证,严禁无证作业及审批手续不完备作业。

（3）动火监护人。动火监护人一般由动火作业所在部位（岗位）的操作人员担任,但必须是责任心强、有经验、熟悉现场、掌握灭火方法的操作工。动火监护人负责动火现场的防火安全检查和监护工作,检查合格,应当在动火许可证上签字认可。动火监护人在动火作业过程中不准离开现场,当发现异常情况时,应立即下令停止作业,及时联系有关人员采取措施。作业完成后,要会同动火项目负责人、动火执行人进行现场检查,消除残火,确定无遗留火种后方可离开现场。

（4）动火分析人。动火分析人要对分析结果负责,根据动火许可证的要求及现场情况亲自取样分析,在动火许可证上如实填写取样时间和分析结果,并签字认可。

（5）各级审查批准人。各级审查批准人，必须对动火作业的审批负全责，必须亲自到现场详细了解动火部位及周围情况，审查并确定动火级别、防火安全措施等，在确认符合安全条件后，方可签字批准动火。

（6）两个以上单位共同使用建筑物局部施工的责任。公众聚集场所或者两个以上单位共同使用的建筑物局部施工需要使用明火时，施工单位和使用单位应当共同采取措施，将施工区和使用区进行防火分隔，清除动火区域内所有可以燃烧的物质，配置消防器材，专人监护，保证施工及使用范围的消防安全。

6. 执行动火的操作要求

（1）动火操作及监护人员应由经安全考试合格的人员担任，压力容器的焊补工作应由经考试合格的锅炉压力容器焊工担任，无合格证者不得独自从事焊补工作。

（2）动火作业时要注意火星的飞溅方向，可采用不燃或难燃材料做成的挡板控制火星的飞溅，防止火星落入火灾危险区域。

（3）在动火作业中遇到生产装置紧急排空或设备、管道突然破裂、可燃物质外泄时，监护人员应立即指令停止动火，待恢复正常，重新分析合格，并经原批准部门批准，才可重新动火。

（4）高处动火应遵守高处作业的安全规定，五级以上大风不准安排室外动火，已进行动火作业时，应立即停止。

（5）进行气焊作业时，氧气瓶和乙炔瓶不得有泄漏，放置地点应距明火地点10m以上，氧气瓶和乙炔瓶的间距不应小于5m。

（6）在进行电焊作业时，电焊机应放于指定地点，火线和接地线应完整无损，禁止用铁棒等物代替接地线和固定接地点，电焊机的接地线应接在被焊设备上，接地点应靠近焊接处，不准采用远距离接地回路。

第七节　易燃易爆物品防火监督管理

本章所指易燃易爆物品主要是易燃易爆设备和危险化学品。所谓易燃易爆设备，是指生产、储存、输送诸如煤气、液化气、石油气、天燃气等各种燃气设备和其他用于生产、贮存和输送易燃易爆物质的设备。所谓危险化学品，是指有爆炸、易燃、毒害、感染、腐蚀、放射性等危险特性，在运输、储存、生产、经营、使用和处置中，容易造成人身伤亡、财产损毁或环境污染而需要特别防护的物品。随着企业机械化和自动化水平的不断提高，易燃易爆设备和危险化学品对企业消防安全的影响越来越大。因此，加强易燃易爆设备和危险化学品的管理是企业消防安全管理的一个重点。

一、易燃易爆设备的管理

易燃易爆设备的管理,主要包括设备的选购、进厂验收、安装调试、使用维护、改造更新等,其基本要求是合理地选择、正确地使用、安全地操作、经常维护保养、及时维修和更新,通过设备管理制度和技术、经济、组织等措施的落实,达到经济合理和安全生产的目的。

(一)易燃易爆设备的分类

易燃易爆设备按其使用性能分为以下四类。

(1)化工反应设备。如反应釜、反应罐、反应塔及其管线等。

(2)可燃、氧化性气体的储罐、钢瓶及其管线。如氢气罐、氧气罐、液化石油气储罐及其钢瓶、乙炔瓶、氧气瓶、煤气柜等。

(3)可燃的、强氧化性的液体储罐及其管线。如油罐、酒精罐、苯罐、二硫化碳罐、过氧化氢罐、硝酸罐、过氧化二苯甲酰罐等。

(4)易燃易爆物料的化工单元设备。如易燃易爆物料的输送、蒸储、加热、干燥、冷却、冷凝、粉碎、混合、熔融、筛分、过滤、热处理设备等。

(二)易燃易爆设备的火灾危险特点

1. 生产装置、设备日趋大型化

为获得更好的经济效益,工业企业的生产装置、设备正朝着大型化的方向发展。如生产聚乙烯的聚合釜已由普遍采用的 7~$13.5m^3$/台发展到了 $100m^3$/台;而且已经制造出了直径 12m 以上的精储塔和直径 15m 的填料吸收塔,塔高达 100 余 m;生产设备的处理量增大也使储存设备的规模相应加大,我国 50000t 以上的油罐已有 10 余座。由于这些设备所加工储存的都是易燃易爆的物料,所以规模的大型化使得设备的火灾危险性大大增加。

2. 生产和储存过程中承受高温高压

为了提高设备的单机效率和产品回收率,获得更佳的经济效益,许多生产工艺过程都采用了高温、高压、高真空等手段,使设备的质量及操作要求更为严格、困难,增大了火灾危险性。如以石脑油为原料的乙烯装置,其高温稀释蒸气裂解法的蒸汽温度高达 1000℃,加氢裂化的温度也在 800℃以上;以轻油为原料的大型合成氨装置,其一段、二段转化炉的管壁温度在 900℃以上;普通的氨合成塔的压力有 32MPa,合成酒精、尿素的压力都在 10MPa 以上,高压聚乙烯装置的反应压力达 275MPa 等。生产工艺过程中的高温高压,使物料的自燃点降低,爆炸范围变宽,且对设备的强度提出了更高的要求,操作过程中稍有失误,就可能对全厂造成毁灭性破坏。

3.生产和储存过程中易产生跑冒滴漏

由于易燃易爆设备在生产和储存过程中承受高温、高压，很容易造成设备疲劳、强度降低，加之多与管线连接，连接处很容易发生跑冒滴漏；而且由于有些操作温度超过了物料的自燃点，一旦跑漏便会着火；还由于有的物料具有腐蚀性，设备易被腐蚀而使强度降低，造成跑冒滴漏，这些又增加了设备的火灾危险性。

（三）易燃易爆设备使用的消防安全要求

1.合理配备设备，把好质量关

要根据企业生产的特点、工艺过程和消防安全要求，选配安全性能符合规定要求的设备，设备的材质、耐腐蚀性、焊接工艺及其强度等，应能保证其整体强度，设备的消防安全附件，如压力表、温度计、安全阀、阻火器、紧急切断阀、过流阀等应齐全合格。

2.严格试车程序，把好试车关

易燃易爆设备启动时，要严格试车程序，详细观察设备运行情况并记录各项试车数据，保证各项安全性能达到规定指标。试车启用过程要有安全技术和消防管理部门的人员共同参加。

3.加强操作人员的教育培训，提高其安全意识和操作技能

对易燃易爆设备应安排具有一定专业技能的人员操作。操作人员在上岗前要进行严格的消防安全教育和操作技能训练，经考试合格才能独立操作。并应做到"三好、四会"，即管好设备、用好设备，修好设备和会保养、会检查、会排除故障、会应急灭火和逃生。

4.涂以明显的颜色标记，给人以醒目的警示

易燃易爆设备应当有明显的颜色标记，给人以醒目的警示。并在适当的位置粘贴醒目的易燃易爆设备等级标签，悬挂易燃易爆设备管理责任标牌，明确管理责任人和管理职责，以便于检查管理。

5.为设备创造良好的工作环境

易燃易爆设备的工作环境，对其能否安全工作有较大的影响。如环境温度较高，会影响设备内气、液物料的蒸气压；如环境潮湿，会加快设备的腐蚀，甚至影响设备的机械强度。因此，对使用易燃易爆设备的场所，要严格控制温度、湿度、灰尘、震动、腐蚀等条件。

6.严格操作规程，确保正确使用

严格操作规程，是易燃易爆设备消防安全管理的一个重要环节。在工业生产中，如果不按照设备操作规程进行操作，如颠倒了投料次序，错开了一个开关或阀门，都可能酿成大祸。所以，操作人员必须严格按照操作规程进行操作，严格把握投料和开关程序，每一阀门和开关都应有醒目的标记、编号和高压、中压或低压的说明。

7. 保证双路供电，备有手动操作机构

对易燃易爆设备，要有保证其安全运行的双路供电措施。对自动化程度较高的设备，还应备有手动操作机构。设备上的各种安全仪表，都必须反应灵敏、动作准确无误。

8. 严格交接班制度

为保证设备安全使用，操作人员下班时要把当班的设备运转情况全面、准确地向接班人员交代清楚，并认真填写交接班记录。接班的人员要做上岗前的全面检查，并认真填写检查记录，以使在班的操作人员对设备的运行情况有比较清楚的了解，对设备状况做到心中有数。

9. 切实落实设备维护保养与检查维修制度

设备操作人员每天要对设备进行维护保养，其主要内容包括：班前、班后检查，设备各个部位的擦拭，班中认真观察听诊设备运转情况，及时排除故障等，定期对设备进行安全检查，对检查出的故障设备及时维修，不得使设备带病运行。

10. 建立设备档案

加强对易燃易爆设备的管理，建立设备档案，及时掌握设备的运行情况。易燃易爆设备档案的内容主要包括性能、生产厂家、使用范围、使用时间、事故记录、维修记录、维护人、操作人、操作要求、应急方法等。

（四）易燃易爆设备的安全检查、维修与更新

1. 易燃易爆设备的安全检查

易燃易爆设备的安全检查，是指对设备的运行情况、密封情况、受压情况、仪表灵敏度、各零部件的磨损情况和开关、阀门的完好情况等进行检查。

该检查可针对单位生产的具体情况确定检查的频次，按时间可以分为日检查、周检查、月检查、年检查等几种；从技术上来讲，还可以分为机能性检查和规程性检查两种。

（1）日检查是指操作人员在交接班时进行的检查。此种检查一般都由操作人员自己进行。

（2）周检查和月检查是指班组或车间、工段的负责人按周或月的安排进行的检查。

（3）年检查是指由厂部组织的对全厂或全公司的易燃易爆设备进行的检查。年检查应成立由设备、技术、安全保卫部门联合组成的检查小组，时间一般安排在本厂、公司生产或经营的淡季。在年检时，要编制检查标准书，确定检查项目。

2. 易燃易爆设备的检修

易燃易爆设备在使用一定时间后，会因物料的腐蚀性和膨胀性而使设备出现裂纹、变形或焊缝、受压元件、安全附件等出现泄漏现象，如果不及时检查修复，就有可能发生着火或爆炸事故。所以，对易燃易爆设备要定期进行检修，及时发现和消除事故隐患。设备检修按每次检修内容的多少和时间的长短，分为小修、中修和大修三种。

（1）小修

小修是指只对设备的外观表面进行的检修。一般设备的小修一年进行一次。检修的主要内容包括：设备的外表面有无裂纹、变形、局部过热等现象，防腐层、保温层及设备的铭牌是否完好，设备的焊缝、连接管、受压元件等有无泄漏，紧固螺栓是否完好，基础有无下沉、倾斜等异常现象和设备的各种安全附件是否齐全、灵敏、可靠等。

（2）中修

中修是指设备的中、外部检修。中修一般3年进行一次，但对使用期已达15年的设备应每隔2年中修一次，对使用期超过20年的设备每隔一年中修一次。中修的内容除外部检修的全部内容外，还应对设备的外表面、开孔接管处有无介质腐蚀或冲刷磨损等现象和对设备的所有焊缝、封头过渡区和其他应力集中的部位有无断裂或裂纹等进行检查。

（3）大修

大修是指对设备的内外进行全面的检修。大修应由技术总负责人批准，并报上级主管部门备案。大修的周期至少6年进行一次。大修的内容，除进行中修的全部内容外，还应对设备的主要焊缝（或壳体）进行无损探伤抽查。抽查长度为设备（或壳体面积）焊缝总长的20%。易燃易爆设备大修合格后，应严格进行水压试验和气密性试验。在正式投入使用之前，还应进行惰性气体置换或抽真空处理。

3. 易燃易爆设备的更新

衡量易燃易爆设备是否需要更新，主要看两个性能：一是机械性能；二是安全可靠性能。机械性能和安全可靠性能是不可分割的，安全性能的好坏依赖于机械性能。易燃易爆设备的机械性能和安全可靠性能低于消防安全规定的要求时，应立即更新。如当易燃易爆设备的壁厚小于最小允许壁厚，强度核算不能满足最高许用压力时，就应考虑设备的更新问题。更新设备应考虑两个问题：一是经济性，就是在保证消防安全的基础上花最少的钱；二是先进性，就是替换的新设备防火防爆安全性能应当先进、可靠。

二、易燃易爆危险品的消防安全管理

易燃易爆危险品是指具有强还原性，参与空气或其他氧化剂遇火源能够发生着火或爆炸；或具有强氧化性，遇可燃物可着火或爆炸的危险品，如易化剂和有机过氧化物等。由于易燃易爆危险品火灾危险性极大，且一旦发生火灾往往带来巨大的人员伤亡和财产损失，故《消防法》第二十三条规定"生产、储存、运输、销售、使用、销毁易燃易爆危险品，必须执行消防技术标准和管理规定"。

（一）危险化学品的分类

危险化学品品种繁多，根据国家标准《化学品分类及危险性公示通则》（GB13960-2009）危险化学品分为以下十六类。

爆炸物、易燃气体、易燃气溶胶、氧化性气体、压力下气体、易燃液体、易燃固体、自反应物质或混合物、自燃液体、自燃固体、自热物质和混合物、遇水放出易燃气体的物质或混合物、氧化性液体、氧化性固体、有机过氧化物、金属腐蚀剂。

（二）危险化学品安全管理职责和要求

1.政府部门对危险品安全管理的职责

根据国家对危险品安全管理的社会分工和《危险化学品安全管理条例》的规定，政府有关部门负责对危险品的生产、经销、储存、运输、使用和对废弃危险品处置实施安全监督管理，具体职责如下。

（1）国务院和省、自治区、直辖市人民政府安全生产监督管理部门，负责危险品安全监督的综合管理。包括危险品生产、储存企业的设立及其改建、扩建的审查，危险品包装物、容器专业生产企业的定点和审查，危险品经营许可证的发放，国内危险品的登记，危险品事故应急救援的组织和协调以及前述事项的监督检查。市县级危险品安全监督综合管理部门的职责由该级人民政府确定。

（2）公安部门负责危险品的公共安全管理，剧毒品购买凭证和准购证的发放、审查，核发剧毒品公路运输通行证，对危险品道路运输安全实施监督以及前述事项的监督检查。公安机关消防机构负责对易燃易爆危险品的生产、储存、运输、销售、使用和销毁进行消防监督管理。公众上交的危险品，由公安部门接收。

（3）质检部门负责易燃易爆危险品及其包装物生产许可证的发放，对易燃易爆危险品包装物或容器的产品质量实施监督检查。质检部门应当将颁发易燃易爆危险品生产许可证的情况通报国务院经济贸易综合管理部门、环境保护部门和公安部门。

（4）环境保护部门负责废弃易燃易爆危险品处置的监督管理，重大易燃易爆危险品污染事故和生态破坏事件的调查，毒害性易燃易爆危险品事故现场的应急监测和进口易燃易爆危险品的登记，并负责前述事项的监督检查。

（5）铁路、民航部门负责易燃易爆危险品的铁路、航空运输和易燃易爆危险品铁路、民航运输单位及其运输工具的管理和监督检查。交通部门负责易燃易爆危险品公路、水路运输单位及其运输工具的管理和监督检查，负责易燃易爆危险品公路、水路运输单位、驾驶人员、船员、装卸员和押运员的资质认定。

（6）卫生行政部门负责易燃易爆危险品的毒性鉴定和易燃易爆危险品事故伤亡人员的医疗救护工作。

（7）工商行政管理部门依据有关部门批准、许可文件，核发易燃易爆危险品生产、经销、储存、运输单位的营业执照，并监督管理易燃易爆危险品市场经营活动。

（8）邮政部门负责邮寄易燃易爆危险品的监督检查。

2. 政府部门危险品监督检查的权限和要求

为保证对易燃易爆危险品的监督检查工作能够正常、有序、顺利进行，政府有关部门在进行监督检查时，应当根据法律法规授权的范围和国家对易燃易爆危险品安全管理的职责分工，依法行使下列职权。

（1）进入易燃易爆危险品作业场所进行现场检查，向有关人员了解情况，调取相关资料，给易燃易爆危险品单位提出整改措施和建议。

（2）发现易燃易爆危险品事故隐患时，责令立即或限期排除。

（3）对不符合有关法律法规规定和国家标准要求的设施、设备、器材和运输工具，责令立即停止使用。

（4）发现违法行为，当场予以纠正或者责令限期改正。

有关部门工作人员依法进行监督检查时，应出示证件。易燃易爆危险品单位应当接受有关部门依法实施的监督检查，不得拒绝或阻挠。

3. 易燃易爆危险品单位的安全管理要求

易燃易爆危险品单位应当具备有关法律、行政法规和国家标准或行业标准规定的安全生产条件，不具备条件的，不得从事易燃易爆危险品的生产经营活动。

单位应当设置安全管理机构，确定安全管理主要负责人，配备专职的安全管理人员并按照以下管理要求对本单位进行安全管理。

（1）单位安全管理主要负责人和安全管理人员必须具备与本单位所从事的生产经营活动相应的安全生产知识和管理能力，并由有关主管部门对其安全生产知识和管理能力进行考核，考核合格后方可任职。

（2）单位安全管理主要负责人应当以国家有关法律法规为依据，建立健全本单位安全责任制；制定单位安全规章制度和重点岗位安全操作规程；定期督促检查单位的安全工作，及时消除隐患；组织制定并实施本单位的事故应急救援预案；发生安全事故应及时、如实向上级报告。

（3）单位安全管理机构应当对易燃易爆危险品从业人员进行安全教育和培训，保证从业人员具备必要的安全知识，熟悉有关规章制度和安全操作规程，掌握本岗位的安全操作技能。

（4）从事生产、储存、运输、销售、使用或者处置废弃易燃易爆危险品工作的人员，应当接受有关法律、法规、规章和安全知识、专业技术、人体健康防护和应急救援等知识和技能的培训，并经考核合格才能上岗作业。对特种作业操作人员，应按照国家有关规定经专门的特种作业安全培训，取得特种作业操作资格证书后才能上岗作业。

（5）易燃易爆危险品单位应当具备安全生产条件和所必需的资金投入，生产经营单位的决策机构、主要负责人或者个人经营的投资人应对资金投入予以保证，并对由于安全生产所必需的资金投入不足导致的后果承担责任。

（三）易燃易爆危险品生产、储存、使用的消防安全管理

由于易燃易爆危险品在生产和使用过程中都是散状存在于生产工艺设备、装置和管线之中，处于运动状态，跑、冒、滴、漏的机会很多，加之生产、使用中的危险因素也很多，因而危险性很大；而易燃易爆危险品在储存过程中，量大而集中，是重要的危险源，一旦发生事故，后果不堪设想，因此加强对易燃易爆危险品生产、储存和使用的安全管理是非常重要的。

1. 易燃易爆危险品生产、储存企业应当具备的消防安全条件

国家对易燃易爆危险品的生产和储存实行统一规划、合理布局和严格控制的原则，并实行审批制度。在编制总体规划时，设区的城市人民政府应当根据当地经济发展的实际需要，按照确保安全的原则，规划出专门用于易燃易爆危险品生产和储存的适当区域，生产、储存易燃易爆危险品时应当满足下列条件。

（1）生产工艺、设备或设施、存储方式符合国家相关标准；
（2）企业周边的防护距离符合国家标准或者国家有关规定；
（3）生产、使用易燃易爆危险品的建筑和场所必须符合建筑设计防火规范和有关专业防火规范；生产、使用易燃易爆危险品的场所必须按照有关规范安装防雷保护设施；
（5）生产、使用易燃易爆危险品场所的电气设备，必须符合国家电气防爆标准；
（6）生产设备与装置必须按国家有关规定设置消防安全设施，定期保养、校验；
（7）易产生静电的生产设备与装置，必须按规定设置静电导除设施，并定期进行检查；
（8）从事生产易燃易爆危险品的人员必须经主管部门进行消防安全培训，经考试取得合格证，方准上岗；
（9）消防安全管理制度健全；
（10）符合国家法律法规规定和国家标准要求的其他条件。

2. 易燃易爆危险品生产、储存企业设立的申报和审批要求

为了严格管理，易燃易爆危险品生产、储存企业在设立时，应当向设区的市级人民政府安全监督综合管理部门提出申请；剧毒性易燃易爆危险品还应当向省、自治区、直辖市人民政府经济贸易管理部门提出申请，但无论哪一级申请，都应当提交下列文件：

（1）企业设立的可行性研究报告；
（2）原料、中间产品、最终产品或者储存易燃易爆危险品的自燃点、闪点、爆炸极限、氧化性、毒害性等理化性能指标；
（3）包装、储存、运输的技术要求；
（4）安全评价报告；
（5）事故应急救援措施；
（6）符合易燃易爆危险品生产、储存企业必须具备条件的证明文件。

省、自治区、直辖市人民政府经济贸易管理部门设区的市级人民政府安全监督综合管理部门，在收到申请和提交的文件后，应当组织有关专家进行审查，提出审查意见，并报本级人民政府批准。本级人民政府予以批准的，由省、自治区、直辖市人民政府经济贸易管理部门或设区的市级人民政府安全监督综合管理部门颁发批准书，申请人凭批准书向工商行政管理部门办理登记注册手续；不予批准的，应当书面通知申请人。

3. 易燃易爆危险品包装的消防安全管理要求

易燃易爆危险品包装是否符合要求，对保证易燃易爆危险品的安全非常重要，如果不能满足运输储存的要求，就有可能在运输、储存和使用过程中发生事故。因此，易燃易爆危险品在包装上应符合下列安全要求。

（1）易燃易爆危险品的包装应符合国家法律、法规、规章的规定和国家标准的要求。包装的材质、形式、规格、方法和单件质量（重量），应当与所包装易燃易爆危险品的性质和用途相适应，并便于装卸、运输和储存。

（2）易燃易爆危险品的包装物、容器，应当由省级人民政府经济贸易管理部门审查合格的专业生产企业定点生产，并经国务院质检部门的专业检测、检验机构检测、检验合格，方可使用。

（3）重复使用的易燃易爆危险品包装物（含容器）在使用前，应当进行检查，并做记录；检查记录至少应保存两年。质监部门应当对易燃易爆危险品的包装物（含容器）的产品质量进行定期或不定期的检查。

4. 易燃易爆危险品储存的消防安全管理要求

由于储存易燃易爆危险品仓库通常都是重大危险源，一旦发生事故往往带来重大损失和危害，所以对易燃易爆危险品的储存管理应更加严格。易燃易爆化学物品的储存应当遵守《仓库防火安全管理规则》，同时还应当符合下列条件：

（1）易燃易爆危险品必须储存在专用仓库或储存室。储存方式、方法、数量必须符合国家标准。并由专人管理，出入库应当进行核查登记。

（2）易燃易爆危险品应当分类、分项储存，性质相互抵触，灭火方法不同的易燃易爆危险品不得混存，垛与垛、垛与墙、垛与柱、垛与顶以及垛与灯之间的距离应符合要求，要定期对仓库进行检查、保养，注意防热和通风散潮。

（3）剧毒品、爆炸品以及储存数量构成重大危险源的其他易燃易爆危险品必须在专用仓库内单独存放，实行双人收发、双人保管制度。储存单位应当将剧毒品以及构成重大危险源的易燃易爆危险品的数量、地点以及管理人员的情况报当地公安部门和负责易燃易爆危险品安全监督综合管理工作部门备案。

（4）易燃易爆危险品专用仓库，应当符合国家标准中对安全、消防的要求，设置明显标志。应当定期对易燃易爆危险品专用仓库的储存设备和安全设施进行检查。

（5）对废弃易燃易爆危险品处置时，应当严格按照固体废物污染环境防治法和国家有关规定进行。

（四）易燃易爆危险品经销的消防安全管理

易燃易爆危险品在采购、调拨和销售等经销活动中，受外界因素的影响最多，因而事故隐患也最多，所以应加强易燃易爆危险品经销的安全管理。

1. 经销易燃易爆危险品必须具备的条件

国家对易燃易爆危险品的经销实行许可制度。未经许可，任何单位和个人都不能经销易燃易爆危险品。经销易燃易爆危险品的企业必须具备下列条件。

（1）经销场所和储存设施符合国家标准；

（2）主管人员和业务人员经过专业培训，并取得上岗资格；

（3）有健全的安全管理制度；

（4）符合法律、法规规定和国家标准要求的其他条件。

2. 易燃易爆危险品经销许可证的申办

（1）经销剧毒性易燃易爆危险品的企业，应当分别向省、自治区、直辖市人民政府的经济贸易管理部门或者设区的市级人民政府的负责易燃易爆危险品安全监督综合管理工作的部门提出申请，并附送易燃易爆危险品经销企业条件的相关证明材料。

（2）省、自治区、直辖市人民政府的经济贸易管理部门或者设区的市级人民政府的负责易燃易爆危险品安全监督综合管理工作的部门接到申请后，应当依照规定对申请人提交的证明材料和经销场所进行审查。

（3）经审查，符合条件的，颁发危险品经销（营）许可证，并将颁发危险品经销（营）许可证的情况通报同级公安部门和环境保护部门，申请人凭危险品经销（营）许可证向工商行政管理部门办理登记注册手续。不符合条件的，书面通知申请人并说明理由。

3. 易燃易爆危险品经销的消防安全管理要求

（1）企业在采购易燃易爆危险品时，不得从未取得易燃易爆危险品生产或经销许可证的企业采购；生产易燃易爆危险品的企业也不得向未取得易燃易爆危险品经销许可证的单位或个人销售易燃易爆危险品。

（2）经销易燃易爆危险品的企业不得经销国家明令禁止的易燃易爆危险品；也不得经销没有安全技术说明书和安全标签的易燃易爆危险品。

（3）经销易燃易爆危险品的企业储存易燃易爆危险品时，应遵守国家易燃易爆危险品储存的有关规定。经销商店内只能存放民用小包装的易燃易爆危险品，其总量不得超过国家规定的限量。

（五）易燃易爆危险品运输的消防安全管理

国家对易燃易爆危险品的运输实施资质认定制度，未经资质认定，不得运输易燃易爆危险品。易燃易爆危险品的运输必须符合相关管理要求。

1. 易燃易爆危险品运输消防安全管理的基本要求

（1）运输、装卸易燃易爆危险品，应当依照有关法律、法规、规章的规定和国家标准的要求，按照易燃易爆危险品的危险特性，采取必要的安全防护措施。

（2）用于易燃易爆危险品运输的槽、罐及其他容器，应当由符合规定条件的专业生产企业定点生产，并经检测、检验合格方可使用。质检部门对定点生产的槽、罐及其他容器的产品质量进行定期或不定期检查。

（3）易燃易爆危险品运输企业，应当对其驾驶员、船员、装卸管理员、押运员进行有关安全知识培训，使其掌握易燃易爆危险品运输的安全知识并经所在地设区的市级人民政府交通部门（船员经海事管理机构）考核合格，取得上岗资格证方可上岗作业。

（4）运输易燃易爆危险品的驾驶员、船员、装卸管理员、押运员应当了解所运载易燃易爆危险品的性质、危险、危害特性，包装容器的使用特性和发生意外时的应急措施。在运输易燃易爆危险品时，应当配备必要的应急处理器材和防护用品。

（5）托运易燃易爆危险品时，托运人应当向承运人说明所托运易燃易爆危险品的品名、数量、危害、应急措施等情况。所托运的易燃易爆危险品需要添加抑制剂或稳定剂的，托运人交付托运时应当将抑制剂或稳定剂添加充足，并告知承运人。托运人不得在托运的普通货物中夹带易燃易爆危险品，也不得将易燃易爆危险品匿报或谎报为普通货物托运。

（6）运输易燃易爆危险品的槽罐以及其他容器必须封口严密，能够承受正常运输条件下产生的内部压力和外部压力，保证易燃易爆危险品在运输中不因温度、湿度或压力的变化而发生任何渗漏。

（7）任何单位和个人不得邮寄或者在邮件内夹带易燃易爆危险品，也不得将易燃易爆危险品匿报或者谎报为普通物品邮寄。

（8）通过铁路、航空运输易燃易爆危险品的，应符合国务院铁路、民航部门的有关专门规定。

2. 易燃易爆危险品公路运输的消防安全管理要求

易燃易爆危险品公路运输时，由于受驾驶技术、道路状况、车辆状况、天气情况的影响很大，因而所带来的危险因素也很多，且一旦发生事故救援难度较大，往往会造成重大经济损失和人员伤亡，所以应当严格管理要求。

通过公路运输易燃易爆危险品时，必须配备押运人员，并且所运输的易燃易爆危险品随时处于押运人员的监管之下。不得超装、超载，不得进入易燃易爆危险品运输车辆禁止通行的区域；确需进入禁止通行区域的，应当事先向当地公安部门报告，并由公安部门为其指定行车时间和路线，且运输车辆必须遵守公安部门为其指定的行车时间和路线品运输资质的运输企业承运。

（2）通过公路运输易燃易爆危险品的，托运人只能委托有易燃易爆危险品运输资质的运输企业承运。

（3）剧毒性易燃易爆危险品在公路运输途中发生被盗、丢失、流散、泄漏等情况时，承运人及押运人员应当立即向当地公安部门报告，并采取一切可能的警示措施。公安部门接到报告后，应当立即向其他有关部门通报情况；有关部门应当采取必要的安全措施。

（4）易燃易爆危险品运输车辆禁止通行的区域，由设区的市级人民政府公安部门划定，并设置明显的标志。运输烈性易燃易爆危险品途中需要停车住宿或者遇有无法正常运输的情况时，应当向当地公安部门报告。

3. 易燃易爆危险品水路运输的消防安全管理要求

易燃易爆危险品在水上运输时，一旦发生事故往往会造成水道的阻塞或对水域形成污染，给人民的生命财产带来更大的危害，且往往扑救比较困难。

故水上运输易燃易爆危险品时应当有比陆地更加严格的要求。

（1）禁止利用内河以及其他封闭水域等航运渠道运输剧毒性易燃易爆危险品。

（2）利用内河以及其他封闭水域等航运渠道运输禁运以外的易燃易爆危险品时，只能委托有易燃易爆危险品运输资质的水运企业承运，并按照国务院交通部门的规定办理手续，接受有关交通港口部门、海事管理机构的监督管理。

（3）运输易燃易爆危险品的船舶及其配载的容器应当按照国家关于船舶检验的规范进行生产，并经海事管理机构认可的船舶检验机构检验合格，方可投入使用。

（六）易燃易爆危险品销毁的消防安全管理

易燃易爆危险品如因质量不合格，或因失效、变态废弃时，要及时进行销毁处理，以防止管理不善而引发火灾、中毒等灾害事故的发生。为了保证安全，禁止随便弃置堆放和排入地面、地下及任何水系。

1. 销毁易燃易爆危险品应具备的消防安全条件

由于废弃的易燃易爆危险品稳定性差，危险性大，故销毁处理时必须要有可靠的安全措施，并须经当地公安和环保部门同意才可进行销毁，其基本条件如下。

（1）销毁场地的四周和防护措施，均应符合安全要求；

（2）销毁方法选择正确，适合所要销毁物品的特性，安全、易操作、不会污染环境；

（3）销毁方案无误，防范措施周密、落实；

（4）销毁人员经过安全培训合格，有法定许可的证件。

2. 易燃易爆危险品销毁的基本要求

易燃易爆危险品的销毁，要严格遵守国家有关安全管理的规定，严格遵守安全操作规程，防止着火、爆炸或其他事故的发生。

（1）正确选择销毁场地。销毁场地的安全要求因销毁方法的不同而不同。当采取爆炸法或者燃烧法销毁时，销毁场地应选择在远离居住区、生产区、人员聚集场所和交通要道的地方,最好选择在有天然屏障或较隐蔽的地区。销毁场地边缘与场外建筑物的距离不应小于200m,与公路、铁路等交通要道的距离不应小于150m。当四周没有天然屏障时,应设有高度不小于3m的土堤防护。

销毁爆炸品时,销毁场地最好是无石块、瓦块的泥土或沙地。专业性的销毁场地,四周应砌筑围墙,围墙距作业场地边沿不应小于50m;临时性销毁场地四周应设警戒或者铁丝网。销毁场地内应设人身掩体和点火引爆掩体。掩体的位置应在常年主导风向的上风方向,掩体之间的距离不应小于30m,掩体的出入口应背向销毁场地,且距作业场地边沿的距离不应小于50m。

(2)严格培训作业人员。执行销毁操作的作业人员,要经严格的操作技术和安全培训,并经考试合格才能执行销毁的操作任务。执行销毁操作的作业人员应具备以下条件。

①身体强壮,智能健全。
②具有一定的专业知识。
③工作认真负责,责任心强。
④经安全培训合格。

(3)严格消防安全管理。根据《消防法》的有关规定,公安消防机关应当加强对易燃易爆危险品的监督管理。销毁易燃易爆危险品的单位应当严格遵守有关消防安全的规定,认真落实具体的消防安全措施,当大量销毁时应当认真研究,做出具体方案(包括一旦引发火灾时的应急灭火预案)。并向公安机关消防机构申报,经审查并经现场检查合格方可进行,必要时,公安机关消防机构应当派出消防队现场执勤保护,确保销毁安全。

(七)易燃易爆危险品的登记与事故紧急救援管理

1. 易燃易爆危险品的登记管理

为了进一步加强对易燃易爆危险品的管理,国家对易燃易爆危险品实行登记制度,并为易燃易爆危险品安全管理、事故预防和应急救援提供技术、信息支持。

(1)易燃易爆危险品生产、储存企业以及使用的数量构成重大危险源的其他易燃易爆危险品使用单位,应当向国务院经济贸易综合管理部门负责易燃易爆危险品登记的机构办理易燃易爆危险品登记。易燃易爆危险品登记的具体办法应按照国务院经济贸易综合管理部门的有关要求进行。

(2)负责易燃易爆危险品登记的机构应当向环境保护、公安、质检、卫生等有关部门提供易燃易爆危险品登记的资料。

2. 易燃易爆危险品事故的紧急救援管理

易燃易爆危险品一旦发生事故往往会造成重大的人员伤亡和经济损失。为了最大限度地减少人员伤亡和经济损失,必须采取积极的救援措施。

(1)易燃易爆危险品事故紧急救援管理的基本要求:

①县级以上地方各级人民政府,应当在本辖区域内配备、训练具有一定专业技术水平

的紧急抢险救援队伍,并保证这支队伍的人员、设备和训练的经费。

②县级以上地方各级人民政府负责易燃易爆危险品安全监督综合管理的部门,应当会同同级其他有关部门制定易燃易爆危险品事故应急救援预案,报经本级人民政府批准。

③易燃易爆危险品单位应当制定本单位的事故应急救援预案,配备应急救援人员和必要的应急救援器材、设备,并定期组织演练。

④易燃易爆危险品事故应急救援预案应当报设区的市级人民政府负责易燃易爆危险品安全监督综合管理的部门备案。

⑤发生易燃易爆危险品事故,事故单位主要负责人应当按照本单位制定的应急救援预案,立即组织救援,并立即报告当地负责易燃易爆危险品安全监督综合管理的部门和公安、环境保护、质检部门。

(2)易燃易爆危险品事故紧急救援的实施。

发生易燃易爆危险品事故,有关地方人民政府应当做好指挥、领导工作。负责易燃易爆危险品的安全监督综合管理的部门和环境保护、公安、卫生等有关部门,应当按照当地应急救援预案组织实施救援,不得拖延、推诿。有关地方人民政府及其有关部门应当按照下列要求,采取必要措施,减少事故损失,防止事故蔓延、扩大。

①立即组织营救受害人员,组织撤离或者采取其他措施保护危害区域内的其他人员;

②迅速控制危害源,并对易燃易爆危险品造成的危害进行检验、监测,测定事故的危害区域、易燃易爆危险品性质及危害程度;

③针对事故对人体、动植物、土壤、水源、空气造成的现实危害和可能产生的危害,迅速采取封闭、隔离、洗消等措施;

④对易燃易爆危险品事故造成的危害进行监测、处置,直至符合国家环境保护标准;

⑤易燃易爆危险品生产企业必须为易燃易爆危险品事故应急救援提供技术指导和必要的协助;

⑥易燃易爆危险品事故造成环境污染的信息,由环境保护部门统一公布。

第八节 重大危险源的管理

一、重大危险源的概念及其分类

(一)重大危险源的概念

重大危险源,是指生产、储存、运输、使用危险品或者处置废弃危险品,且危险品的数量等于或者超过临界量的单元(包括场所和设施)。临界量是指国家标准规定的某种或某类危险品在生产场所或储存区内不允许达到或超过的最高限量。单元是指一个（套）生产装置、设施或场所，或同属一个工厂的边缘距离小于500m的几个（套）生产装置、设施或场所。

（二）重大危险源的分类

重大危险源按照工艺条件情况分为生产区重大危险源和储存区重大危险源两种。其中，由于储存区重大危险源工艺条件较为稳定，所以临界量的数值相对较大。国家标准《重大危险源辨识》（GBI8218-2000），对爆炸物品、易燃物品、氧化剂和有机过氧化物（活性化学物质）、有毒物品在生产区和储存区的临界量做了明确的规定。

二、重大危险源的安全管理措施

重大危险源的管理是企业安全管理的重点，在对重大危险源进行辨识和评价后，应针对每一个重大危险源制定出一套严格的安全管理制度，通过技术措施和组织措施对重大危险源进行严格控制和管理。

（1）实行重大危险源登记制度。通过登记，政府部门能够更清楚地从宏观了解我国重大危险源的分布状况及安全水平，便于从宏观上进行管理与控制。登记的内容包括企业概况、重大危险源的概况、安全技术措施、安全管理措施、以往发生事故的情况等。

（2）建立健全重大危险源安全监控组织机构。

（3）严格控制各类危险源的临界量。

（4）设置重大危险源监控预警系统。

（5）建立健全重大危险源安全技术规范和管理制度。

（6）建立完善的灾难性应急计划，一旦紧急事态出现，确保应急救援工作顺利进行。

（7）与重要保护场所必须保持规定的安全距离。

重大危险源也是重大能量源，为了预防重大危险源发生事故，必须对重大危险源进行有效的控制。所以，对于危险品的生产装置和储存数量构成重大危险源的储存设施，除运输工具、加油站、加气站外，与下列场所、区域的距离必须符合国家标准或者国家有关规定。

①居民区、商业中心、公园等人口密集区域；

②学校、医院、影剧院、体育场（馆）等公共场所；

③供水水源、水厂及水源保护区；

④车站、码头（按照国家规定，经批准，专门从事危险品装卸作业的除外）、机场以及公路、铁路、水路交通干线、地铁风亭及出入口；

⑤基本农田保护区、畜牧区、渔业水域和种子、种畜、水产苗种生产基地；

⑥河流、湖泊、风景名胜区和自然保护区；

⑦军事禁区、军事管理区；

⑧法律、行政法规规定予以保护的其他区域。

（8）不符合规定的改正措施。

对已建的危险品生产装置和储存数量构成重大危险源的储存设施不符合规定的，应当由所在地设区的市级人民政府负责危险品安全监督综合管理工作的部门监督其在规定期限内进行整顿；需要转产、停产、搬迁、关闭的，应当报本级人民政府批准后实施。

第九节　消防产品质量监督管理

消防产品是指经过加工、制作，具有特定物理化学性能的专门用于火灾预防、灭火救援、火灾防护、避难逃生的专用器材和设备。它广泛应用于社会的各个领域、各种可能发生火灾的场所，装备着每一支公安、专职、志愿消防队伍，应用于火灾发生的危急时刻，所以，其质量、数量、使用性能等，与消防安全关系都十分重大。如果质量优异，则功效显著，遇警启用能化险为夷；若质量不好，临警失效，则会贻误战机，不但起不了防止和扑救火灾的作用，反而会造成更大的经济损失，使小火酿成重灾，甚至危及生命安全。因此，消防产品的生产，必须坚持"质量第一"的方针，遵循"企业负责、行业自律、中介评价、政府监管"的原则，切实加强对消防产品的质量监督管理。

一、消防产品质量监督管理职责

公安部令第 122 号《消防产品监督管理规定》中明确指出："国家质量监督检验检疫局、国家工商行政管理总局和公安部按照各自职责对生产、流通和使用领域的消防产品质量实施监督管理"。"县级以上地方质量监督部门、工商行政管理部门和公安机关消防机构按照各自职责对本行政区域内生产、流通和使用领域的消防产品质量实施监督管理"。

（一）产品质量监督部门的监督职责

产品质量监督部门负责消防产品生产领域产品质量的监督检查，并依法履行以下职责：

（1）组织开展消防产品生产领域产品质量的监督抽查；

（2）负责消防产品质量认证、检验机构的资质认定和监督管理；

（3）对制造假冒伪劣消防产品的违法行为，依法予以查处，并将查处情况通报公安机关消防机构；

（4）受理消防产品生产领域违法行为的举报、投诉，并按规定进行调查、处理。

（二）工商行政管理部门的监督职责

工商行政管理部门负责消防产品流通领域产品质量的监督检查，并依法履行以下职责：

（1）组织开展消防产品流通领域产品质量的监督抽查；

（2）对销售假冒伪劣消防产品的违法行为，依法予以查处，并将查处情况通报公安机关消防机构；

（3）受理消防产品流通领域违法行为的举报、投诉，并按规定进行调查、处理。

（三）消防部门的监督职责

公安机关消防机构负责消防产品使用领域产品质量的监督检查，并依法履行以下职责：

（1）组织开展在建建设工程消防产品专项监督抽查；

（2）在实施建设工程消防验收、开业前检查和消防监督检查时，依照有关规定对消防产品质量实施检查；

（3）对消防产品质量认证、检验和消防设施检测等消防技术服务机构开展的认证、检验和检测活动进行监督；

（4）对发现的使用不合格消防产品或者国家明令淘汰的消防产品的违法行为，依法予以处理；

（5）受理消防产品使用领域违法行为的举报、投诉，并按规定进行调查、处理。

二、消防产品质量及相关单位的要求

（1）消防产品必须符合国家标准。无国家标准的，必须符合行业标准，新研制的尚未制定国家标准或行业标准的，经技术鉴定符合消防安全要求的，方可生产、销售、维修和使用，消防安全要求由公安部制定。

（2）建筑构件和建筑材料的防火性能必须符合国家标准或者行业标准。

（3）根据国家工程建设消防技术标准的规定，室内装修、装饰工程，应当使用不燃、难燃材料或者阻燃制品的，必须依照消防技术标准选用由产品质量法规定确定的检验机构检验合格的材料。

（4）禁止生产、销售或者使用不合格的消防产品以及国家明令淘汰的消防产品；禁止使用不符合国家标准、行业标准或者地方标准的配件或者配料维修、保养消防设施和器材。

（5）为建设工程供应消防产品的单位应当提供强制性产品认证合格或者技术鉴定合格的证明文件、出厂合格证。

（6）供应有防火性能要求的建筑构件、建筑材料、室内装修装饰材料的单位应当提供符合国家标准、行业标准的证明文件、出厂合格证，并应做出质量合格的承诺。

（7）消防产品的使用单位应当根据建（构）筑物的火灾危险等级选用相应质量要求的消防产品。

（8）建设工程设计单位在设计中选用的消防产品，应当注明产品规格、性能等技术指标，其质量要求应当符合国家标准、行业标准。对尚未制定家标准或行业标准的，应选用经技术鉴定合格的消防产品。

（9）消防产品生产、销售、安装、维修单位的基本信息目录由有关消防产品管理组织编制，并定期向社会公布。

三、消防产品质量监督管理的措施

消防产品质量的优劣，直接影响着消防系统性能的发挥。目前，我国对消防产品质量的管理主要采取了消防产品市场准入、认证机构管理、证书管理、明确相关部门或人员的职责和义务等几方面的管理措施。

（一）实行消防产品市场准入制度

消防产品市场准入制度是指消防产品在经过国家具有资格的消防产品质量监督检验机构检验合格才可上市销售的制度。目前，消防产品的市场准入制度主要有强制性产品认证制度（3C认证）和型式认可制度。

1. 强制性产品认证（3C认证）制度

强制性产品认证制度，是通过制定强制性产品认证的产品目录和实施强制性产品认证程序，对列入《目录》中的产品实施强制性的检测和审核的制度。凡列入强制性产品认证目录内的产品，没有获得指定认证机构的认证证书，没有按规定加施认证标志，一律不得进口、不得出厂销售和在经营服务场所使用。

实行强制性认证的消防产品目录由国家质量监督检验检疫总局、国家认证认可监督管理委员会会同公安部制定并公布，消防产品认证基本规范、认证规则由国家认证认可监督管理委员会制定并公布。

实行强制性产品认证制度的消防产品，生产企业应当向公安部消防产品合格评定中心提出认证申请，由具有认证资质的人员组成检查组，严格按照强制性产品认证实施规则进行产品质量认证，对申请认证企业的工厂条件进行考核检查，检查通过后再抽取产品样品送国家指定的消防产品质量监督检发3C认证证书。企业凭3C认证证书上市销售产品。目前，实行强制性产品认证的消防产品有以下四类。

（1）火灾报警产品。实行强制性认证的火灾报警产品，包括以下产品种类（共22种）：点型感烟火灾探测器、点型感温火灾探测器、独立式感烟火灾探测报警器、手动火灾报警按钮、点型紫外火焰探测器、特种火灾探测器、线型光束感烟火灾探测器、电气火灾监控系统、火灾显示盘、火灾声和/或光警报器、火灾报警控制器、消防联动控制系统设备、防火卷帘控制器、线型感温火灾探测器、家用火灾报警产品、城市消防远程监控产品、可燃气体报警产品、消防应急照明和疏散指示产品、消防安全标志、火警受理设备：119火灾报1装置、消防车辆动态管理装置。

（2）灭火设备产品。实行强制性认证的灭火设备产品，包括以下产品种类（共9种）：

喷水灭火产品、泡沫灭火设备产品、干粉灭火设备产品、气体灭火设备产品、灭火剂、灭火器、消防水带、消防给水设备产品、阻火抑爆产品。

（3）消防装备产品。实行强制性认证的消防装备产品，包括以下产品种类（共6种）：正压式消防空气呼吸器、消防员个人防护装备、消防摩托车、抢险救产产品、逃生产品、自救呼吸器。

（4）火灾防护产品。实行强制性认证的火灾防护产品，包括以下产品种类（共10种）：防火涂料、防火封堵材料、耐火电缆槽盒、防火窗、防火门、防火玻璃、防火卷帘、防火排烟阀门、消防排烟风机、挡烟垂壁。

2.消防产品型式认可制度

消防产品型式认可制度是指对已制定国家标准、行业标准和尚未实行强制性产品认证的消防产品，企业凭《型式认可证书》上市销售消防产品的制度。具体操作程序是，实行型式认可制度的消防产品，生产企业向公安部消防产品合格评定中心提出型式认可申请，提交所需材料，由具有检查资质的人员组成检查组，对申请型式认可企业的工厂条件进行考核检查，检查通过后再抽取产品样品送国家指定的消防产品质量监督检验中心做型式检验。最后，在工厂条件检查合格和产品检验合格的基础上颁发型式认可证书，企业凭型式认可证书上市销售产品。对已制定国家标准、行业标准但未列入强制性认证目录的消防产品，均实行型式认可制度。

（二）加强对消防产品市场准入评价机构的管理

为了保证消防产品检测检验的真实可靠性，保证其质量，国家有关政府机关要加强对有关消防产品检测检验机构的监督管理，制定严密的检测检验操作程序和规程，定期进行检查或抽查，并对出具虚假文件的行为追究其相关的法律责任。

1.明确对认证机构和认证检查人员的要求

（1）国务院认证认可监督管理部门应当按照《中华人民共和国认证认可条例》有关规定，经征求国务院公安部门意见后，指定从事消防产品强制性认证活动的机构以及与认证有关的检测检验机构、实验室。

（2）消防产品技术鉴定机构不得从事消防产品生产、销售、进口活动。从事消防产品强制性认证活动的认证检查人员，应当依照有关规定取得执业资格注册。

（3）消防产品认证机构及其认证人员应当遵守有关法律、法规和产业政策，按照认证基本规范、认证规则从事认证活动，客观公正地出具认证证明，对认证结果负责，并依法承担法律责任。

（4）新研制的尚未制定国家标准、行业标准的消防产品，经国务院产品质量监督管理部门和国务院公安部门共同指定的技术鉴定机构鉴定符合消防安全要求的，方可生产、销售、使用。

2. 明确技术鉴定机构的条件

国务院产品质量监督管理部门和国务院公安部门共同指定的消防产品技术鉴定机构应当是具有第三方公正性的消防行业社团或者中介机构，并具备下列条件：

（1）符合消防产品技术鉴定机构建设规划和资源配置要求；

（2）有固定的场所和必要的设施；

（3）有符合技术鉴定要求的管理制度；

（4）有10名以上消防技术人员，其中有3名以上高级工程师，有2名以上从事消防标准化工作5年以上的专家。

（5）技术鉴定机构相关人员应熟悉消防产品的行业状况和国家产业政策。

3. 明确委托技术鉴定的条件

消防产品生产者委托消防产品技术鉴定，应当符合下列条件，并提交相关证明文件。

（1）具有法人资格，有健全有效的质量管理制度和责任制度；

（2）具有与所生产的消防产品相适应的专业技术人员、生产条件、检验手段、技术文件和工艺文件；

（3）其生产的消防产品具有符合有关国家标准或者行业标准以及保障人体健康和人身、财产安全的产品标准。境外消防产品生产者可以委托在我国境内有固定生产场所或者经营场所的进口商、销售商申请技术鉴定。

4. 严格按照技术鉴定程序进行鉴定

消防产品技术鉴定应当符合以下程序：

（1）生产者向消防产品技术鉴定机构提出书面委托，并提交规定的证明文件；

（2）消防产品技术鉴定机构对有关文件资料进行审核，审查产品标准，并将审查合格的产品标准报国务院公安部门消防机构备案；

（3）消防产品技术鉴定机构按照技术鉴定实施规则，组织开展消防产品工厂生产条件检查和产品质量检验；

（4）消防产品技术鉴定机构自接受委托之日起90日内，做出是否合格的结论；技术鉴定合格的，消防产品技术鉴定机构应当颁发消防产品技术鉴定证书；不合格的，应当书面通知委托人，并说明理由（产品检验时间不计入技术鉴定的时限，但消防产品技术鉴定机构应当将检验时间告知当事人）。

（三）明确相关机构和人员对消防产品质量的责任和义务

1. 鉴定机构的责任和义务

消防产品技术鉴定机构及其鉴定人员应当遵守有关法律、法规和产业政策，严格按照消防产品技术鉴定实施规则开展技术鉴定工作，客观公正地出具消防产品技术鉴定证书，对技术鉴定结果负责，并依法承担法律责任。

2. 生产者的责任和义务

（1）消防产品生产者应当对其生产的消防产品质量负责，建立实施有效的保持企业质量保证能力和产品一致性控制体系，保证消防产品质量、标志、标识持续符合相关法律法规和标准要求，确保认证产品持续满足认证要求。

（2）消防产品生产者（生产企业）应当建立消防产品生产、销售流向登记制度，如实记录产品名称、批次、规格、数量、销售去向等内容，并在产品或者包装上粘贴标志。

（3）消防产品未按照国家标准或者行业标准的强制性规定经强制性产品质量认证和型式检验合格和出厂检验合格，不得出厂销售。

3. 销售者的责任和义务

（1）消防产品销售者应当建立并执行进货检查验收制度，验明产品合格证明和产品标识。对依法实行强制性产品认证或者型式认可的消防产品，还应当查验有关证书。

（2）消防产品销售者应当建立消防产品进货台账，如实记录进货时间、产品名称、规格、数量、供货商及其联系方式等内容。进货台账保存期得少于2年。

（3）消防产品销售者应当采取有效措施，保持销售消防产品的质量。

4. 使用者的责任和义务

（1）消防产品使用者应当选用合格的消防产品，查验产品标识。实行强制性产品认证制度或者型式认可制度的消防产品，还应当查验有关证明材料。

（2）建筑设计单位应当选用具有国家标准、行业标准或者经技术鉴定合格的消防产品。按照国家标准、行业标准的要求对建筑消防设施、器材的配进行设计。

（3）建设、施工和工程监理单位应当组织对消防产品实施安装前的核查检验；核查检验不合格的，不得安装。

（4）建筑施工企业应当建立安装质量管理制度，严格执行有关标准、施工规范和相关要求，保证消防产品的安装质量。工程监理单位应当对消防产品的安装质量进行监督。

（5）消防产品使用单位应当建立并实施消防产品检查、使用和维修管理制度，并定期组织检验、维修，确保完好有效。

（四）加强消防产品质量认证证书的管理

1. 明确证书时限

（1）强制性认证证书的时限。消防产品强制性认证证书的有效期为5年。

有效期内，认证证书的有效性依赖认证机构的获证后监督获得保持。认证证书有效期届满，需要延续使用的，认证委托人应当在认证证书有效期届满前90天内提出认证委托。证书有效期内最后一次获证后监督结果合格的，认证机构应在接到认证委托后直接换发新证书。

（2）型式认可证书的时限。消防产品型式认可证书有效期一般为3年。证书有效期届满前6个月，持证人应按规定提交相应的材料，向评定中心提交换证申请。

2．证书变更要求

在消防产品质量认证证书的有效期内，若生产者的生产条件、检验手段、生产技术或者工艺发生较大变化，或认证委托人需要扩展已经获得的认证证书覆盖的产品范围时，认证委托人应向认证机构提出变更/扩展委托，变更/扩展经认证机构批准后方可实施。

3．备案和信息公布

经强制性产品认证或型式认可合格的消防产品生产者，应当将相关证书和文件送国务院公安机关消防机构备案。国务院公安机关消防机构应当将经强制性产品认证或者型式认可合格的消防产品信息予以公布。

4．加强获证后的质量监督

消防产品认证机构、技术鉴定机构应当对经强制性产品认证、技术鉴定的消防产品质量实施跟踪检查；对不能持续符合强制性产品认证、技术鉴定要求的消防产品，应当依法暂停其使用直至撤销认证、鉴定证书，并予公布。

（五）明确禁止生产、进口、销售、使用的消防产品

（1）列入强制性产品认证目录而未取得强制性产品认证证书的；

（2）新研制的尚未制定国家标准、行业标准而未取得技术鉴定证书的；

（3）产品质量不合格的；

（4）国家明令淘汰的；

（5）其他不符合国家有关规定的。

消防产品生产、进口、销售单位以及建筑施工企业，应当通过行业社团组织建立自律机制，制定行规行约，维护行业诚信，推进消防产品质量信用体系建设，督促依法履行产品质量责任。

（六）加强消防产品质量的监督检查

公安机关消防机构对消防产品依法进行的监督检查，是消防监督检查的重要内容之一。但由于对消防产品的监督检查政策水平和技术水平要求更高，因而除了应当服从消防监督检查的基本要求外，在检查的形式和内容上还应当注意以下要求。

1．消防产品监督检查的形式

根据实际需要，消防产品质量监督检查的形式主要有以下几种。

（1）结合消防监督检查、建设工程消防验收等对消防产品进行抽样检查。公安机关消防机构开展消防监督检查，包括对消防安全重点单位和非重点单位的监督检查，围绕重大节日、重大活动前的消防监督检查等，都可以同时进行消防产品监督检查；在建设工程消防验收时，应当在执行验收规定的同时，对消防产品进行监督抽查。

（2）对存在严重质量问题的消防产品开展专项整治检查。对在日常开展的消防产品质量监督检查工作中发现的消防产品的防火、灭火主要性能存在严重缺陷等严重质量问题，或检查发现的具有一定普遍性的问题，可结合实际依法开展专项治理检查。公安机关消防机构应当根据消防产品质量问题的严重程度，协调组织有关部门分析原因，研究对策，制订方案，有针对性地组织开展集中专项质量整治活动，以取得预期的效果。

（3）对举报、投诉的消防产品质量问题和违法行为进行调查处理。消防产品质量问题，一般是指消防产品不符合市场准入制度、产品一致性不合格以及产品的性能指标不符合标准的要求等。违法行为主要指生产、销售、安装、维修、使用不符合市场准入制度、质量不合格、国家明令淘汰、失效、报废或者假冒伪劣的消防产品等危害社会安全的行为。公安机关消防机构对消防产品质量问题和违法行为的群众举报、投诉，应当建立登记制度，并根据属地管理原则和案情程度，指定专人或会同有关部门进行查处。

（4）根据需要进行的其他消防产品监督检查。除了上述三方面的监督检查外，公安机关消防机构还应当根据需要，适时开展其他形式的消防产品监督检查。如上级规定配合国家监督抽查、行业抽查和地方抽查，进行产品抽样检查；根据当地中心工作或重大活动消防保卫工作的需要，组织开展消防产品监督检查等。

2.消防产品监督检查的内容

公安机关消防机构实施消防产品监督检查时，根据需要可检查以下内容。

（1）消防产品的销售、安装、维修、使用情况的检查。通过现场检查和查验记录，查清有无销售、安装、维修、使用假冒伪劣消防产品；系统安装调试是否符合相应标准和技术规范的要求；是否使用不符合标准规定的配件维修消防设施和器材；各类消防设施能否保持正常运行状态。

（2）消防产品市场准入的检查。主要是查验消防产品是否具有国家规定的强制性产品质量认证、型式认可证书、型式检验报告以及相应的3C认证、型式认可标志。此外，对防火材料、阻燃制品，要查验生产单位是否将经检验证实的防火阻燃性能指标，明确标示在产品或者其包装上。

（3）消防产品标志使用说明的检查。检查其内容是否符合相关产品标准的要求。如是否具有合格证，铭牌、说明书内容是否符合法律以及标准规定的要求，是否有生产厂名、生产地址、注册商标以及这些标识的真假。特别对获得强制性产品认证或型式认可证书的消防产品，应当检查使用3C认证或型式认可标志情况。

（4）消防产品一致性的检查。对照企业提供的由国家消防产品质量监督检验中心出具的型式检验报告，检查产品的型号规格、外观标识、结构部件、使用材料、产品性能参数等是否与强制性产品认证、型式认可的结果相一致。检查要求是符合认证、认可规定和产品标准要求，生产企业名称、产品名称、规格型号必须与强制性产品认证、型式认可证书或强制检验报告相一致，同时产品的实物也与强制性产品认证、型式认可证书或认证检验、认可检验报告中的描述相一致。

（5）消防产品性能现场检测。对场所安装的消防产品进行现场检测，如自动报警系统的功能试验，自动喷水灭火系统的末端试水，防火门、防火卷帘的启闭功能，灭火器的喷射性能，消防应急灯的应急照明功能，防排烟系统各种阀门的启闭性能以及消防控制系统信息采集、控制和联动功能测试等。

（6）消防产品的封样送检。在实施消防产品监督检查时，对消防产品质量有疑义但现场无法判定的，公安机关消防机构应当按规定抽取样品，填写的《消防产品监督检查抽样单》，由被抽样单位负责人签字确认后送消防产品质量检验机构进行检验。抽样数量不得超过检验的合理需要，通常为1~3件。

生产、销售、安装、维修、使用单位对现场检查判定结果或者抽样检验结果有异议的，可以自收到检验报告之日起15日内向实施监督抽检的公安机关消防机构或其上一级公安机关消防机构申请复验。申请复验以一次为限。承担复验的机构由受理复验申请的部门指定。复验结果有改变的，复验费用由原检验机构承担；复验结果没有改变的，复验费用由申请复验的单位承担。

（7）公安机关消防机构实施消防产品监督抽查的主要内容。

①列入强制性产品认证目录的消防产品是否具备强制性产品认证证书，新研制的尚未制定国家标准、行业标准的消防产品是否具备技术鉴定证书。

②按照国家标准或者行业标准的强制性规定，应当进行型式检验和出厂检验的消防产品，是否具备型式检验合格和出厂检验合格的证明文件。

③消防产品的外观标识、结构部件、材料、性能参数、生产厂名、厂址与产地等是否符合有关规定。

④消防产品的主要性能是否符合要求。

⑤法律、行政法规规定的其他内容。

3. 消防产品监督检查、抽查的要求

（1）消防产品监督检查的要求。公安机关消防机构进行消防产品监督检查时，应当填写检查记录，记录检查情况，由检查人员、被检查单位负责人或者有关管理人员签名；被检查单位负责人或者有关管理人员对检查记录有异议或者拒绝签名的，检查人员应当注明情况。

（2）消防产品监督抽查的要求。

①要抓住重点进行抽查。公安机关消防机构应当将在实施建设工程消防验收和公众聚集场所营业、使用前消防安全检查中发现的不能提供安装前的核查检验证明的消防产品，列入消防产品监督抽查的重点。

②不得收取检验费用。抽查的样品应当在建设工程安装的消防产品中随机抽取。样品由被抽样单位无偿供给，其数量不得超过检验的合理需要，并不得向被检查人收取检验费

用。检验费用在规定经费中列支。

③及时受理当事人的复查申请。当事人对检验结果有异议的，可以自收到检验报告之口起3个工作日内向实施监督抽查的公安机关消防机构提出书面复检申请。复检以一次为限。

④复检费用由申请人承担，但原检验结果、程序确有错误的除外。

四、消防产品违法应当承担的法律责任

生产、销售不合格的消防产品或者国家明令淘汰的消防产品的行为，由产品质量监督部门依照《产品质量法》的规定进行处罚。使用不合格的消防产品或者国家明令淘汰的消防产品的行为，由公安机关消防机构依照《消防法》的规定进行处罚。

（一）建设工程使用消防产品违法的处罚

1. 建设工程使用消防产品的违法行为

（1）建设单位要求建筑施工企业使用不符合市场准入的消防产品、不合格的消防产品或者国家明令淘汰的消防产品的。

（2）建筑施工企业安装不符合市场准入的消防产品、不合格的消防产品或者国家明令淘汰的消防产品，降低消防施工质量的。

（3）工程监理单位与建设单位或者建筑施工企业串通，弄虚作假，安装、使用不符合市场准入的消防产品、不合格的消防产品或者国家明令淘汰的消防产品的。

（4）建筑设计单位选用不符合市场准入的消防产品，或者国家明令淘汰的消防产品进行消防设计的。

2. 建设工程使用消防产品违法应当承担的法律责任

有上述情形之一的，由公安机关消防机构依照《消防法》第五十九条的规定，责令停止施工、停止使用或者停产停业，并处三万元以上三十万元以下罚款。

（二）人员密集场所使用消防产品违法的处罚

人员密集场所使用不合格消防产品或者国家明令淘汰的消防产品的，由公安机关消防机构依照《消防法》第六十五条的规定，责令限期改正；逾期不改正的，处五千元以上五万元以下罚款，并对其直接负责的主管人员和其他直接责任人员处五百元以上二千元以下罚款；情节严重的，责令停产停业。

使用不符合市场准入的消防产品的，由公安机关消防机构责令限期改正；逾期不改正的，处三千元以上三万元以下罚款，并对其直接负责的主管人员和其他直接责任人员处三百元以上一千元以下罚款；情节严重的，责令停产停业。

（三）消防产品质量技术服务机构消防安全违法的处罚

1. 消防产品质量技术服务机构的消防安全违法行为

（1）出具虚假文件的。

（2）出具失实文件，给他人造成损失的。

2. 消防产品质量技术服务机构消防安全违法应当承担的法律责任

（1）消防产品质量认证、技术鉴定、检验和消防设施检测等消防技术服务机构有上述违法行为之一的，由公安机关消防机构依照《消防法》第六十九条的规定，责令改正，处五万元以上十万元以下罚款，并对直接负责的主管人员和其他直接责任人员处一万元以上五万元以下罚款；有违法所得的，并处没收违法所得；给他人造成损失的，依法承担赔偿责任；情节严重的，由原许可机关依法责令停止执业或者吊销相应资质、资格。因出具失实文件，给他人造成损失的，依法承担赔偿责任；造成重大损失的，由原许可机关依法责令停止执业或者吊销相应资质、资格。

（2）隐匿、转移、变卖、损毁被公安机关消防机构查封、扣押的物品的，由公安机关消防机构处被隐匿、转移、变卖、损毁物品货值金额等值以上三倍以下的罚款；有违法所得的，并处没收违法所得。

第十章 新时代下消防监督管理模式构建

第一节 消防监督管理模式构建要点

一、设立健全的管理体系

建立健全的管理体系指的是对不同场合的管理措施都要做到位,例如居民区和办公区域,所配备的消防设备不同,需结合人流量和该区域的实际状况制定出适合的措施。而一些单位机构没有健全的管理体系,消防监督工作就无法发挥其原有的功能。所以,健全管理体系,才能使得各项任务的分工更为明确,才能防止一些地区被遗漏情况的发生。例如,在对工作任务进行分配的时候,可以将工作人员分为不同的层次和等级,这些人员各自负责不同的消防安全工作,例如相关的宣传工作和各项安全设施的检查工作分别由专人负责,保证责任到人,确保整个系统流程的完备。同时对于一些不规范的行为也要制定明确的惩罚措施,对人员起到一定的督促作用。各项负责人在工作时要加强检查力度,认真仔细,增强自身的责任感。相关管理体系也要结合不同地区的不同情况,始终保持以服务人民为核心的理念,制定有效的解决措施,实现管理体系的突破创新。

二、扩大消防检查队伍

扩大消防检查队伍一方面可以对人民起到监督的作用,另一方面这些检查队伍里的人员也能够增强自己的相关消防安全知识水平,对消防安全相关工作有一定的宣传作用。这支队伍的组成除了专业的人员以外,还可以召集一批志愿者,志愿者可以来自社会各个领域。而在对这些志愿者进行筛选的时候最好选用那些对辖区十分熟悉的人员,这样在对安全工作进行排查的时候能够在极大程度上避免各种琐碎问题的发生,同时还能降低资金投入。正式工作前,要强化这一批人员的专业素质水平,增强他们的安全意识;在进行志愿活动的过程中,使他们能够更为详细地了解安全工作的重要性以及生活中存在的各种安全隐患,如何采取及时有效的应对措施。这样在一定程度上也能确保其结束志愿工作以后投入到自己的生活当中去,也能对相关安全知识进行一定程度上的宣传,利于我国消防安全事业的发展。

三、被动式检查转为主动式自我排查

公安部门曾明确规定，消防监督管理部门应该将重点单位的消防安全作为检查重点，定期对人员密集的场所进行监督检查。现在消防工作逐渐地增多，而警力却严重缺乏，在这种情况下，此种管理模式已经不能达到要求，所以，一定要探究新的管理模式，使工作效率得到提高，促进消防工作向社会化方向发展。之前消防部门进行监督检查时多为由消防监督检查人员带单位进行检查，依赖消防部门来检查时替单位发现问题，久而久之社会单位形成了懒惰的思想，不能自己主动的发现问题整改问题，针对此类问题监督检查时应加强社会单位自我动手能力，由社会单位牵头进行检查，出现不懂不会的问题由消防部门进行指导，由被动式检查转为主动式自我排查的理念，这样社会单位才能充分保证就算在没有消防部门监督检查时也能保证自身的消防安全。

四、准确定位消防救援部门的职员

消防救援部门的主要职员是在政府的统一领导下，与其他部门及社会全力配合，共同做好消防工作，而不是仅由消防救援部门单独承担消防工作。消防救援部门需要从三方面开展消防安全管理工作：第一，明确自身职责；第二，明确政府职能部门和主管部门职责；第三，明确社会单位和人民群众职责。近年来，消防安全责任制实施办法出台，各级政府和相关部门的消防工作职责已基本明确，但责任边界仍然模糊，责任交叉区域存在推诿扯皮等现象，只有部门之间互相配合、主动"上前一步"，充分落实"三管三必须"的要求，才能实现齐抓共管、无缝对接。目前消防救援部门责任高于权力，各部门要明确自身法定职能，做好自己职能范围内的事情。

通过上述分析可以得出，消防救援部门的重要职员是监督执法，要将过去的整改型理念变换成管理型理念，提升消防监督管理水平，将消防指导服务行为规范化。

五、推动落实单位消防安全员任

消防安全责任主体是社会单位，要注意两点内容：第一，明确自身的消防安全责任；第二，贯彻落实自身的消防安全工作。为确保单位消防工作顺利有效展开，消防救援部门需在宣传教育后根据法律法规指导开展消防工作。这就需要消防救援部门通过与消防中介服务机构合作、开设网上学习平台等方法，多渠道、立体式、精准化指导社会单位的相关人员充分履行消防工作职责，推动单位落实消防安全主体责任，培训过程中要注意两点内容：一是求真务实，二是培训工作要全方位、多渠道。例如，针对不同岗位的人群，培训的侧重点也不同。培训单位消防安全责任人的内容有四点：一是宣贯消防法治理念，提升消防安全意识；二是锻炼消防安全管理工作的组织能力；三是认识并抓牢单位消防工作重点；四是研究消防工作开展方式。培训社会单位安全部门责任人或消防控制室工作人员的内容有四点：一是培养员工岗位技能；二是普及安全理论知识；三是制定职业技能鉴定制度；四是提高安全管理技能。培训普通员工要根据其岗位特点，具体内容有三点：第一是宣传并普及安全常识；第二是帮助员工认识本岗位的安全风险；第三是培养员工在紧急情况下的应急处置、自救和疏散能力，除宣传教育之外，落实责任追究也是消防救援部门需要关注的。如果发生违法违规操作、涉及面积广、造成财产损失大的火灾事故，涉案单位及个人必须承担相关责任并按照法律法规赔偿相应的经济损失。

此外，我国立法部门需要从总设计加的角度进一步完善法律，从大方面调整并确定消防工作中各方面的主体责任，放弃过去的以罚代管的负激励监督模式，建立新的以履职报告和安全承诺为主的正激励监督模式，从而调动全社会对于消防安全工作的积极性，将隐患扼杀于萌芽状态，为规范化、系统化社会单位消防安全管理工作，除了调整自身不足，消防救援部门还可以通过学习别国的成功经验来制定社会单位自我管理的工作标准，为社会单位确定两项主要工作规范，即安全管理和安全管理评价标准。

六、夯实消防监督管理基层基础

从我国现阶段的消防监管现状来看，现行的消防监督管理模式存在以下几个方面的问题：一是基层力量不足，镇街道及以下没有专门的消防监管力量，地方消防救援部门的规模有限，无法确保消防监督管理工作可以全面覆盖辖区；二是社会监督力量薄弱。我国消防监督管理模式依然以政府为主导，社会力量间接性参与，社会监督力量不仅薄弱，且参与主动性不足，主要以消防中介机构为主。由此可见，若想要从根本上解决消防监督管理工作的现存问题，强化基层监管力量，就必须加快消防监督管理模式的改革，大力发展社会力量，构建以社会力量为主的消防监督管理模式。在全新的模式中，消防救援部门不再直接负责消防监督工作，而是将工作精力集中在消防管理以及消防执法等方面，从而有效减轻了消防救援部门的工作压力，保证其基本职能更好地发挥。作为监督核心的社会力量，不仅包括消防中介机构，同时也要进一步发展其他社会力量，如保险公司、街道办、居民委员会等，鼓励社会力量充分发挥监督职能，主动发现身边的消防隐患。需要注意的是，为保证这一模式的顺利运转，必须重视消防监督信息的反馈体系构建，保证信息反馈的及时性与有效性。

七、加强公共消防设施建设

1. 加强消防站建设

消防站是消防安全管理工作中最直接、最重要、最有效的部分。政府部门建设消防站时需要考虑四点内容：第一是建成后的面积；第二是常住人口数量；第三是灭火救援的实际需要；第四是规范准则。建成后要第一时间补足消防人员并配套充足的消防设备，对于不符合实际情况的已建消防站，政府部门可以通过迁移置换或原址扩建等多种方式来改造，这一过程要以消防站的可覆盖面积为基础。我国目前很多城市都在改造旧城区，政府部门可以在这一时期重建或扩建消防站，解决其薄弱环节，如果无法在城镇建设区域增加普通消防站，政府部门可以根据自身情况建立外国式的微型消防站，从而更大范围地覆盖城区面积。

2. 加强消防设施建设与消防规划

为及时扑灭火灾，防止火灾不断扩大，消防设施供水一定要充足。对此，城镇规划人员在规划时要充分考虑供水设施的给水管道以及给水量，保证消防水鹤和消防栓处在最佳位置。政府部门可以根据自身地域特点建设供水设施。城市中火灾负荷大的区域有三个：一是大型商业区；二是居民聚集区；三是城市综合体。相关部门需加强消防供水设施建设，以此来提高用水安全。从消防规划的角度来看，城市消防设施建设规划应当与城市规划同步进行。地方消防部门需要与城建部门加强联系，超前考虑城市自身的发展趋势，保证规划方案具有前胞性。要根据城市规划建设方向，合理布局消防体系，综合区域人流量、消防压力、消防特征配置消防设施。

第二节 社区消防监督管理模式创新

随着我国经济的发展，根据我国国情，并借鉴国外先进消防管理方法，我国最终将采用政府指导、群众参与的社区消防工作管理模式。

政府指导、群众参与的社区消防工作管理模式为：由基层政府对社区消防工作进行指导，居委会、村委会对社区消防工作进行抽查，物业管理公司成立义务消防队，义务消防队员进行消除火灾隐患以及扑救初起火灾，居民、职工等作为消防志愿者，协助物业管理公司进行消防管理，并对物业管理进行监督，人人参与消防管理，消除消防管理漏洞，及时消除火灾隐患。这种社区消防工作的管理模式消防经费主要来源于物业管理公司收取的物业管理费，政府负责城市消防基础设施的费用，另外一部分由企业等进行赞助。

一、采用政府指导、群众参与的社区消防工作管理模式的必要性

第一，有效地解决了我国社区消防警力不足。

我国将组建各种形式的消防队伍，弥补我国社区消防警力不足的困境。以广州市番禺区为例，广州市番禺区是广州市南面的一个区，是广州市"南拓"重点区域，地处广东省

中南部,珠江三角洲腹地,位于穗港澳"小三角"的中心位置。全区总面积 786.15 平方公里,户籍人口 94.76 万人、外来流动人口 80 万人。辖 10 个镇,7 个街道办事处,247 个村委会,74 个居委会。番禺历史悠久,距今已有 2200 多年的历史,是岭南文化发源地之一。番禺经济比较发达,2007 年全区实现生产总值 628.06 亿元,财税总收入 128.9 亿元,其中地方财政收入 37.20 亿元。辖区内各类企业 8 万家,其中化工企业 353 家,生产储存易燃易爆物品场所 77 家,公共娱乐场所 233 家。

广州市番禺区设置一个公安消防大队,现辖市桥、大学城 2 个现役消防中队,公安消防大队及属下两个中队是由国家组建的(由公安部领导)。全区专职消防队现有 26 支,分为镇、村、社区、企业 4 种类型,各镇、街都组建一支专职消防队,一些经济发达的村庄如番禺区石基镇的旧水坑村也设置一支专职消防队,大型的居住小区如祈福新村设置专职消防队。全区专职消防队员共 371 人,消防车 59 台,由各镇、街、村庄的治安员、企业职工、物业管理人员等组成的义务消防队员共 13400 人。如果只有公安消防队伍,将无法有效地遏制火灾事故的发生,加入了专职消防队员、义务队员等有效地解决了番禺区社区消防警力不足的困境。

第二,有效地解决了我国社区消防经费不足的困境。

我国社区消防的经费来源主要有、政府拨款、团体或个人的捐助、社区内设置的有偿服务项目的收入。我国城市社区消防经费筹备模式,往往容易导致社区为筹集更多的经费而重点放在社区经济建设上,而忽略了社区的消防工作。

我国的经济发展还不平衡,东部沿海地区经济发达,形成"珠三角""长三角"经济发展区,人民生活水平已达到小康水平,西部、西南部地区经济条件差,特别是在一些少数民族地区,生活条件较差,还没完全解决温饱问题。我国的消防经费还比较少,特别是社区消防经费还不充足。因此,组建了专职消防队伍和义务消防队伍,特别是大量义务消防队员和志愿消防队员的加入,又节省了大量的财力、物力。

如广州市番禺区公安消防大队的消防经费由政府拨给,镇、街的专职消防队经费由镇、街负责,由于番禺经济比较发达,政府对消防工作非常支持,消防经费得到了保证,而且番禺消防大队与政府部门、企事业单位、一些大型的房地产发展商如广州雅居乐房地产开发有限公司结合成共建单位,一部分基础设施建设经费得到共建单位的支持。在番禺沙湾镇的村委会、居委会在社区(村)共投入 120 万元建立了消防宣传教育室、消防备勤室 23 个,成立义务消防队 23 支。备勤室设有手提消防泵、战斗服、灭火器、水带、水枪、消防斧、拉梯、救生绳、应急灯和急救药箱。通过村委会、居委会的投入有效投入,并且义务消防队队员有很多都是志愿的,因此弥补了社区消防经费不足困境。

第三,有效地消除社区消防火灾隐患存在的死角。

社区专兼职消防力量由于对社区的环境比较熟悉,可以深入社区开展巡查和夜查,对违章用火、用电、用气、堵塞安全出口、侵占消防通道、乱倒液化气残液等火灾隐患可以纠正，及时消除火灾隐患，杜绝火灾事故发生。对消防栓、灭火器等消防设施器材进行检查和保养。在巡查中，能够加强对容易出现火灾隐患的单位和个人进行管控，如出租房屋及外来打工、经商人员等。同时，根据社区内的实际情况，社区专兼职消防力量走街串巷，走进社区幼儿园、学校、医院、商场、企业单位开展消防宣传，让消防工作深入人心，有效地预防因用火、用电、用气不慎等引起的火灾。

二、政府指导、群众参与的社区消防工作管理模式的尝试

我国采用政府指导、群众参与的社区消防工作管理模式，要取得较好的效果，应从以下几个方面入手进行尝试工作：

首先，建立公共消防基础设施与城市总体规划同步建设体系。

公共消防基础设施是预防和减少火灾危害的物质基础。近年来，经济快速发展，社会结构急剧调整，新旧体制交替并存，消防安全形势越来越严峻。虽然各级政府不断加大消防投入，但是消防基础设施建设仍不能满足灭火救援及改善消防安全形势的需要。目前全国城市和农村消防规划普遍滞后甚至缺乏，特别随着城市规模不断扩大，消防站责任区面积扩大，消防站、消火栓普遍"欠账"。建立公共消防基础设施与城市总体规划同步建设体系，通过政府主导，建设部门负责，把公共消防基础设施建设纳入城乡总体规划建设，统筹发展城市、农村以及不同区域的公共消防基础设施建设，使消防基础设施建设真正融入我国城市、农村建设之中，并与之同步，这是解决城乡和区域之间在公共消防基础设施上不平衡的根本，也是发挥政府社会职能"倾斜性"作用的落脚点。

广州市番禺区各级政府和街道办事处加大城市消防基础设施的整治与建设力度，为改善和提高城市抗御火灾及其他灾害的能力创造条件。城市消防基础设施完善与否是一个城市现代化文明程度的标志之一。每个镇、街都请设计单位针对自身特点和情况，依照有关消防法规，会同消防部门制订社区消防站（点）、消防供水、消防通信和消防通道等公共消防设施以及供电、民用燃气等的规划和具体的建设方案，并将其纳入城市建设总体规划。

其次，应充分利用社区内现有资源，建立健全消防安全管理机制，集群众共同参与社区管理、专业化管理的新局面，这是规范和落实消防安全管理的重要保证。政府领导、部门联动是做好社区消防工作的前提。社区消防工作涉及方方面面，在社区自治程度不高的情况下做好这项工作，必须依靠政府重视和统一领导，形成合力。

一是以辖区人民政府为核心下派的街道办事处为主体的管理，应发挥其协调职能作用，联合城建、公安、文化、教育、城管等部门及企业单位为一体，形成条块结合各司其职的消防管理防护网络。二是要积极探索新形势下多种形式发展地方消防队伍的新路子，努力促进地方专职消防队伍的巩固和发展，形成以公安消防部队为主体的多种形式、多种功能、统一调度指挥的灭火防火组织体系。组建多种形式、多元化兼治安与消防多功能为一体的

社区消防志愿者、义务消防巡逻队等队伍，负责对社区公共消防设施、居民楼内消防设施的检查维护，随时制止消防违法违章行为和扑救初起火灾。如由热心消防事业的政府救助的低保人员、下岗职工、军转人员等参加的社区消防志愿者、巡逻队，救护帮扶组织，融入社区警务为一体的综合性防护管理网，形成坚强有力的民间组织。三是以市场为主体的物业管理公司要根据《中华人民共和国消防法》《机关、团体、企业、事业单位消防安全管理规定》等法律、法规建立起消防安全管理制度，并通过一系列的学习和培训，使物业管理人员增强消防安全观念，树立起消防安全责任主体意识。要保证建成小区内各类固定消防设施及配套设施的完整有效并定期维护保养，不允许出现类似消防通道上锁堵塞、灭火器过期、烟感热感探头失效、消防栓无水或损坏情况。一旦出现火灾，管理人员要做到会报警、会组织人员疏散、会组织扑救初起火灾。应充分利用社区内现有资源，建立健全消防安全管理机制，集群众共同参与社区管理、专业化管理的新局面，这是规范和落实消防安全管理的重要保证。最后，创新公众消防宣传教育形式，推动消防宣传教育的社会化。

民众消防安全意识的普遍提高是实现消防工作社会化的基础。民众消防安全意识是否提高，是直接关系到消防法规能否顺利执行的最根本的问题。意识增强了，民众会自觉遵守执行有关规定，会主动参与消防工作，认识到做好消防工作是自己的事，是全民共同的事业，消防社会化进程就会加快。反之，意识提不高，认识不到位，认为消防工作是消防部门的事，处处抵触消防执法，逃避消防监督，违反消防安全规定，就算消防队伍再扩大十倍，也是无济于事的。

提高全民消防安全意识应当成为消防工作的出发点和落脚点。应进一步加大消防宣传教育力度，不断提高全民消防安全意识。美国消防工作的重点是消防宣传教育，着力提高全民消防意识和消防基本常识。美国全民消防意识较强，50%公民都是消防志愿者。英国的消防教育理念是"公众消防教育"，即对公众进行火灾危害性和预防火灾等基本知识的教育。

加强社区及街道办事处消防安全宣传教育，形成广泛关注的消防安全氛围。要逐渐形成"小政府、大社会"的格局，街道、居委会、物业等社区管理单位应借消防进社区之机，加强在社区及小区内消防安全宣传教育工作，建立动态消防宣传栏、消防漫画、专题图片展，建立"楼道消防文化"等手段，充分利用民间艺术活动等阵地来宣传防火、灭火及火灾逃生、安全疏散等消防基本知识，让居民意识到消防安全的重要性，从而形成人人重视消防、人人具有一定消防安全自防自救能力的"群众消防"文化。

有条件的要积极建消防博物馆（室）、展览馆（室），要做到定期开放。还可以建立消防宣教中心，配备一定的电教设备，制订计划，消防站应设置利用高科技手段和电脑控制的火灾现场模拟演示室；较为实用的灭火救人及使用消防装备训练用房等。同时还应利用房屋内走道设置了模拟逃生走道和消防文化长廊，利用屋外地坪设置了休闲场地，为社区群众提供了良好的消防活动场所。

番禺区学习借鉴国内、外发达国家和地区的一些有效做法，在贴近实际、创新手段、务求实效上狠下功夫，不断推进公众喜闻乐见、生动活泼的消防安全教育，不断增强社会各行业、各阶层消防安全素质，努力把消防工作社会化提高到一个新的水平。番禺消防大队提出"四轮驱动、七进领先"的思路，在认真开展好消防宣传"进学校、进企业、进居委会社区、进农村、进家庭""五进"规定动作的同时，结合实际，超前一步，率先开展了消防宣传"进机关"活动，并依托全区287个出租屋工作站和1083名专职出租屋管理员，6个举措切入，率先开展了消防宣传"进出租屋"活动；并提出了实施"567"工程，全力构筑立体化、多元化消防宣教新格局的思路。"5"是精心打造电视、广播、网络、报刊、基地培训5个宣传主阵地，"6"是创新短信、户外媒体、车载公益广告、知识短片、活动宣传策划、网吧6种模式拓展消防宣传新途径。"7"是深化消防宣传"七进"活动，努力使消防宣传在社会上实现"全覆盖"。

充分利用广告屏、宣传栏等设施宣传消防知识。宣传栏可以通过形象生动的图片、火灾案例、幽默故事等对居民进行集中宣传，提醒居民日常生活中应注意的防火事项，传授灭火和疏散逃生的各种技能，强化消防安全意识。广告屏通过插播消防宣传警语，提醒市民关心消防、支持消防。社区专、兼职消防力量也加大消防宣传力度，采取开办消防板报、张贴消防标语、设置消防宣传栏、发放消防宣传单、制定社区防火公约、家庭防火公约等群众喜闻乐见的形式宣传基本消防常识、消防法律知识，不断提高社区居民的消防安全意识，提升社区居民自防自救及扑救初起火灾的能力。社区内有固定消防站（点）的，充分职能优势，建立宣传阵地，定期组织居民群众到消防站（点）参观。番禺消防大队还派宣传人员走进社区幼儿园、学校、医院、商场、企业单位开展消防宣传，让消防工作深入人心，有效地预防因用火、用电、用气不慎等引起的火灾。

最后，多方筹措资金，加大投入，实现社区消防建设稳步推进。

要实现社区消防工作的长期发展，没有经费的投入，没有强有力的经济支持，社区消防安全工作机制将难以运作，甚至会使其瘫痪。建立社区消防安全工作机制，首先是确保经费的到位。

社区消防的经费应拓宽来源渠道，如英国的社区消防经费以政府投入为主渠道，同时募集社会资金予以支持。伯明翰市汉思沃斯消防站同时又是社区安全教育中心，是英国5个示范点之一。其300万英镑建设经费分别由中央和地方税收各出50%，地方税中企业税和个人所得税又各占25%。其日常经费来源则以政府补贴、社会捐助为主，同时社区组织人员到中心活动时，也适当收取一些费用。爱丁堡市消防局办的《苏格兰消防安全报》也是由政府拨款编印，免费发给社会大众。伦敦市的消防教育经费来源渠道多种多样，除政府拨款外，还有商家、企业赞助和靠关系帮忙等。因此，各地应该因地制宜，因情施策，多渠道、多途径解决社区消防建设资金，只有社区消防建设的经费能得到保障，才能真正使社区消防工作得到长效的发展。

笔者认为，可从以下几方面拓展社区消防经费来源渠道：一是地方政府出一部分。《中华人民共和国消防法》规定，消防工作由国务院领导，由地方各级人民政府负责。为此，地方政府有责任投入资金用于消防建设。二是社区自己创收。社区可充分利用现有资源，通过发展社区服务业（如小商店、小工厂、小饭店、娱乐休闲场所等）来解决一部分资金问题。三是社区单位或居民出一部分。通过宣传教育，得到广大居民的理解和支持，让驻区单位和社区居民明白自己的安全与社区安全紧密相关，花钱买平安是值得的。

第三节 新时代网格化消防监督管理模式创新构建

"社会消防安全网格化管理"这个概念最早是公安部刘金国副部长2011年7月在全国深入推进消防安全"五大"活动电视电话会议上提出的，在借鉴北京、江苏、河南、云南等消防安全"网格化"管理的成果和经验基础上，提出"积极在乡镇、街道成立由工商所、派出所、安监办、综治办等部门负责人参加的防火安全委员会，设立消防管理办公室，在村（居）委会明确具体管理人员，确保基层消防工作有人抓、有人管。要以乡镇和社区为基本单元，逐级细化'网格'，明确责任人员，组织公安消防全警力量牵头，重视并联合居委会、村委会等基层力量，组成最广泛的消防安全战线，坚决防止失控漏管。""网格化"管理虽然在当时是一个全新的概念，但它的出现对消防部门解决社会上长期存在的消防安全隐患起了重要的引领指导作用。"网格化"管理这个新概念是将城市、城镇划分若干网格，将责任层层细分到每个网格的消防监督人员、公安派出所民警，将任务细化到每个网格，从而达到分片包干，量化任务，并且在每个城市、城镇的地图上，详细划分出每一名消防监督员及每一名公安派出所消防民警管辖的具体区域，实现区区相连，全面覆盖，杜绝失控漏管的现象发生。

（一）构建网格化消防安全管理模式的必要性和可行性

1. 必要性分析

随着国家的不断发展，消防工作必须常抓不懈。这对于社会的安全稳定意义不可小觑。应努力做好社区的消防安全管理工作，为城市社区提供更加优质的公共消防安全服务保障。应加大市民对消防知识的了解，提高市民对消防安全的认知。应更好地协调社区消防安全工作，做到防灾与减灾的同步运行，为市民的安全建立保护伞。应努力提高社区消防工作效率和安全保障，从而更好地为人民创造一个和谐安宁的社会。其必要性具体表现在以下几点：

第一，社区消防力量与辖区消防部队存在一定的差距。

对于很多社区来说，他们都缺少自身的救灾力量，没有专业的消防队伍，并且消防知识欠缺，自身的救灾力量薄弱。发生灾情，社区往往电话求助消防队。然而在消防队到达之时存在着一定的时间差，错过了最佳的灭火时期，从而造成损失的扩大。这个问题不仅在社区中存在，在许多企业里也存在。领导部门对消防管理工作重视不够，造成配套资金不充实、消防设施不完善，故而消防安全也得不到足够的保障。社区消防队员不集中，流动性大，对于救灾工作起不到多大的实际性作用。对辖区中队消防员来说，现今面对的最大的问题是：辖区面积太广、布点太少、救灾覆盖率不高，救灾力量无法在第一时间赶到，难以发挥最大的救灾效力。

第二，社区基础的消防设施过于薄弱。

消防设施本身就不够齐全，其中还存在许多陈旧过时的设施。消防栓、灭火器、战斗服、水带、水枪等严重不足，导致消防设施建设严重滞后。

第三，未能树立防灾救灾的意识和理念。

社区居民对防灾救灾的意识不够强烈，对相应的灭火常识和能力都不太了解。社区缺少专业的宣传和教导人员来组织学习火灾扑救等应急措施，导致居民消防观念普遍偏淡，自救知识十分薄弱。如何扑救一般初期火灾、如何在火灾现场安全逃生、如何安全使用家用电器，这些消防常识性知识并未得到深入普及和推广。更有甚者，不仅对消防常识毫无了解，还不支持社区消防工作，缺少互助互救的整体逃生意识。更恶劣的甚至会破坏公共消防设施，导致社区消防工作人员无法正常使用设施。

第四，社区火灾隐患严重。

从目前的消防现状，火灾的危害包括：第一，社区消防设施存在严重损坏，在发生火灾的关键时刻失灵；第二，消防通道规划滞后于城市社区规划，经常堵塞或水泥墩限制，消防车很难进入；第三，近年来，家庭使用的装饰材料大多具有可燃性，导致家庭单位面积火灾荷载大大增加；第四，住宅区连片开发，规模大，导致人口集中，购物中心、学校、幼儿园等人员密集场所和加油站等危险化学品区域集中，增加了火灾发生的概率；第五，大型商住高层建筑彼此接近，防火间距不足，增加了火灾蔓延的危险。

第五，消防应急指挥流程存在弊端。

传统火灾报警与消防调度流程是在接到警情后，完全由警情调度员依照主观经验进行判断，然后调集救援力量。一旦判断失误，将导致整个消防救援工作的决策失误。并且接警员了解灾情的方式是靠手工方式去实施，未能充分发挥如今网络技术和无线通信的优势，导致了消防反应速度慢，群众满意度不高。

2. 可行性分析

消防安全网格化管理模式从管理思想、管理理念、管理方式、管理手段等几个方面，经受住了日常消防安全监管、应急调度指挥、优化消防资源配备等考验。从技术角度上讲，随着城市管理过程中遥感技术、地理信息系统技术、全球定位技术、综合运用，多种信息技术的整合运用，会使得消防安全网格化管理模式在信息化方面应用更加广泛和深入。从管理组织和机制上讲，消防安全网格化管理模式将消防安全工作指挥职能和监督职能有机结合，有利于提高消防工作效率和准确率，该模式值得推广。从群众基础角度上讲，由于社区消防宣传工作一直是消防事业的重中之重。消防灭火工作，社区居民关注度高，降低了消防安全管理工作进驻社区的阻力，也降低了消防工作开展的成本。

（二）消防网格化管理优势

与一般消防管理相比，消防网格化管理具有无可比拟的优势：

1. 细分网格，严明责任

实行"网格定位、领导定点、全员定责"，切实建立和完善网格化消防安全管理模式的组织架构。以乡镇、街道为单元划分成"大网格"；以行政村、社区为单元划分成"中网格"；以居民楼院、村组和生产经营单位为单元划分成"小网格"实施"定点到人"，明确各级具体责任。地方政府和消防部门领导负责"大网格"，乡镇街道工作人员负责"中网格"，行政村、社区服务人员负责"小网格"，协调推动消防工作落实，实行同奖同罚。

2. 专兼结合，破除管理机构整合问题上的瓶颈

全国消防部队约有17万人。从每百万人中消防从业人员的占比角度上看，远远低于国外其他国家。这也造成了消防安全管理工作在社会面无法全面铺开，消防工作无人抓、无人管。必须整合社会相关管理资源，借势发力，综合治理。切实建立由地方政府牵头，街道办、派出所、警务室、安监办、文教办等部门联合组成的火灾安全委员会，定期召开会议，研究部署当前消防安全工作。在乡镇、街道成立"消防办"，共同办公。按照公安部刘金国副部长提出的"全警消防"理念，将消防工作纳入公安机关日常和年终绩效考评，明确分管所长和专兼职民警职责，实现基层消防监管的常态化和规范化。

3. 多元发展，全面整合消防防控力量

不断整合壮大各级网格消防力量，按照"覆盖城乡、防消一体、建管并重"的思路，发展地方政府和企业专兼职消防队，弥补消防监管空白点。由于消防部队设置只覆盖到乡镇，在无现役消防队的县市和城市新区，建设政府专职队，配备专职消防队员，按照现役消防队官兵训练、工作模式，使他们全部承担起辖区防火检查巡查、扑救初起火灾、宣传服务群众"三大消防职能"。建强高危场所防消联勤队，打造单位管控力量提升点。壮大消防志愿者队伍，培育网格自治力量增长点。

（三）网格化消防安全管理模式的构成

当地政府的统一领导作用是非常巨大的，尤其是针对一个庞大的管理工程—消防安全网格化管理，更加需要合作的力量，而不是仅仅只靠消防一家。我们必须要做到以下几点：

（1）绝对的听从上级的领导，及时向领导做好汇报工作，在领导的指挥下开展工作。

（2）建立起360度无死角。无死角的消防管理网格，始终坚持政府对消防工作的领导，

在开展火灾隐患自查自改活动中，协调各部门，分工负责，相互监督。

（3）改良工作机制，加强政府监管力度、改善改革机制。

1. 大网格消防安全管理模式设想

以街道办事处、乡镇人民政府行政辖区划分"大网格"。乡镇人民政府是消防安全网格化管理的第一责任人。建立由多方监管部门共同参与的消防安全委员会，在联席会议上研究解决消防工作突出问题。笔者在调查中发现，大网络必须加入消防部门的人员，负责协调各部门联合开展执法调查和上传下达。而乡镇安委会相关成员也要参加多部门联合的安全检查。有专业人员穿插的好处在于既可以给领导当好参谋，解决一些技术上的问题，同时能真正把安全隐患消除在基层。

2. 中网格消防安全管理模式设想

以行政村和社区为单位划分"中网格"。居委会和村委会主任是中网格消防工作第一责任人，依托大网格消防安全管理思想，居委会和村委会也应确定消防专职管理人员，负责本级消防安全网格化管理日常工作。所以，即使对村党委班子进行消防安全知识培训，效果也不高，因为培训人员在受训结束之后，回村宣传积极性不高。为改善这一情况，在火灾多发的夏季和冬季，消防大队可将防火宣传讲话稿印发给村支书，通过广播讲话的形式宣传教育。在条件允许的地区，可以采用散发传单或是张贴字报、标语的形式来实现宣传消防安全意识，防火减灾。要对村巡逻队进行统一消防培训，使其能及时发现制止敏感场所，敏感人员携带违禁易燃物品等危险行为。公安派出所在对村巡逻队进行安全培训时，应强调将防火巡查加入巡逻队日常工作内容中。这样就能填补乡村防火巡查工作空白的局面，将乡村防火巡查工作落到实处。

3. 小网格消防安全管理模式设想

以地方单位、人员密集场所、居（村）民楼院为单位划分"小网格"制定相应的消防安全管理措施。建立由楼长、负责人牵头的群众性自治组织，培训选拔消防管理员和宣传员。结合实际情况，消防办公室一般设立在物业办或单位保卫部门，并由相关工作人员具体负责消防管理，包括日常的防火检查和巡查，对消防违法行为及时做出纠正，填写防火检查记录，等等。

（四）完善网格化消防安全管理模式的具体措施

1. 强化市、县（市、区）政府消防工作责任的落实

城乡社会建设责任是由市县（市区）政府直接担负着。市县（市区）应依法对行政区内消防工作进行监督，增加消防预警演习的次数，健全消防规范条例。根据城乡差异，制定和实施可持续发展的消防规划，增加公共消防设施并定期检修，确保公共消防设施的完整好用。明确乡镇街道消防工作管理机构，以街道社区为单位，开展消防知识竞赛等活动，普及消防知识，降低火灾发生率。对消防管理人员建立健全奖惩机制。在对政府工作进行

考核时，将消防安全管理工作作为重点内容重点检查。

2. 建立城乡社区管理网格下消防安全三级管理网格

一级网格主要是各乡镇街道，它们也是基层政府的基础单位，其职责是加强政府的消防管理工作，组织消防安全知识普及培训和消防预警演习等活动。根据城乡差异安排不同的安全隐患检查，并指派消防人员进行消防知识培训，及时补给消防专项资金，满足消防安全经费的需求。

二级网格主要是依托各基层社区，充分借鉴江苏的新型"一党委＋一居委＋一服务站＋一综治办"社区管理模式，这种一党一居一站一办的管理组织架构能有效发挥各自职能，实现"四位一体"协作管理。首先，社区居委会要做好社区的消防安全知识普及工作。通过定期或不定期地举行消防知识培训、消防应急演练等活动来提升居民的消防安全意识和应急处置能力。在提升安全意识的同时，社区党委还需要对社区内的消防工作进行整体规划和安排，做好消防安全检查。其次，充分发挥基层党员干部以及知识分子的带头作用，吸纳一些党员干部以及教师等知识分子，组成消防安全志愿者队伍，并进行社区的消防巡查工作。尽力做到防患于未然，最大限度降低火灾发生概率。要落实这种消防安全巡查工作单靠志愿者是远远不够的，因此，社区党委以及居委会需要根据社区实际情况，制定完善巡查机制并严格实施，将消防安全巡查工作作为综合治理中的维稳工作，纳入日常社区管理工作并加以落实。最后，对社区工作小组和人员进行网格划分。以社区为基本单位，将其划分为若干个不同的消防安全责任微网格，让社区居民、工作人员等都参与到消防安全工作中，将工作人员以及服务人员的消防安全工作责任化，最终实现一网多格、全员参与的目的。

3. 完善以市县（市或区）为单位的公安消防机构以及公安消防安全监督管理三格机制

我国的市县两级公安消防以及派出所消防监管机制经过多年的发展已经相对成熟和完善，各消防队伍消防安全责任划分明确，市县的一级重点单位和建筑的消防安全主要由专门的消防支队负责，而二级的消防安全单位则主要归属于公安和派出所消防队伍管辖。这种细化的安全责任划分，不仅能做到消防安全工作的有效监督，更能保障安全工作的全面有效性。这种消防安全分级制度在实施中，上级机构必须落实对下级单位的监督指导以及考核工作，还要处理好监督网格与消防安全管理整体工作的关系。这样才能实现消防安全管理网格中机构的规范化、工作人员的严谨化以及行动的高效化。另外，消防部队在做好自身工作的同时，还需要充分发挥其执法职能，为消防安全组织机构的执法工作提供更多保障。最后，提升群众的消防安全意识以及消防工作热情，充分运用其人多力量大的优势，让其积极地帮助和配合政府部门解决消防安全中出现的问题。

4. 多渠道多平台地做好消防安全宣传工作

消防安全管理工作不仅是政府部门的事，也是大家的事。要做好消防安全工作不能单纯依靠政府及其相关组织机构，需要全社会多平台的共同协作。其中最主要的就是要利用多种平台做好消防安全宣传工作。随着网络技术的发展，网络已经走进人们的生活并逐渐普及。网络已经成为消防安全宣传的重要渠道。对此，可以采取设置消防安全在线咨询、隐患举报以及群众留言等多种渠道来开展工作。这些网络消防安全宣传平台建立后，需要公安消防及其派出机构做好日常管理工作，例如信息的搜集和反馈以及网络维护和监督工作等。

第四节　新时期社会化消防监督管理模式创新构建

消防管理作为公共管理的一种，以公共安全、公共利益的有效实现为根本出发点和最终目的，有效防止和杜绝火灾事故发生。公共安全，是指不特定多数人的生命、健康或重大公私财产安全。公共利益，即在一定条件下，与一定地域共同体多数成员普遍密切相关的社会需求或要求。公共管理的本质追求即公共利益，消防管理以保障公共消防安全和公共利益的有效实现为依归。

社会消防管理直接关系到经济建设和人民生命财产公共安全，是经济和社会发展的重要保障，消防公共安全涉及社会的各个领域、各个行业、方方面面，社会消防管理责任重于泰山。消防安全作为整个国家社会公共安全防控体系的一个重要组成部分，是衡量一个城市、一个地区乃至一个国家文明程度的重要标志。随着经济和社会的发展，我国日益严峻的火灾形势给我们敲响了警钟，国家在发展的同时，一定要重视社会消防安全管理。而消防管理的重中之重是应当以政府为核心领导多元的社会行为主体最大限度地保障公共安全、实现和增进公共利益，广泛运用各种方法和方式，在社会单位和公众的广泛参与和参加下对社会公共事务实施社会化管理。

我们必须打破长期以来受到计划经济影响的消防安全管理模式。因为这种模式已经滞后，严重阻碍了经济和社会发展，而社会消防管理的范围、复杂性、难度都增大了，根据火灾特点和形势，总结国内外消防管理的经验，必须对消防安全管理模式进行全面调整。我国尽快建立新型社会化消防管理模式是社会发展的必然需要。消防工作的重点是多方面的，包括建筑工程的消防审核、验收，消防装备的改善，消防技术的改进，日常消防安全重点单位的检查，特别是公众聚集场所、易燃易爆场所的消防监督检查，消防组织的完善，而这些都是列行的工作，多年来一直倡导，但成效不明显。

具体而言，建立新型消防管理社会化模式，就是全面落实预防为主、防消结合的方针，努力构建"政府统一领导、部门依法监管、单位全面负责、群众积极参与"的消防工作格局，着力整治各种火灾隐患，全面加强城乡消防工作，切实提高全社会防控火灾的意识和能力，有效预防和减少火灾事故发生，为我国经济发展、社会稳定和人民群众安居乐业创造良好的消防安全环境。

基于此，构建的新型社会化消防管理模式的基本框架包括组织机构体系、城市社区消防自治管理模式、社会消防中介组织网络、消防与保险互动机制。下面对每个部分做详细的介绍。

一、组织机构体系

1. 政府为核心的消防管理社会化组织机构

《消防法》明确规定，消防工作由国务院领导，由地方各级人民政府负责。这是消防工作的性质和政府的管理和服务职能所确定的。《消防法》还明确规定，各级人民政府应当将消防工作纳入国民经济和社会发展计划，保障消防工作与经济建设和社会发展相适应；城市人民政府应当将包括消防安全布局、消防站、消防供水、消防通信、消防车通道、消防装备等内容的消防规划纳入城市总体规划，并负责组织有关主管部门实施；各级人民政府应当经常进行消防安全教育，提高公民的消防意识，重点防火季节应进行消防安全检查；建立各种形式的消防组织，增强扑救火灾能力；组织人员、调集物资支援特大火灾的扑救；奖励消防工作成绩显著或贡献突出的单位和个人；对救火中受伤、致残或死亡者给予医疗、抚恤；加强消防科学研究，推广、使用先进消防技术、消防装备；指导和监督基层社区的消防工作；依法决定对经济和社会生活影响较大的停产停业处罚，等等。

《消防法》颁布以来，全国各地政府都不同程度地加强了对消防工作的领导，这对于促进我国消防管理社会化起到了积极的作用。通过一些实际的例子，我们可以总结出，如果政府重视并真正承担起社会消防管理的责任，可以通过政府行为，从上而下推广消防管理社会化意识。可以促进了一批社会消防管理工作中的"老大难"问题的圆满解决，防范和控制了一批重特大火灾事故的发生。过去是消防部门面对整个社会唱"独角戏"，没有权力，没有资金，没有人力，一些社会问题长期无法解决。

政府作为社会安全的指挥和决策中心，随着国际一体化，受冲击最大的是政府，政府怎样在社会转型、经济转轨、企业改制、结构调整过程中，对辖区消防安全实施有效的宏观管理，如何推进基于公共安全本位论的社会化管理模式的建立呢？

首先，笔者认为政府应该进一步明确责任主体、强化责任内容、实施责任奖惩，推行消防责任制，以此达到强化消防管理的目的。

据有关材料来看，在政府落实《消防法》过程中，还存在一些实际的问题。如消防责任制的制定如何分解与量化。通常的做法是上级政府与下级政府之间层层签订责任状。责任状一般只是照抄《消防法》中关于政府职能的规定，如各级人民政府负责消防工作，各级人民政府应当将消防工作纳入国民经济和社会发展计划，建立健全消防组织，落实防火安全责任制，组织开展消防安全教育，提高公民的消防意识，保障消防工作与经济建设和社会发展相适应。我们看到，这些只是总的原则和方针，在具体实施过程中要求各级人民政府和各有关职能部门要将消防责任进行具体的分解与量化。如果没有科学的分解与量化，就起不到应有的效果。

2001年8月29日，山东省人民政府公布实施了《山东省各级人民政府消防安全责任制实施办法》。明确规定，各级人民政府统一领导本行政区域的消防工作，履行下列消防安全职责：(一)贯彻落实消防法律、法规、规章；(二)组织编制、实施消防规划；(三)开展经常性的消防宣传教育；(四)组织开展消防安全专项检查；(五)组织消除重大火灾隐患；(六)建立多种形式消防队伍；(七)统一指挥特大火灾及其他灾害事故的抢险救援；(八)贯彻执行上级人民政府有关消防工作的指示，研究解决消防工作中的重大问题。并规定，各级人民政府应当将消防工作纳入任期责任目标和年度工作计划，明确有关部门消防安全职责，认真制定科学合理、行之有效的考核标准和办法，确保消防安全责任制的落实。经过具体的解释政府在履行消防管理方面的职能，山东省各级政府在执法《消防法》过程中收到了良好的效果，取得了一些好的经验。

《消防法》在执行过程中也发现了一些新的问题：如责任主体不明确。签订消防责任状时，一般情况是上级部门消防责任人与下级部门消防责任人签订，不是法人代表与法人代表签订。但真的在追究责任主体时，消防执法部门依法追究单位法定代表人或主要负责人的责任。因此，需要承担责任的法定代表人或主要负责人反而并不需要签订任何责任书，法定代表人与消防责任人的消防责任相互混淆，出了事故，责任状并无任何实际意义。二是具体目标不明确。法定代表人是单位的第一消防责任人。但第一消防责任人的具体责任有哪些，当前的《消防法》和有关消防法规没有具体明确。消防责任人在签订消防责任状中，如何加大领导力度、如何加大宣传力度、如何加大消防投入等方面，没有一个明确的目标，没有用具体的数字表示，因此也无法科学合理的建立与实施责任的考核与考评制度，出现了责任状照签，但只注重形式，不注重结果，好的不表扬，差的不惩戒，推广与不推广，重视与不重视没有区别。三是消防责任状没有法律效力。一旦出了火灾事故，就反复强调，政府是重视消防管理工作的，早在何时何地都签了消防责任状，这反而成为逃避责任的一个理由。四是责任制的实施与否无人监督。《刑法》上规定有失职罪，渎职罪，失火罪，国务院的《重特大安全事故行政责任追究办法》等，都对造成重特大火灾事故的责任人有明确的制约惩罚措施。但是，这些法律、法规所制约惩罚的是已经造成重特大事故的责任者，对没有造成事故的则没有明确规定。所以，责任制的落实与否无人监督也无法监督。如果消防管理的责任没有纳入政绩的考核范围，没有与提拔、调动、评功评奖相挂钩，责任人没有压力的，自然也没有动力。

针对以上存在的问题，笔者认为应该从以下几个方面强化政府在消防管理社会化体系中的核心作用。

首先要在强化责任主体上着手改变。现在我国各级政府里，流行所谓的"一把手"工程。如计划生育实行"一把手"工程，综合治理实行"一把手"工程，同理，消防责任制也要实行"一把手"工程，要按照法律、法规的要求，明确法定代表的消防责任和权利，督促法定代表依法履行法定职责，一条一条地对照检查，抓好责任制的落实。

针对责任目标不明确，各级政府要制定详细的考核、考评细则。要按照《消防法》的要求，对各级政府的消防责任进行量化，明确到每一个人，明确到每一个岗位，具体到每个工作要达到的具体标准。标准要"数字化"一项工作能用数字衡量的尽量用数字表达。如一年之内要投入多少资金，领导定期组织严格的考核检查。每年可分上半年和下半年对各单位完成消防责任制的情况进行认真的检查考核，并对检查考核的情况要进行公布，根据工作情况要给予表扬或处罚。建立责任追究机制，要针对火灾事故制定重特大火灾事故责任追究制度。对由于平时不加强消防管理，严重失职、渎职的领导者进行严肃查处。制定奖惩机制，对消防责任制不落实，引发重特大火灾事故的，在评先、评奖上行使一票否决权；对在消防责任制方面做得比较好的单位及时推广其先进经验，以达到鼓励先进，鞭策后进的目的。

发挥职能部门的推动作用。消防部门是社会具体消防工作的执行单位。可以依法行使监督执法职能时，依法督促社会单位建立健全消防安全责任制，落实消防责任制度。政府也要积极发挥社会民间消防管理组织的作用。要发挥人大的监督作用，监督政府消防责任制的落实，促进消防工作的健康有序发展。

2.以企业为主体的消防安全社会化管理

消防管理社会化的一个重要的环节是增强机关、团体、企业、事业单位消防安全管理的责任主体意识，使之加强自身的消防安全管理。

对于机关、事业单位的消防安全管理，笔者认为可以纳入政府的消防管理的大范畴内。即政府依靠相关行业的主管部门进行统筹管理。现在我国有的省、市已经建立消防联席制度，即召集文化、旅游、教育、经贸、工商、计委、规划等有关职能部门，成立消防联席会议制度。有关职能部门的职责就是协助政府做好消防安全预测、决策，协调解决消防安全工作中的重大问题，落实政府部署的各项消防安全工作。

在我国目前的经济与社会形势下，公有制为主体，多种所有制经济共同发展，企业是社会化消防管理的重中之重。随着我国所有制结构，分配方式的调整和完善，国有大中型企业改革步伐的加快，市场机制作用的充分发挥，也给我国的企业消防管理工作带来了严峻的局面。

政府行政职能部门过去的行政管理手段大大削弱，命令式的文件、规定在企业中执行较之过去差距较大，企业认为有"利"的就执行，没有"利"的就大打折扣。法定代表人负责制在企业集团化过程中，也发生了很大变化。国家和集体控股的股份制企业、法定代表不直接参与经营活动，而经营活动又受董事会的制约，私营企业的法人代表人往往并不直接参与生产经营，消防管理工作的法定代表人负责制在一定程度上难以实现。同时经营者经营思路的变化，直接影响着消防工作的开展。随着资金雄厚、技术领先的外资大企业涌入我国市场，规模化成本的降低，我国中小企业的生存发展面临严峻的考验。许多企业靠低廉的劳动力来降低成本，劳动人员素质低下，给消防管理工作增加了难度。国有企业面临改制、转产、倒闭等情况，经营者在思想观念、价值取向、经营理念，以及人、财、物的投入等方面都不同程度地发生偏移，重效益，轻安全的思想比较突出，一切向钱看的思想重新膨胀。

建立和完善新的消防安全管理模式，一个基本的原则是严格遵守我国现有的法律、法规和技术规范的标准和要求，企业自我管理实行法定代表全面负责制。在具体操作上，可从以下几个方面来实施：

一是建立责任制，实施激励机制。企业法定代表人是企业工作的全面负责人，也是企业安全生产的第一责任人，承担着企业的法律责任，建立法人代表全面负责的责任制，是做好企业消防安全管理的关键。明确法人代表对企业消防安全全面负责，健全企业安全管理组织机构，根据企业的生产性质，制订完善消防安全制度和可靠的防范措施，制定切实可行的消防管理目标，并逐级分解，落实到各部门和岗位，与各部门、岗位的经济利益直接挂钩，定期考核，坚持按制兑现，奖罚分明。企业各部门、岗位的领导对本部门、岗位的消防安全负责，确定和履行相应的职能。每位职工都应对本岗位的消防安全负责。在企业内部建立起横向到边，纵向到底的消防管理责任制，形成企业消防安全人人有责，人人到位的消防管理格局。

二是建立教育预防机制。企业要加强消防安全培训的教育，严格培训机制。建立健全消防安全培训制度。根据新职工、转岗工人和特殊工种人员等不同对象，分别坚持严格的岗前培训教育，安全培训，以岗位操作规程及操作技巧为内容，使操作行为规范化。可视不同情况按需施教，如特殊条件下的操作知识教育和训练，某些异常情况的应急处理，某些工艺条件下或化学危险物品的特殊灭火教育和训练等。经过考核合格后方可持证上岗。通过培训，使广大员工掌握消防知识，熟悉消防业务，提高消防自防自救能力。

三是建立管理保证机制。企业在改制过程中，一定要保留或设立以企业法定代表人为主管的安全管理组织机构。企业在实行租赁、承包、联营时，要在明确经济指标的同时，明确安全指标。不仅在组织形式上健全，思想上也要重视。要让具有较高素质和较强能力对安全管理工作内行的人进入消防管理部门，具体负责职工培训教育、日常消防安全检查、违章行为查处，以及组织培训专职或义务消防队，定期开展消防训练和灭火演练。对于消防安全检查中发现的火灾隐患，要积极整改。消防安全检查可以采用厂级（总公司）、部门（公司）、车间（分厂），班组等多层次定期检查。检查要制定具体的检查方法、要求，着眼于发现火灾隐患，纠正违章操作，督促消防安全规章制度的落实，检查中发现的隐患每次要登记备案。要发动企业广大职工群众进行监督，设立安全举报箱，汇报发现的火灾隐患，检举消防违章行为。管理保证机制的落实，就是做到企业不管怎样变化，人员如何变动，但消防安全管理一直有人抓、有人管，消防安全制度的落实有保证。

四是加大经济投入，强化消防基础设施建设。火灾的发生，往往具有随机性和突发性，每个企业都很难保证不发生火灾事故，因而，改善和加强企业消防基础设施建设，根据生产的火灾危险性大小及特点，按照我国消防技术规范的标准，安装相应的火灾报警系统和自动灭火系统，配置足够的消防器材，留有足够的防火间距，保证安全疏散通道的畅通，并切实加强维护保养管理，确保随时完整好用，是最大限度地减少火灾损失的重要保证措施。

五是加强企业消防文化。企业要积极转变观念，突破传统的思维定式，改变过去消防管理是消防部门的工作，失火找保险公司赔偿的错误观念，树立消防安全是企业自己的事，企业消防安全是企业取得最佳经济效益的保障的意识。使做好企业消防安全工作成为大家的主体意识和自觉行动。在企业推广"安全自查、隐患自除、责任自负、风险自担"的风气，着力营造有章可循、违章必纠的消防氛围。对于从事专职或业务消防工作的员工，企业要有一定的保障和激励机制。

3. 消防部门发挥职能作用

随着我国消防管理社会化的改革发展，过去一直是社会消防管理工作主力军的消防部门也要相应地调整它的管理目标，笔者认为在新的形势下，消防部门的管理目标是：深入探讨研究我国火灾发生与发展的客观规律，掌握消防工作与管理科学的规律与原则，以提高消防部门整体素质和战斗力为目的，对消防部门现有的运行机制、组织体系、管理方式进行改革与完善，使之更为法制化、规范化、科学化，适应我国消防管理社会化的发展目标。

消防部门一定要靠严密的组织和合理的工作分工，保证消防救援和防火工作的高效性。作为一个国家的行政机构、执法部门，效率的提高离不开科学管理。科学管理就是指人力资源得到充分利用，机构设置精干，人员分工细致清楚，管理过程科学紧密，切合工作实际，避免人事内耗和物力资源的浪费。管理是追求效率和效益的过程，在这个过程中，要充分挖掘人的潜能，就必须在合理分工的基础上明确规定部门和人员的工作任务和必须承担的与此相应的责任。根据工作任务的分工设置相应的职位，量化各职位岗位职责。职责是整体赋予个体的任务，也是维护整体正常秩序的一种约束力。职责不是抽象的概念，而是在数量、质量、效益等方面有严格规定的行动规范。

消防部门一项重要职责是维护法律的权威性，对于违反消防法律法规或因此留下火灾隐患或造成严重后果者，依法追究责任。消防部门依法担负起消防行政执法的职能，一方面要严格执法，执法要到位；另一方面，消防人员要严格依法行政，加强内部的监督管理，防止贪污腐化行为的发生。

提高消防部门的消防管理水平，增强消防部门防火和灭火救援的战斗力，提高消防官兵的整体素质也是一个关键的因素。目前我国消防警官的培训主要来自公安部的一所高等学府，4个中专学校，学校教育以学历教育为主，面向应届高中毕业生和消防战士。学生入校后，分别经过四年、三年、二年的学历教育，然后授予本科、大专、中专文凭，并成为消防警官。除了消防学校直接培养的，从20世纪90年代开始，消防部门逐年增加从地方大学，如电气、建筑、化工、法律等相关专业的毕业生中招收消防警官的比例。这些学生经过二至三个月的入警训练（以军事训练为主），成绩合格后成为消防警官。对于消防警官的职业培训，我国现多以晋职教育培训为主，由各个省自己组织。目前晋职教育的内容也多以政治思想教育为主。总的来说，我国目前的消防警官职业培训大多集中在入行前，以基础学业为主，有针对性地职业教育培训却相当缺乏，这对于提高消防警力的素质是非常不利的。国外的消防官员，教育培训贯穿在从业的整个过程中。法国的消防培训分为几个层次：一是入学教育和消防官的教育。其中消防中尉的培训时间分为：职业制的33周，志愿制的4周。上尉的培训时间分别为：地方考入的消防官员为32周，在职消防官员的培训时间为12周，志愿制的为3周。二是专业培训。为少校级的培训，培训涉及理论、技术和战术，包括防火安全、化学危险、放射性危险、通信、潜水和水中救援、森林火灾等多个方面。三是职业适应性培训。针对在职高级消防官员，内容包括指挥、急救、通信等）。法国的高等消防教育学院—民防学院，没有固定的教员，也没有基础文化教员，只有专业方面的教员，他们都是从消防队长期或短期聘请的，有教课任务时就集中到民防学院，没有教课任务是就回到各自消防队从事消防救援工作。我国的消防学校的教员多是基础课教员，而且多是从学校里毕业直接从事教学工作，曾在消防部门从事防火、灭火实践工作的极少。许多从消防学校毕业的人员，虽然经过完善的学历教育，但是在实践工作中，缺少工作经验无法胜任岗位职责。从事灭火救援工作的人员，有的虽然经过学历教育，因无法将理论与实践结合起来，还是按照在实践中摸索出来的规律办事。

为切实提高我国消防警官的整体素质，我国消防教育应改变目前的模式，重视对消防警官的职业培训，建立一套程序化、模式化的消防教育程序，贯穿于整个职业生涯。在课程设置上，要针对不同的培训对象、工作职责的不同设定相应的培训内容。

二、城市社区消防管理自治模式

城市的快速发展，给城市管理带来许多严峻问题。近十多年来，我国城市火灾各项指数不断增长，火灾形势严峻。城市流动人口、暂住人口大量增加，这些人普遍缺乏消防知识，安全意识淡薄。高层楼宇越建越多，新工艺、新产品、新材料层出不穷，造成消防安全管理难度加大，火险隐患增大。仅仅依靠消防部门有限的警力来对付严峻的火灾形势是远远不够的。发展社会化消防力量，建立以社区组织为基础的城市消防自治管理模式是发展社会化消防管理的需要。

1. 我国城市社区消防自治管理模式的组织结构和运行机制

社区消防自治管理就是通过运用现代公共管理的科学原理和方法，以社区组织为基础单元，建立城市消防管理网络，以达到有效地预防、减少和控制火灾危险，维护公共消防安全和社会稳定的目的。我国《消防法》第十条明确规定，各级人民政府应当根据经济和社会发展的需要，采取多种形式，加快消防队伍建设，增强扑救火灾的能力。日本是从 1948 年实行以市、镇、村为主体的自治消防管理体制，即消防工作的任务由各市、镇、村独立承担，市、镇、村的消防部门由市（镇、村）长直接领导。德国消防法规定，对于人口 10 万以上的城市设专业消防队伍，不足 10 万的城市设志愿消防队伍。根据消防法的要求和国际经验，可以考虑设计图 10-1 的社区消防管理机制组织结构图。发展社区消防建设，政府部门理所当然应是最高一层的管理者。社区建设在我国还是一个新生事物，社区消防建设是社区建设其中一项重要工作，民政部门作为主管城市社区建设的政府职能部门，应是政府领导下的第二层管理者。社区居委会是社区消防管理的主要执行者，也是最基本的单元。

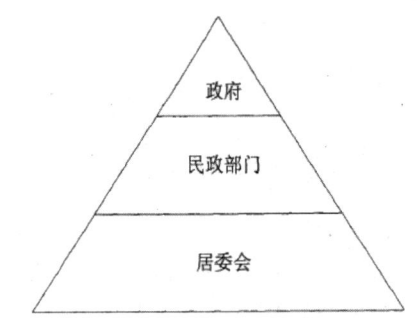

图 10-1　社区消防管理机制组织结构图

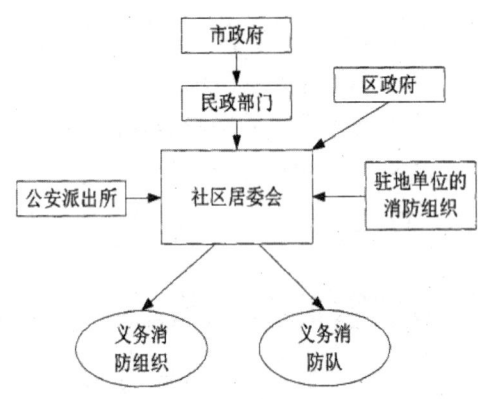

图 10-2　社区化消防监管模式运行机制

社区居委会是社区消防管理的核心组织，它为社区的单位、居民提供消防管理服务，需要有关单位提供政策、经济、人力的支持。根据管理学的理论，图 10-2 表达的是社区消防自治管理模式的运行机制。市政府、民政部门对社区居委会进行直线领导，给予政策与经费、人员上的支持。驻地区政府作为区一级政府，也给予居委会一定的资金、政策的支持，公安派出所在消防业务上给予指导。社区居委会有为驻区居民、单位提供消防管理服务的职责。包括成立义务消防组织，协调驻地单位的消防工作，形成一个充分利用各方面的资源与力量，为共同目标努力的良好动态运行机制。

从国内、外一些成功经验可以看到，发展社区消防自治管理，一是要建立明确的领导组织机构，制定相关的法规、政策，明确职责，一方面要规范居委会的工作，另一方面也要给予积极参与消防工作的人员一定的保障。二是要充分发挥群众的参与意识与能力，通过运用科学的管理方法与手段，义务消防组织作为一个非正式组织，要正确引导，发挥它的潜力和积极作用。

2. 我国城市社区消防自治管理模式的运作

（1）建立矩阵型义务消防组织结构

社区居委会在政府职能部门的领导下，依据国家法律、法规和政策，完成居民社区消防自我管理、自我教育、自我服务、自我监督的任务。居委会设置相关组织。根据社区管理的特点与任务，社区消防组织可以设计成矩阵型组织结构以居委会主任为直接领导，根据职能的不同，划分不同的义务消防队伍。如以灭火任务为主的义务消防队、以日常安全检查任务为主的巡逻队、以社区消防宣传教育为主的义务宣传队。在组织一些大型的活动，如重大节假日的消防安全大检查、119消防宣传活动、季度的消防检查可组成临时工作小组，从以上几支义务消防组织中抽出人员来共同完成任务。

（2）义务消防队伍的组织

义务消防员是社区消防建设的一支重要力量，它们的招募、选拔、组织、培养将直接影响消防管理的绩效。

日本的消防体系中，地方自治是一大特色，它主要体现在对公民参加消防工作的组织上。在日本，公民参加消防工作实现了社会化的有机组合，这种组合的纽带就是遍布城乡的、由群众组成的消防团。如山口县（相当于我国的省）专职消防员有1400多人，而所属的各市、町、村，有消防团56个，下设分团523个，团员15000多人，为专职消防人员数量的10倍。这支庞大的群众性消防组织，无疑在全社会的消防安全工作中发挥着巨大的作用。德国法律规定，身体健康、品行良好，有献身精神的德国公民才可以申请成为志愿消防员。志愿消防员在社会上享有尊重。德国的志愿消防人员一般另有一份固定职业，平时在原单位就职，遇有报警凭借自配的无线传呼机和交通工具，到达出事现场，执行任务，这支队伍成为专业消防队伍的重要补充力量，深圳鹏兴花园是鹏基（集团）有限公司开发，于1998年8月30日交付使用的高尚住宅区，小区位于深圳著名旅游风景区仙湖植物园之畔，占地面积156526.9平方米，建筑面积340000平方米，绿化率35%，有多层楼宇47栋，居民2898户，人口近8000。它在成立义务消防组织方面有成功的经验。小区内成立4支义务消防组织。一是鹏兴花园老年人消防安全大使，由13家住户组成。消防安全大使主要协助小区消防领导小组和安全消防队做好宣传、巡视、检查工作，并发动住户积极参与小区的消防事务。二是主要由小区管理处工作人员组成的义务消防队。义务消防队主要负责小区日常的消防安全巡查，以及一旦发生火灾时和各项应急处理工作。三是由小区的电工组成的检查维修队。负责对小区所有消防设施进行定期的维修养护。四是由社区文化干事和管理处管理人员组成的宣传培训队,设立"小区消防宣传室",该小区先后被评为广东省"城市优秀住宅小区""深圳市安全文明标兵示范小区",通过德国"TUV"ISO9002 国际质量认证。

鉴于国际、国内的相关经验,笔者认为,做好义务消防员的组织工作,必须解决好以下的问题:

①义务消防人员的组织领导:居委会主任负责组织领导工作,当地公安消防部门负责业务指导、培训。政府有关职能部门提供政策的保障和经费的支持。

②义务消防队的执勤制度:因为义务消防员大都有自己的固定工作,平时不需在值班室值班,但可建立值班值勤安排表,当日负责值勤的人员如离开社区太远,需即时向管理人员汇报。

③义务消防员的激励制度:可从外在和内在两个方面进行激励。外在方面就是考虑到消防员参加训练、考核、灭火任务,在时间和人力上的付出,给予一定的经济补贴。对于在执行任务中,因公受伤,甚至出现意外事故的,由民政部门按照劳动保险和伤亡抚恤办理。内在方面就是社会上对于从事义务消防工作的人员给予一定的尊重和荣誉。

④义务消防员的招募条件:从事灭火任务的义务消防员要具备热爱消防工作、身体健康,在社区附近工作的条件。而且经过培训后必须要取得至少三级消防战斗员的证书。每年要接受不少于一定时间的专业培训。从事检查任务的义务消防员最好具备一定的专业技能和知识。

⑤义务消防组织文化的建立:消防事业是公益事业。从事消防工作的人,必须要对这项工作极其热爱。义务消防组织是介于正式组织与非正式组织之间的一个团队,组织成员关系比较松散,接触不密切,成员之间只有在有活动的时候才组织在一起。维系他们的必须靠一种极强的组织凝聚力。所以,通过组织文化的建立,可以给从事义务消防工作的人员一定的成就感和责任感。

三、社会消防中介组织网络

1. 社会中介组织

社会中介组织,是指介于政府、企业、个人之间,并为其服务、沟通、监督、协调的社会经济组织。社会中介组织的产生和出现基于三个方面的背景:一是中介组织是社会生产力发展到一定阶段的产物,并随社会生产力的发展而发展。特别是在市场经济条件下,分工越来越细,社会经济关系日益复杂化、多样化,但效益与效率又要求系统化、整体化,市场主体之间的沟通、协调、监督就显得越来越重要,随之产生了许多以此为职能的社会中介组织。二是在市场经济中,政府、企业、个人都是市场主体,政府与企业、企业与企业、企业与个人、政府与个人、个人与个人之间都需要打交道,有些事政府管不了,比如美国企业要到中国发展,但对中国不了解,中国企业要到美国发展,但对美国不了解,提供这种中介服务的中介组织应运而生。三是国际经济一体化的发展，要求不同国家的做法接轨，即按国际惯例办事，也需要相应的中介组织提供服务。可以说，中介组织是市场经济的产物，它随着市场经济的发展而发展，又为市场经济的完善提供必要的服务。

社会中介组织按不同的方法有不同的分类。从功能来划分，分为协调服务性和经营服务性；按组织程度划分为组织严密、有极强权威性的中介组织和松散性的中介组织；按收入情况分为营利性的和非营利性的；按地区分为全国性与地方性中介机构。

2. 我国消防中介组织的发展

我国先后有山东、四川等地政府以法规的形式明确规定，要大力发展消防中介组织，要列入公安消防部门的监督管理下，但对于中介组织的性质没有明确规定。广东还在探索过程中。

目前在建筑自动消防设施检测、电气设备及防雷、防静电设施检测等方面，在某些省份和地区已经有消防中介组织的存在。有些是归于消防协会下属行业，有些是直接归于消防部门管理。总的来说，我国消防中介组织的发展还很缓慢。主要有以下几方面的原因：一是对于我国消防中介组织应该以什么形式存在不明确。受《消防改革与发展纲要》影响，各级政府普遍认为消防中介组织应在消防监督部门的管理下。而这样往往导致权力递延，影响廉政建设。二是政府对于消防管理职责的社会化认识不够。许多政府领导担心，消防管理事关社会安全，出了事故要追究政府领导的责任，交给社会不放心。三是消防监督部门一直在强调警力不足，要求增加警力来更好地完成社会消防管理的职责，但对于消防中介组织的发展不积极、不推广。

3. 我国消防中介组织的发展途径

由消防部门对消防管理的职责大包大揽的做法，已经不符合社会主义市场经济发展的形势，部分技术性、专业性强的消防管理职责由社会中介组织承担并负起责任，这是经济发展和消防管理社会化的需要。

例如，消防中介组织对建筑消防工程施工、建筑消防设施的检测和维修保养等企业申办资质证书，依法进行资格的审验。消防监督管理部门依据中介机构的审验结果来发放消防行政许可合格证。改变目前由消防部门或消防部门下属认证机构对企业进行审验、发证的管理办法，使资质审验和发证相分离，从制度上避免消防监督管理部门直接与企业发生关系而有可能产生腐败和消防市场竞争的不公平性。从另一方面来说，可以把消防部门这部分人员集中力量投放到社会消防安全监督检查上，解决警力不足的问题。

消防中介组织的健康发展，涉及社会的安全环境，所以在发展的过程中，我们一方面要积极吸取国外发达国家的成功经验，与国际通行的规则、惯例相接轨，以适应消防管理改革发展的需要；另一方面，也要考虑到我国的国情和人民的消防安全意识的现状，寻找出一条适应我国实际发展需要的道路。

对于消防中介组织的发展，笔者认为可以从以下几点着手进行改革和发展。

（1）改变政府对消防中介组织的具体事务管理太多，但对中介组织的定义、性质、分类等基本问题划分不清，存在不同看法的现状。中介组织是独立于政府之外的一种社会经济组织，它按国家的法律与法规成立并运行，需要政府批准，或在有关部门注册，但不从属于政府，政府也不能干预中介组织依据法律法规和市场规则开展活动。

（2）消防中介组织一定要完全脱离消防监督管理部门，完全独立。社会中介组织自主经营地位是其客观公正行使职能的前提。如果消防部门既要管整个行业的社会中介组织，又有自己直接下属的社会中介组织，既是游戏规则的制定者和裁判员，又是运动员，就难以体现公正。

（3）组建消防中介组织的行业联合组织或行业协会，集中管理行业协会的人事和党团组织关系，加强对各行业协会的业务指导。促使政府机构由业务主管部门转向间接管理，并使行业协会的自律管理功能得到增强。

（4）取消对消防中介组织在行业准入的行政许可，即取消中介组织进入市场竞争的行政障碍。消防中介组织的数量多少是由市场需求决定的，政府行政部门不能设置所谓的定额限制。但必须通过法律规定对中介组织的人员资格审定。一般由行业协会制定细则。比如要通过国家相关资格考试，取得资格才能参与某种业务。每年还要参加培训，培训不合格仍要取消资格。

（5）完善消防中介组织的法规建设，包括涉外法规。要允许国外的消防中介组织进入中国市场。

具体到消防中介组织的建设，在社会主义市场经济的发展阶段，我国的消防中介组织可定义为非营利性协调服务性组织。在管理上可由各地的消防协会统一管理。我国的消防协会成立和发展已有十年的历史，现在全国各省（直辖市）都设有消防协会，已经由最初的在消防部门内部办公，由消防部门行政领导担任消防协会负责人的状况，逐渐发展到独立办公，行驶管理的职能，并在开展行业调查、行业统计、行业培训以及交流信息、协调咨询、促进中外消防科技交流等方面发挥部分协调服务性的功能。在目前的情况下，消防协会完全可以承担起对消防中介组织的管理职能。

消防协会的职责可以从以下几个方面考虑：一是消防协会是依法登记的民间社团组织，以行业的整体利益为目的，不从事以营利为目的的经营性活动。二是协调协会下属社会中介组织相互关系，防止行业内的不公平竞争，保护会员的利益。三是对消防中介组织遵守国家的法律规范的行为进行监督，不让违法会员玷污协调服务性社会中介组织的性质。四是社会中介组织与政府之间的沟通桥梁。将消防中介组织在发展过程中的意见和问题及时反馈给政府，供政府在制定法律规范和方针、政策时参考；协助政府指导、监督会员组织更好地遵纪守法。五是制定行业服务标准，可参考国内外的服务标准，确定本行业的标准，引导消防中介组织提供规范的服务。

消防中介组织的具体工作内容包括：负责日常的消防监督检查（不承担执法任务），

可以将有关检查记录及单位的消防安全状况进行评估；对建筑工程图纸实施审核，并签署意见，以供消防监督机构下发审核意见参考；对建筑消防工程施工实施监理，承担责任；开展建筑工程消防设施检测，为单位向消防监督机构提供相关资料；开展电气设备防火检测，为单位和消防监督机构提供相关资料；对建筑消防设施进行定期维护保养，确保建筑消防设施处于良好的运转状态；开展社会消防宣传和消防安全培训。

随着国际交流的增进，国外的消防中介组织和机构将进入中国市场，提供服务。我国消防社会中介组织面临国外先进水平的同行业服务中介组织的竞争，必须在组成人员的年龄结构、知识结构、专业水平、职业道德和经营理念、经营方式方面严格规范。

国家应建立统一规范的消防工程施工和维护保养人员职业资格考试制度，保障消防从业人员的业务素质。全国统一培训教材、统一复习大纲、统一命题、统一考试、统一发证。证件全国通用。

制定国家统一的消防工程施工、检测和维修保养企业的资质管理规定和工程施工的定额标准，切实保证消防工程的施工质量和消防设施维修保养质量；制定建筑消防设施和维修保养管理规定，规范检测和维修保养的标准、制度，以保障消防设施处于完好状态。

收费标准，除国家明确由物价部门统一定价的外，由协调服务性社会中介组织根据本行业的实际，统一确定和调整有关收费标准。对经营服务性社会中介组织违反行政管理规定的情况，可以由工商行政管理部门依法予以行政处罚。

四、消防与保险良性互动机制

长期以来，受计划经济模式的影响，我国保险业与消防业一直是互不干涉、互不影响，产生两个极端。保险公司方面是"积极投保，消极赔付"。保险公司只负责说动单位或个人参加保险，但对保险后的安全系数并不负责，一旦发生火灾，保险公司根据灾后情况给予赔偿。单位与个人则以投保的方式来替代消防安全的投入，认为投了保就可以高枕无忧，反正失火有保险公司赔偿，从侧面助长了重视经济效益，忽视安全效益的观念。更有甚者，一些经营管理不善的业主，为了诈骗保险，人为纵火烧毁厂房、设备、车辆。

事实上，保险行业与社会消防管理在本质上有着相同的目标，消防与保险都是通过有效的措施，来达到有效保护公共安全，保障生命财产不受损害或将损害降低到最低的目的。这也决定了它们彼此间有着密切的关系。据统计，我国各类保险赔偿中，火灾赔偿占整个保险赔偿的30%。

在市场经济发达的西方国家，保险与消防一直是紧密结合的、互动发展的。国际通行的做法有三点：首先，一个单位要投保，必须具备相应的消防安全条件，否则，保险公司不接受单位投保；其次，单位投保以后，还有做好自己单位消防安全工作的义务；最后，因为保险赔偿是高额赔偿，为了保护保险商的利益、效益，保险公司有直接参与投保单位消防管理的权力，保险商可以主动地组织消防安全检查，督促投保单位落实消防安全责任，自觉做好消防工作，以降低火灾风险。保险公司首先对投保单位进行严格的消防安全条件审查，对严重不符合消防安全标准的企业不予保险，对于符合基本安全标准的保户要根据其安全水平来确定保费。保险公司所收取的保费将不仅用于火灾赔付，一部分用于组建消防安全研究、咨询机构、实验室，如美国的UL、FM，英国的LPC及德国的VDS等，他们从事消防产品质量认证、消防产品的研发、产品应用技术和检测技术的研究、产品标准和设计规范的制定等。澳大利亚保险公司要将保险费的一部分交给政府作为消防部门的经费。如果一幢建筑没有火灾保险，发生火灾时，消防局灭火要收取费用。保险公司还会定期派出消防工程师，对保户的安全状况进行检查，发现问题及时解决。当投保户发生了火灾，保险公司派专家组对事故的原因进行全面详细的调查、分析，认定火灾原因，根据火灾事故的典型性与否，确立研究课题，开展专题研究，修改标准、规范，以避免类似的火灾事故重复发生。总之，保险公司是以主动防灾的理念和先进的技术手段，尽可能保证保户少发生或不发生火灾，保障公共安全，使保户的生命财产免受损失。

美国工厂联合实验室就是一个历史悠久，成功完善的经验。它的直译名为工厂互助（Factory Mutual—简称FM），是个防灾科研咨询机构。它是100多年前由一些火灾危险性大的工厂主联合创建的，并一直发展至今。它所联系的3家大工业保险公司，占有美国高风险工业保险市场的一半份额。FM拥有2000多名技术人员，有全球规模最大的火灾实验室和设备齐全的检测中心、培训中心，为三大保险公司和投保的企业提供服务。经过研究和实验，FM对化工、电器等各类工厂以及它们选用的消防、电气产品提出防火防灾方面的标准。从工厂选址设计开始，到投产以后，FM都派专家参与论证、进行检查，并培训员工。它的通信网络一天24小时对企业提供安全咨询服务。在许多方面，FM标准比NFPA（美国消防协会）标准和UL（美国工业品检测权威机构）标准要求更高更严。只有达到FM标准的工厂企业，才能在三大保险公司投保，保费低于一般保险公司，而且比较容易从银行得到贷款；而一旦发生火灾或其他灾害，保险公司也将给予很高赔付。反之，如果达不到FM标准，三大保险公司就拒不承保，或者要按较高的费率收费。实际上这是一种立足于提高安全标准、主动预防灾害基础之上的保险机制，不但对工厂、保险公司和银行各方有利，而且可以大大减少工业火灾，有利于经济发展和社会稳定。

改革开放以来，我国保险行业发展很快，许多公民、单位从没有保险意识发展到积极去了解保险的种类，根据需要积极投保，思想观念上有了较大的改变。随着国外保险业进入中国市场，他们将以优质的服务体系、先进的管理水平、高额的赔偿额度，吸引我国效益好、火灾风险小的企业，而将消防风险大、安全系数小的企业留给国内的保险公司。国内的保险公司又没有足够的经济实力与人员力量去改善与提高这类型企业的安全系数，就会演变成一种恶性循环。因此，从国外保险业与消防管理的良好互动作用的效果、从我国目前消防管理的现状，以及火灾灾害的巨额经济损失、国外保险行业的需求与冲击等，笔者认为尽快建立我国保险业与社会消防管理的良性互动机制，是我国消防管理社会化进程中的一项重要内容。将会促使我国的保险业开始注重完善和充分发挥保险的防灾功能，提高与国外的保险公司竞争能力。另一方面，在基于公共安全的消防管理社会化进程中，也加入了另一支力量，社会保险行业，有利于全社会进一步树立预防为主的消防安全观念。

结合我国的国情，运用管理科学的理论与方法，建立我国保险业与社会消防管理的良性互动机制，笔者认为可以从以下几个方面入手。

一是要改变社会观念。要在社会上树立起保险与消防管理密不可分的思想观念。政府通过政府行为来积极倡导保险商介入到单位消防安全管理之中去，并且应鼓励各单位积极自愿的参加保险。政府、保险行业、消防部门、金融部门要积极研究保险与消防、金融与消防的关系，尽快制定相关的政策规定，努力使我国保险承保、金融信贷与投保、借贷单位的消防安全条件相联系、相制约，形成良性互动机制，达到促使投保单位自觉改善消防安全条件，提高自身防范火灾的能力，减少生命财富的损失的目的。

二是修改我国现行的保险法，与西方经济发达国家的通行做法接轨。我国目前是把火灾事故列为意外事故保险，根据我国火灾事故保险金额较大的事实，把火灾事故险从意外事故险中分离出来，作为一个单独保险险种。根据国家消防技术规范和消防法律法规的规定，制定相应的检查评定标准，通过检查评定，将单位的消防安全状况评定为严重危险级、中危险级、危险级、一般危险级等。根据评定结果，确定是否接受投保或投保金的数额，对于没有投保的单位，银行不给予贷款。在我国保险公司还没有相应的技术力量，社会上还没有相应的中介组织存在的情况下，可应保险商的要求，消防部门对保险商提供有关的技术资料和法律法规服务，并对保险公司的业务人员进行消防安全知识和管理方面的培训，使其具备一定的资格。

三是设立"强制火灾公众责任险"。强制火灾公众责任险实施对象是：事故发生频率高，社会影响危害大，当事人不具备赔偿能力。近几年来，我国公众聚集场所尤其是公共娱乐场所发生群死群伤火灾事故较多，从发生火灾事故后的处理情况来看，对死伤人员善后抚恤问题，经常出现业主未对"第三方"实行公众责任保险，自身又缺乏足够赔偿能力，导致死难者家属与业主之间的矛盾转嫁给当地政府，甚至引发影响社会稳定的群体性事件。因此，对于公共娱乐设立强制性的"火灾公众责任险"是非常有必要的，有利于构建和谐社会，有利于保护"第三方"的合法权益。

对投保单位应具备的基本消防安全条件和投保后的消防安全监督管理的内容与方式，国家要有相应的标准与规定。保险公司在接受投保后，要积极地对投保单位的消防安全状况进行督查与管理，并与消防部门积极配合。保险公司要加强对员工消防安全知识方面的培训，如招收员工时，对这方面的专业知识有一定的要求。定期组织员工参加社会上的相关业务知识的培训活动。接受消防部门的业务指导，将保险公司组织的对投保单位的安全检查中发现的问题积极与消防部门联系，商量解决问题和隐患的方法，要积极借助于消防部门的专业科研力量。消防部门在组织对单位的消防监督检查工作中，可允许该业主的投保公司派人联合参加监督检查,或者将检查记录、有关法律文书抄送一份给投保公司。保险公司要在保费收益中提取一定比例作为消防基金,一方面用于城市公共消防设施建设和购置消防装备的资金投入,另一方面,投入安全技术、安全产品和安全标准的研究、制定中,通过积极先进的技术手段来减少火灾事故的发生。

参考文献

[1] 葛惠, 葛玮. 探析深化消防执法改革后消防产品监督管理新模式 [J]. 中国设备工程, 2022（S01）: 3.

[2] 丁海波. 高层建筑消防监督管理模式创新研究 [J]. 今日消防, 2023, 8（1）: 3.

[3] 赵延涛. 论大数据时代下消防监督管理工作的思考 [J]. 中文科技期刊数据库（全文版）社会科学, 2022（5）: 4.

[4] 陈星宇. 消防安全管理现状与消防监督管理模式创新策略分析 [J]. 消防界: 电子版, 2022, 8（15）: 83-85.

[5] 路婷. 消防安全管理现状与消防监督管理的创新模式分析 [J]. 消防界: 电子版, 2022, 8（18）: 78-80.

[6] 徐维坤. 消防安全管理现状与消防监督管理模式创新 [J]. 消防界: 电子版, 2022, 8（23）: 3.

[7] 徐梦溪. 消防安全管理现状与消防监督管理模式创新 [J]. 消防界: 电子版, 2022, 8（23）: 3.

[8] 曲军莹. 如何实现消防防火监督工作的新发展 [J]. 消防界: 电子版, 2022, 8（1）: 2.

[9] 郑军, 杨奇泽, 陈毅君. 浅谈智慧消防赋能消防监督检查 [J]. 绿色建造与智能建筑, 2023（1）: 5.

[10] 王玓. 新形势下的消防监督管理与执法策略 [J]. 消防界: 电子版, 2022, 8（17）: 101-102.

[11] 向杰. 大数据技术下消防监督检查工作创新思路 [J]. 大众标准化, 2022（19）: 3.

[12] 张蕾. 新形势下社会单位消防监管简析 [J]. 中国市场, 2022（13）: 133-136.

[13] 柴鹏. 大数据时代背景下消防监督检查工作路径 [J]. 城市情报, 2022（3）: 0085-0087.

[14] 黄河. 高层建筑消防隐患与防火监督管理研究 [J]. 消防界, 2022（013）: 008.

[15] 乔冬丽. 物联网技术在高层建筑消防监督管理中的应用研究 [J]. 中国科技纵横, 2022（002）: 000.

[16] 樊小乐. 新时代信息化技术在防火监督工作中的应用 [J]. 新型工业化, 2022, 12（6）: 118-122.

[17] 张国强. 标准化视域下消防监督管理模式创新研究 [J]. 大众标准化, 2023（1）: 3.

[18] 陈非洲. 消防安全管理现状与消防监督管理模式创新研究 [J]. 智能城市应用，2022，5(4)：65-67.

[19] 张忠玺. 新时代强化消防监督管理长效机制的路径 [J]. 消防界：电子版，2022，8(15)：73-76.

[20] 谈子奇. 物联网环境下高层建筑消防监督管理模式的创新思考 [J]. 消防界，2022(013)：008.

[21] 张玮. 消防安全管理现状与消防监督管理模式的创新 [J]. 中文科技期刊数据库(全文版)工程技术，2022(8)：3.

[22] 郭英辉. 浅析消防安全管理现状与消防监督管理模式创新 [J]. 中国设备工程，2022(19)：50-52.

[23] 孙婧. 探究消防安全管理现状与消防监督管理模式创新 [J]. 今日消防，2022，7(4)：58-60.

[24] 王占国. 消防安全管理现状和消防监督管理模式创新 [J]. 消防界：电子版，2022，8(20)：118-120.

[25] 孙昊，陈仁文. 消防安全管理现状与消防监督管理模式创新探讨 [J]. 今日消防，2022，7(7)：64-66.

[26] 李慧. 探究消防安全管理现状与消防监督管理模式创新 [J]. 消防界：电子版，2022，8(24)：3.

[27] 任福鹏. 新形势下消防监督管理模式的创新研究 [J]. 中国科技纵横，2022(17)：156-158.